21世纪高等学校国际经济与贸易系列规划教材

U0673047

国际商务：
视野与运作

主　编　何天立
副主编　张桂梅　刘广岳　何木石

ZHEJIANG UNIVERSITY PRESS
浙江大学出版社

前　　言

21世纪的今天,全球经济受到次贷危机的影响,尚未走出衰退的阴霾。中国对外贸易作为中国改革开放四十余年来连续经济增长的推动力,也颇受国际大环境的影响,出现了出口增长缓慢的势头。故此,若意欲重新激发中国对外贸易的潜力,则亟须在国际商务活动的质量上下功夫。国际商务是我国高等院校经济与管理类学科的专业课程,此课程的设置有助于中国企业成功快速地走向世界,融入世界经济浪潮,并能提高中国企业参与跨国商务活动的质量和成功率,满足中国企业在国际化进程中对国际化商务人才的需求。

国际商务的运行与发展是经济全球化发展的产物。在经济全球化与一体化的今天,在科技进步的推动下,世界经济呈现出空前紧密的联系。国际商务作为世界经济发展的承载物,其发展速度能够作为衡量国际贸易增长的真实依据。但是与国际贸易对跨国商业活动研究的视角不同,国际商务这门学科站在跨国公司企业运营的视角下,分析了跨国公司在全球市场范围内,为实现企业自身既定的战略目标而组织进行的跨国商务活动;回答了跨国商务活动如何能够在不同地域、不同制度与不同文化国家间顺利开展,取得预期收益,并能服务公司利润最大化等国际商务学科的主要研究议题。以跨国公司企业运营的视角分析国际商务活动是国际商务学科的视角和出发点。

由于与企业国际化经营业务相关联的事物既宽泛又琐碎。故而,国际商务学的内容构成也具有了综合性和跨学科的特质,国际商务教材的组织编写也因此变得视角多样并各具特色。在总览国内外国际商务教材的编写内容与编写特色后,结合了国际商务学科之理论与实践、战略与策略相结合的特点,本教材在编写内容的安排的上力图体现如下宗旨。

(1) 理论与实践相结合。理论是灰色的,实践之树常青。因此,教材在诠释基础理论及其发展脉络的同时,兼顾了对部分理论在商务实践中运行实施的实际情况。并以两者结合为基点,展示出现实的问题,启发读者深入思考每种理论的时效性。

（2）传统与趋势相对照。21世纪随着科技进步，全球化时代的纵深发展，对国际商务发展的推动意义非凡。传统技术手段下形成的商务模式与商务内容在剧烈的变动中逐步呈现出新的发展趋势与面貌。因此，在阐述传统国际商务形态的同时，跟踪全新的国际商务发展动态是本教材编写的初衷之一。

（3）阐述与趣味相融洽。为了引发读者的深入思考，增强编者与读者之间的互动，本教材在阐述部分理论的同时，增加了"导入案例""案例阅读""讨论与思考""练一练"等灵活增减的趣味性栏目。借此降低单一阅读思维惯性带来的疲劳感，增加新鲜感，延长连续阅读的时间。作为编者，我们希望以上的设计安排与探索尝试能够取得预期的效果。

全书共分为九章。其中第一、七、八章由何天立执笔，第二、三章由张桂梅执笔，第五、六、九章由刘成有执笔，第四章由何木石执笔。

本书可作为高等院校财经类国际商务专业的教材，也可作为国际企业职能部门的参考读物。囿于编者的经验与学识水平，书中难免有纰漏和不妥之处，敬请读者斧正。

何天立
2017 年 2 月 18 日

CONTENTS **目录**

第一章

导　论

☞ 教学目标

1. 认识国际商务的内涵,了解国际商务与相关学科之间的区别与联系。
2. 理解国际商务活动的主要形式及业务范畴。
3. 了解国际商务学科的研究对象与内容。
4. 了解国际商务的发展历史,掌握国际商务发展现状与趋势。

☞ 导入案例

波音 787 客机的盈利模式

国际商务伴随着全球化经济的发展,日益摆脱了国际商务初始阶段的以国际交换活动为核心的简单的跨国贸易,逐步突破了国界与地理区域边界对生产贸易的限制,在崭新的全球市场范围内,跨国贸易实体正在做着全球价值链管理内容上的生产组合与全球销售任务,使国际商务展现出全球性的特质。

20 世纪 90 年代末,冷战结束所创造的世界和平环境为国际商务的发展创造了空前的利好局面。以美国的波音飞机公司为例,波音公司商业用途飞机的零部件生产分别由全球 70 多个国家和地区的 15000 多名雇工为其提供制造服务,在波音 787 客机的生产项目上,波音总部将大量工作外包给全球供应商,总部仅与全球 23 个一级供应商直接发生业务联系,减少了公司总部业务管理的数量,扩大了供应商管理的责任范围,使得波音公司的核心部门可以集中精力聚焦技术研发,增强波音飞机的业务创新能力和国际竞争力。

可以说全球化创造出来的供应链管理模式,帮助了波音公司从一家单纯的飞机生产制造商,蜕变成为集全球制造、采购、组装统一经营管理的高端的系统集成商。全球商务的盈利模式正逐渐走出简单的跨国经济交易活动,越来越向价值链的纵向与横向整合与集中管理的方向拓展。全球的商品交换与专业化生产越来越蜕变成为价值链增值与创造的具体环节。

经济全球化时代,国际商务的发展趋势和盈利模式正在发生根本性的转变,准确地把握时代发展的脉搏,掌握国际商务最新动态与发展趋势是跨国企业持续发展的关键。

第一节　国际商务的概念

一、国际商务的界定

国际商务作为一门学科，其理论发轫于经济学，经济学鼻祖亚当·斯密的绝对优势理论解释了国际商务活动发生的基本原因。20世纪50年代后，伴随着跨国公司国际投资活动的进展，国际商务学在吸纳了管理学、经济学、心理学、社会学、政治学、历史学等多元学科的知识内容后，构建了综合的学科知识体系，其学科地位从附属于商学学科上升为独立的学科体系。当前，英国、美国、澳大利亚、加拿大、德国、荷兰等西方国家，国际商务硕士已经作为独立的职业性硕士学位出现并发展。

国际商务在快速发展的同时，就国际商务概念的界定，国内外学者们对其予以各种诠释。在牛津英语词典中，"商务"(business)一词的语义有两种：从狭义和微观层面上说，商务是指从事商业活动的公司或企业；从广义和宏观层面上说，商务是指包括商业、买卖、采购及销售、交易及交换的活动。前者根据商务活动的组织者或者主体来界定，后者根据商务活动所涉及的内容来界定"商务"一词。国际商务一词中的"国际"(international)作为形容词修饰语，它在词义上可与多国的、跨国的、全球的等描述性词汇交替使用，语义为跨越国家边界的意思。

英国学者约翰·H.邓宁(J.H. Dunning)从两种语义叠加的层面上定义了国际商务。他认为，国际商务(international business)是由公司和企业发起，由行业、政府、国际组织、全球生产者与消费者共同参与的跨国商业活动。

美国学者塔默·卡瓦斯基尔(T. Cavusgil)等(2010)认为，国际商务主要是指由公司参与进行的跨国贸易与投资活动。除了公司这一主要的国际商务参与主体外，国家的政府部门、国际机构也是国际商务交易活动的部分参与者。

美国经济学家科斯(R. Coarse)认为，国际商务包括跨越国界的任何形式的商业活动。作为经济学家，科斯的界定涵盖了以各种形式的经济资源国际性转移为表象的商业资源跨国流动。

美国商务商业史学家米拉·威尔金斯(M. Wilkins)认为，国际商务是一种制度结构，是生产资源的跨国流动。从国际商务史的角度，她认为国际商务具有所有跨国企业所具备的属性，即跨越国家边界，随时间不断变化，企业时而扩张，时而收缩。她认为要真正理解什么是国际商务，应该把握经济机会、政治因素、熟悉程度、企业背景、核心能力和领导力。

加拿大学者艾伦·M.鲁格曼(A. M. Rugman)和美国学者理查德·M.霍杰茨(Richard M. Hodgetts)在《国际商务：一种战略管理方法》(1999)中认为，国际商务是一门为满足组织及个人需求而进行的研究跨国界经济交易的学科。

中国大陆学者梁能认为，国际商务学主要研究国家之间的商务活动。具体研究包括两方面的内容：一是研究跨越国界的经济活动，二是以商业性的经济活动为研究对象，即研究国家、企业或个人以经济利益为目的而进行的商业活动。非商业性的跨国经济活动不是国际商务研究的范畴。例如，国家的对外经济援助，国际慈善机构的人道主义救助等。

贾建华等认为，国际商务是指企业在国际市场所进行的各种商务活动。这种活动是以国际贸易为中心，并辅以国际直接投资和国际市场营销活动。

综上所述，国际商务学是由多元主体参与形成的跨越国界的商务活动，它是在不同国家之间进行的以商品、劳务、资本、技术和信息等经济资源的国际交换和转移为主要研究内容的学科领域。国际商务的本质是跨国界的经济交易活动。国际商务学研究的主体对象是国际企业或跨国公司的经营活动。

二、国际商务活动的形式与业务范畴

国际商务的主要表现形式是国际贸易、国际直接投资和国际合作安排。国际贸易具体可以分为货物（有形）贸易和服务（无形）贸易；国际投资又分为国际直接投资和国际间接投资；国际合作安排包括特许经营、合资经营、工程承包等其他形式的对外经济活动。

从微观企业视角来看，国际商务主体的业务形式涵盖了制造、贸易以及与之相关的服务业务的综合经营活动之全部。因此，国际商务企业的类型可以是分散业务的制造商、贸易商、服务商、承包商，或者是集多重角色于一体的大型综合性企业。从国别上划分，国际商务的主体可以是本土企业和外国直接投资企业；从规模上划分，国际商务主体可以是大型跨国公司、中小企业以及新出现的天生国际化企业。从主体业务经营的范畴与领域来看，本土企业从事的国际商务活动包括货物进出口、跨境交付的服务贸易，以及与货物进出口和对外直接投资等有关联的各类活动；而外国直接投资企业从事的国际商务活动，除了涵盖本国企业从事的那些国际商务活动以外，还包括其他以商业形式存在的国际服务贸易活动，具体业务类型包括制造、有形货物的进出口、许可与特许经营等（见表1-1）。

表1-1 微观企业视角下的国际商务业务范畴

业务范围		业务类型（业务主体）	
		本土企业	外资企业
制 造		间接出口（制造商）	制造（外资制造商）
货物进出口	有形货物	直接出口（制造商）	
		出口贸易（贸易商）	
		进口贸易（贸易商、进口批发商、进口零售商、制造商）	
	无形货物	跨国许可（贸易商、制造商）	
		跨国特许经营	

续　表

业务范围		业务类型（业务主体）	
		本土企业	外资企业
制　造		间接出口（制造商）	制造（外资制造商）
服　务	与货物进出口有关的服务	国际货物运输（公共承运人、混装公司、货运代理）	
		国际货物运输与信用保险（商业保险公司、政府信用保险机构）	
		国际贸易融资（商业银行、政策性银行）	
		出口代理（出口管理公司、代理商）	
		出口市场代理（制造商代表）	
		进口代理（代理商）	
		进口报关（报关行）	
		综合服务商（如深圳一达通公司）	
		国际贸易咨询与法律服务（咨询公司、市场调查公司、律师行）	
	与货物进出口无关的服务	对外投资咨询与法律服务（咨询公司、市场调查公司、律师行）	
		批发（外贸批发商）	
		零售（外资零售商）	
		国际工程承包（外国承包商）	
		金融、电信、其他（外资企业）	

资料来源：王炜瀚. 国际商务（第 2 版）.北京：机械工业出版社，2015：11.

三、国际商务学科的范畴

国际商务学科是一个综合类型的学科知识体系。从学科的起点来说，1960 年海默撰写完成题为《民族企业的国际运营：外国直接投资的研究》的博士论文，是国际商务学科起始的标志性文献。从学科归属来看，国际商务属于经济学类目下的国际经济学方向；从学科知识体系建构来看，国际商务知识架构借鉴了管理学、社会学、法学、金融学、国际经济学等职能学科的部分专业知识和分析工具。因此，可以说国际商务是兼顾经济学、管理学、社会学、政治学、法学、国际关系学等相关知识内容的综合性学科体系。因此，邓宁认为，国际商务实质上就是一个整合性的学科知识体系。它的独到之处在于集成的知识提要大于它的每个单独部分知识的总和。知识的宽广性和整合性是国际商务学科的优势。国际商务研究需要多学科（multidisciplinary）的方法，也需要整合学科（interdisciplinary）的方法。

从整体（holistic）和综合（integrated）的层面来看待国际商务学科的建构与知识体系，是国际商务学科的特点。通过融合多学科的知识点以及跨学科的经典研究分析方法，国际商务学有机地将区域研究中的本土（local）知识内容与全球化标准（global standardization）知识内容协同融合，形成一个特有的知识体系，为营利与非营利组织提高组织竞争能力，创造提升社会价值做出积极的贡献。

然而，国际商务学科的综合特性，使得国际商务常常被与其他近似课程相提并论并等同对待，例如国际贸易。因此，有必要将国际商务与国际贸易，国际商务与国内商务之间的联系区别加以进一步澄清。

（一）国际商务与国际贸易之间的联系

国际商务学与国际贸易学都是研究商品、服务、资本跨国流动与跨国交换的学科。但是两者研究的角度不同，国际贸易是以国家为基点来分析国际商务活动发生的原因与结果，它以国家利益最大化为出发点，关注国家之间贸易活动的质与量，观测进出口价值的数量和总量，挖掘贸易数据背后的利益分配与损益得失等问题。国际商务则是以企业为基点来分析跨国交换活动的过程，研究如何使贸易活动的过程更加顺利地在不同制度与文化的国家与地区之间发生、发展与扩大，进而借助商务活动，实现企业制定的战略目标。

当前，国际商务在大多数高校学科归属的分类体系中隶属管理学科，国际贸易则隶属经济学科。分属不同学科的两门课程在内容上却有很多交织与重合的部分。例如，两者都将贸易发生的理论基础建立在国际经济学的基础理论之上。绝对优势理论是国际分工理论分析的基础，也是阐述国际商务发生的基础理论依据。美国哈佛大学教授弗农的产品生命周期理论，既是揭示处于产业发展不同阶段的各个国家之间贸易往来发生原因的理论，也是诠释商务活动中买卖双方呈规律性的交换主体地位的主要理论依据。

可见，国际商务与国际贸易两者之间的关系是紧密的。国际贸易是国际商务的主体与核心的构成部分，主要研究以国际贸易为主要形式的跨国商业活动的发生、演变及其后果。对国际贸易有关规律的认识是进行国际商务的前提与基础。

（二）国际商务与国内商务的区别

从国际商务与国内商务的相同点来说，两者都建立在企业经营活动要实现收益和股东权益最大化的宗旨的基础上。就企业经营活动内容的相似性来说，两者都遵循质量管理、成本控制、市场开拓、人力资本管理等相似的企业管理的内容。

国际商务与国内商务之间的区别在于国际商务所面临的国别间环境差别较大，进而因环境差别带来的商业投资风险级别也就不同。两者具体的区别表现如下。

1. 商务环境上的区别

通常企业从事国内商务活动的环境是相对稳定和熟悉的。故此，国内商务相对于国际商务而言其交易成本通常比较低，经营风险相对也较小。跨国商务涉及复杂多变的国际政治与经济环境，对不同国家的商业习惯、语言、法律制度不完全了解等现实问题，这些势必增加企业进行国际商务活动的运行成本和经营风险。具体来说，在商务环境上两者的差别如表1-2所示。

表 1-2　国际商务与国内商务的环境差异

国内商务环境	国际商务环境
相对单一的货币运行机制	多种货币并且货币间的比价不同
国别内部相对一致的财政金融与商业环境	多变的经济环境
相对统一的法律与会计制度	多元的法律与会计制度
政治相对稳定	政治制度与环境变化莫测
相通晓的文化习俗与价值观	陌生的文化习俗与价值观
获取信息相对容易	有效的信息获取较难
相对同质的市场	分散多样的国际市场

2. 商务过程与管理重点不同

与国内商务相比较，国际商务涉及涉外交易活动，跨国交易活动的环节比较多，交易时间长，程序更为复杂。以英国经济学家邓宁有关企业国际化经营发展的路径来看，一个企业走向国际化需要经历的发展路径为：本地市场—地区市场—全国市场—海外邻近市场—全球市场。本地、地区到全国市场是国内商务业务发展的范畴领域，后两个环节是国际商务的必经过程，涉及的业务领域与部门是国内商务未曾接触到的业务环节。此外，在企业的组织建构上，在战略规划上，在经营活动的种类上，国际商务与国内商务管理的侧重点都有所不同。

3. 面临的商务风险不同

一般而言，商务风险是指在特定环境中和特定时期内自然存在的造成经济损失的变动因素。商务风险是在一定环境和期限内存在的客观事实，给从事国际商务的主体造成费用损失和伤害。与国内商务活动相比，国际商务具有较高的复杂性和风险性。

从源头来看，国际商务的风险主要源自国家间的商务环境差异带来的制度层面、法律层面、文化层面、组织结构与管理层面的商务摩擦，导致预期落空、经营失败或交易成本过高的问题。从企业的微观层面上，国际商务活动还面临着具体的经营性风险。诸如，项目风险、操作风险、信用风险、产品风险、流动性风险、声誉风险等。

国外学者通过对国际商务风险进行归因，对风险做了如下的系统性的分类。

（1）基于东道国投资环境情景差别将商务风险分为情境风险（scenario risk）和交易风险（transaction risk）。

（2）基于企业战略管理中发生的风险，荷兰学者基思（Keith）将企业战略管理中的风险分为管理控制风险和市场复杂性风险两大类：管理控制风险包括管理经验、文化差异和产业结构；市场复杂性风险包括营销基础条件、消费者需求和市场需求变化等。

（3）基于企业跨国经济活动中所面临的风险，塔默·卡瓦斯基尔等在他们编著的《国际商务：战略、管理与新形势》（2010）一书中，将企业国际化所面临的风险归纳为四种风险,即跨文化风险、国家风险(又称政治风险)、汇率风险和其他商业风险(commercial risk)(见图 1-1)。

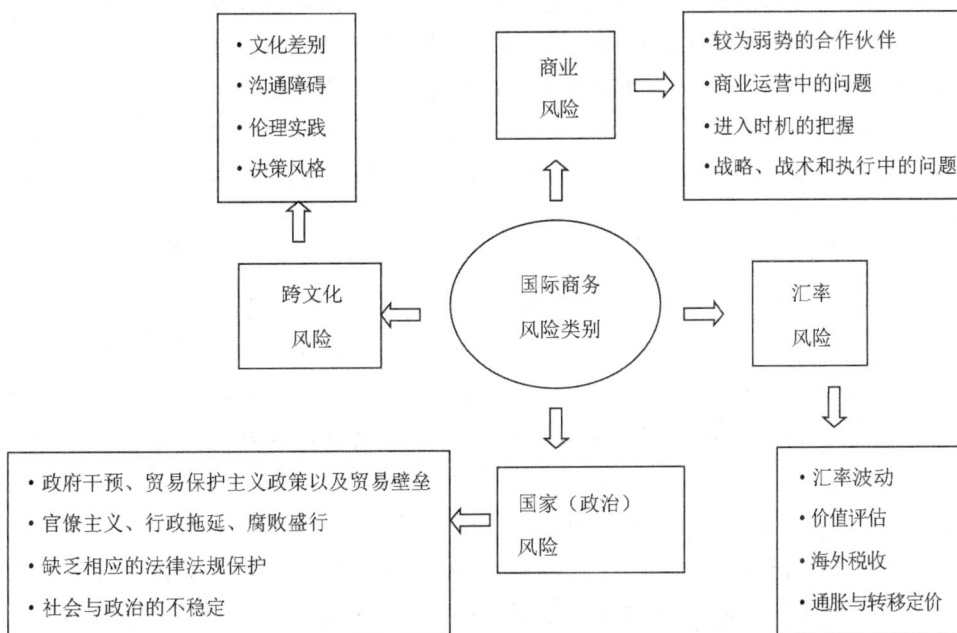

图 1-1 塔默·卡瓦斯基尔等的国际商务风险的分类

总之,与国内商务相比较,国际商务活动的风险可以说是全方位的,包括政治风险、法律风险、外汇风险、税收风险以及因种族、信仰不同带来的跨文化交流融合中的风险等。

☞ 补充阅读

中国的商务环境报告与商务条件分析

一、2016 年度中国商务环境调查报告

2016 年 1 月 20 日,中国美国商会发布了题为《2016 年度中国商务环境调查报告》的书面文献。中国美国商会是一家非营利、非政府组织。商会会员超过 3800 人,代表着 1000 多家在华运营的外资企业。此次完成全部问卷调查的共有 496 家企业,66%的受访者职位为中国区高管。调查报告反映了美国投资者对中国商业环境的见解。

1. 多数外资公司对中国市场的发展潜力仍持乐观态度

69%的受访公司对未来两年中国内地市场的增长表示乐观。其中服务行业有 3/4 的企业表示乐观,工业和资源行业有 56%的企业表示乐观。服务行业公司普遍认为中国企业的国际化进程以及扩大海外投资的过程将带来巨大商机。2015 年中国美国商会大部分会员企业的收入继续增长,近 2/3 的会员企业表示其在华业务盈利或者盈利丰厚,3/4 的企业投资回报率为正值或较大正值。

2. 中国存在潜在的商机，仍是外资青睐的投资场所

未来中国仍具有许多商业机会，国内消费的增长和大量富有的中产阶级的兴起带来了巨大的跨行业商机。中国仍是六成受访公司的投资重点之一。较之其他发展中市场，中国仍位居企业投资目的地前列，60％的企业仍将中国列于投资重点的前三位。

3. 互联网科技下的电子商务领域是未来中国商务发展的趋势

消费及技术与研发密集型公司也看到了"互联网＋"和电子商务的发展。超过70％的受访者认为数字化对于提高企业在华的销售、市场营销、分销以及客户关系管理非常或极为重要。

4. 对中国商务环境的负面预期

有部分美国企业表示，他们在中国开展业务没有前几年那么受欢迎了。77％的受访者感觉外企在中国的受欢迎程度有所下降。32％的受访公司表示2016年不会增加在华投资，高于2009年金融危机期间的比例。截至2015年年底，有25％的公司已经或正打算将产能转移到中国以外的地区。根据调查报告显示，近半数公司预计中国2016年整体GDP增速将低于6.25％。

5. 中国商务环境中存在的显著问题

（1）52％的受访公司认为中国的知识产权泄露风险、IT和数据威胁比其他地区更大。

（2）薪资费用上升是2016年面临的最大人力资源挑战。52％的公司表示由于空气质量问题，他们在中国遇到招聘高管的难题。

（3）美国企业认为他们面临的最大挑战还包括监管解释不一致，法律不明晰的问题。调查报告指出，有58％的外资企业反映在工业与资源行业中出现了法律法规执行不一致的问题，这个比例在消费行业的占比高达65％。

二、外国学者对中国商务环境的认识

约翰·D.丹尼尔斯等在《国际商务：环境与运作》（2008）一书中，对于中国改革开放以来的商务环境做了如下的总结。

1. 适宜国际投资的政策环境

中华人民共和国成立以后到改革开放前，中国基本上属于自给自足型经济。1978年实行改革开放政策以后，中国制定了《中华人民共和国中外合资企业经营法》，促进中国企业对外资的引进与利用。1979年后，中国逐步放松经济管制，对外投资与贸易环境逐渐得到改善。20世纪80年代之后，刺激中国改革的是疯狂涌入的外国企业投资，涵盖生产项目、出口加工、许可协议和各种服务。不论以何种形式出现，它们都统统被贴上外国直接投资的标签。

2. 充满机遇的市场条件

（1）市场潜力。中国人口数量大约为13亿人。Monsanto一位发言人这样概括中国的吸引力："你从未见过像中国这样大的市场，涌入中国的商品多得使你无法想象。如果每人每天购买一片阿司匹林，那将是多少啊！"

（2）市场表现。快速增长的中国经济增加了购买力，进而增加了消费支出。在中国

市场上,许多产品处于生命周期的早期或中期阶段。中国在某些领域实现了跳跃式发展,如在电信领域,手机用户已超过固定电话用户。

(3)基础设施。快速的经济发展激励政府增加基础设施投资。中国现在在公路、机场、海港、大坝、电厂和通信网络上的投资超过 10000 亿美元。

(4)劳动力资源。中国人才济济,人们受过良好教育,而且工资远远低于其他许多国家——是墨西哥的 1/3,美国的 1/25。

(5)战略布局。鉴于中国的增长潜力、市场规模和作为产地的吸引力,企业把投资中国看成全球战略的重要组成部分。

第二节　国际商务简史

国际商务的发生以国际贸易为先导。而国际贸易产生的条件之一是社会剩余产品的出现和国家之间能够实现剩余产品的交换。因此,近代国际分工的发展、资本主义机器化生产方式的完成是现代国际商务产生的前提条件。

近代之前的国际商务活动是在民族国家之间进行的,以民族国家的兴起与发展为前提。当民族国家有了清晰的领土边界,活动性的跨国商务活动就有发生的可能。近代之前的国际商务的承担者多是个体商人或者以个别家族为核心的社会商帮。例如,1150—1500 年在整个红海贸易中有重要影响的卡里米商人,他们组成的商队从 12 世纪起在埃及与印度之间定期往返,主要经营香料、木材、小麦、大米、面粉、武器及纺织品等商品,他们的贸易路线经过亚丁湾,有时通过东非港口,沿途经过阿拉伯半岛。再如,中国古代的丝绸之路也是一条典型的国际商路,它东起中国的长安,西至东罗马帝国、东非等地区,通过丝绸之路,中国的丝绸、香料、纸张等商品被运到波斯、印度、拜占庭、埃及等地区,促进了商品流通和国家地区间的友好往来。早期丝绸之路上的商人是由中国古代北方的少数民族组成的胡商商队,主要从事转运贸易,兼顾传播中华民族文化。

一、早期的国际商务

第一次工业革命在欧洲的完成,确立了早期欧洲国家的商业组织在国际商务中的支配地位。16—18 世纪早期国际商务的发展与欧洲主要殖民国家的海外贸易拓展活动有密切关联,其主要商业组织机构为特权贸易公司(chartered trade company)。这些贸易公司带有国家特许性质,国家授予私人贸易公司进行海外贸易与殖民地开拓的垄断经营权。经营权包括经济性和政治性两类:前者指贸易特许经营权,例如,从好望角到麦哲伦海峡的贸易经营特权;后者指贸易公司对海外殖民地享有属于国家的部分权力,例如,司法权、外交权和军事权;因此,特权贸易公司被称为是"带着商业目的同时代表国家权力的公司"。

1600 年英国建立了第一个特权贸易公司——东印度公司(The British East India Company)。它是由一群被王室授予了贸易垄断权的商人们建立的。公司从 17 世纪至 19 世纪中叶,在印度至亚洲东部地区进行了不平等的殖民地贸易活动。东印度公司曾经在拥有世界人口 20％的地区从事长达两个世纪之久的殖民地贸易活动。荷兰于 1602 年建立了联合东印度公司。同期著名的特权贸易公司还有英国的皇家非洲公司(The British Royal African Company)和哈德逊湾公司(The British Hudson's Bay Company)，这些公司的经营业务以贸易和航运为主，还延展至银行、金融业，例如，1864 年成立的汇丰银行。

从 18 世纪末产业革命到第一次世界大战期间，贸易公司以及家族银行的不断发展为现代企业的建立奠定了基础。这些贸易公司早期在海外市场从事采购和推销产品的商业活动，后期以现代企业生产性投资活动为主，从事资源性产业的投资和海外生产活动。

二、第一次世界大战前后的国际商务

第一次世界大战前后的国际商务，伴随着现代跨国企业的出现，以及跨国企业积极从事的海外投资和经营活动而发展。从 1856 年英国正式颁布了股份公司条例到 1914 年间约有 154817 家与英国合股的股份公司相继成立，它们的涌现标志着现代企业的问世。这些股份企业的海外业务涉及矿山开采、港口码头、金融保险、房地产以及农业等领域。例如，英国的太古洋行(Butterfield & Swire)于 1867 年在上海设立了子公司，专门经营港口码头、航运以及丝绸厂等业务。

钱德勒撰写的著作《看得见的手：美国企业的管理革命》和《规模经济与范围经济：工业资本主义的原动力》描绘了美国跨国公司在第一次世界大战前后的发展状况。美国于 1840 年出现了第一家依靠职业经理人打理的现代企业——美国的铁路公司。这些产销一体化的大型制造企业，运用新的管理方式提高了企业发展速度。1890 年美国出台的谢尔曼反托拉斯法(Sherman Anti-trust Laws)促使这些大企业转向海外拓展市场，现代投资性跨国公司就此形成。

美国的跨国企业包括两种企业：制造业公司和资源型开发公司。美国多国性的制造公司胜家(Singer)公司于 1867 年在英国开办缝纫机装配厂，该公司依仗其先进的缝纫机生产专利技术，先后在欧洲、亚洲、非洲和南美洲建立子公司，并以纽约、伦敦、汉堡为中心设立庞大的销售网，成为美国乃至当时世界最大的缝纫机制造和销售公司。随后，美国其他大型企业相继开始了它们的多国化经营脚步。例如，国际收款机公司(NCR)、国际收割机(International Harvester)公司、可口可乐(Coca-Cola)公司。更有通用汽车(General Motors)公司和福特汽车(Ford Motors)公司通过收购欧洲各大著名汽车公司的股权进行国外投资，进一步扩大了美国大公司的多国化程度。

1899 年成立的美孚石油公司属于资源型开发企业，它在美国石油提炼和销售市场中占据重要的地位，其跨国范围延伸到拉美、中东和北非的主要石油产区。美孚石油公司和英荷壳牌石油公司(Royal Dutch Shell Group)几乎囊括了世界石油资源的开发。同期跨国公司自然资源的投资开发，以石油、铜、镍为主要对象，尤其在石油开采方面，英、美公司占有绝对优势地位。

第一次世界大战后，由于各国政府普遍实行了贸易保护政策，各种贸易壁垒盛行，外汇管制加剧，使得依靠原料进口的大公司也不得不把部分业务转向海外，促进了这一时期对外投资的快速发展。其中,主要海外投资企业包括:德国的化学燃料公司赫希勒特、拜耳、巴斯夫,比利时的苏尔维化学工业公司,荷兰的飞利浦公司,德国的西门子公司,通用电气的无线电器材公司,瑞典的爱立信电话公司,英国的帝国化学工业公司等。

三、第二次世界大战后的国际商务

第二次世界大战结束以后,相对和平的世界经济环境促进了国际商品贸易的发展。第三次科技革命催生了一系列新兴工业部门的建立。新产品的涌现使国际商品贸易的内容更加丰富。例如,原子能、电子计算机等产品的出口增长速度比其他产品快2~3倍。

科学技术进步,使国际分工在形式、深度和广度上都发生了一系列重大变化。发达国家和发展中国家之间原有工业与农业分工,进一步演化成为不同产业之间的分工。世界各国部门间的分工深化到了部门内部的分工,不同型号、零配、部件及不同工艺的分工生产越来越细,进一步加强了各国之间在经济上的互相依存,推动了国际商品贸易的发展。总体来看,第二次世界大战以后,国际商务发展大致可以划分为三个阶段。

(一) 贸易主导阶段

自第二次世界大战结束后到20世纪70年代初期,这一阶段是20世纪以来国际贸易发展的黄金时代,世界主要发达资本主义国家开始重视国际市场的作用,根据本国的优势和不同国家与地区的需要来组织国际商务活动,国际商务以贸易往来为主。1948—1973年,世界出口贸易量年均增长率达7.8%,增长速度超过了6.1%的世界工业生产增长率。

由于国际环境相对稳定,跨国公司发展迅速。其中,美国的跨国公司在规模、投资与国外生产销售额上均跃居世界首位,地位显著。表现在:

(1) 数量上的增长。据联合国贸易和发展会议(UNCTAD)《世界投资报告》的统计,1968—1969年美国跨国公司有2468家,占主要资本主义国家跨国公司总数的33.9%。子公司9691家,占主要资本主义国家跨国公司子公司总数的35.5%。

(2) 在全球对外投资份额中比重较大。在1967—1978年的12年间,美国对外直接投资由560.6亿美元跃增到1680.1亿美元,增加了近2倍。这一期间美国对外直接投资占主要资本主义国家对外总投资的比重在45.5%~49.6%,几乎占到一半。

(3) 美国跨国公司的经济实力雄厚。据美国商务部关于美国298家大型跨国公司及其5237家海外子公司的调查材料,1970年资产总额为4529亿美元,其中海外子公司的资产为1024亿美元,销售额达1147亿美元。

(二) 投资主导阶段

1973年资本主义经济体系遭遇了战后最严重的经济危机,整个世界资本主义经济进入了新的低速增长时期。资本主义国家相继呈现出高失业率、高通货膨胀率和低速经济增长的恶性发展状态。资本主义国家普遍采用以邻为壑的贸易保护主义政策,国际贸易增长速度明显放慢。1973—1979年,世界出口贸易量年均增长率只达到4.5%。20世纪70年代末期,资本主义世界经济危机再次爆发,给国际贸易带来了灾难性打击。

贸易保护主义政策的实施,推进了美国、西欧各国、日本等发达资本主义国家进行大规模的海外投资的步伐,通过国际投资,绕过关税壁垒,把国内市场和国际市场连为一体,以资本输出为手段寻找国际市场机会,在东道国从事投资、生产、销售等国际商务活动成为这一时期的时代特征。西欧国家的跨国公司在这一时期的全球投资活动中作用上升。表现为:

(1) 大型跨国公司数量权重增加。1979 年在资本主义国家或地区最大的 50 家跨国公司中,西欧为 20 家,仅次于美国(22 家),大大多于日本(6 家)。在这 50 家巨型跨国公司的销售总额中,西欧跨国公司占 37％,仅低于美国跨国公司(53％),但大大高于日本跨国公司(7.4％)。同年,在除美国以外的、年销售额达 10 亿美元以上的 387 家跨国公司中,西欧为 221 家,而名列前茅的 15 家最大的工业公司均为西欧的跨国公司。

(2) 在国际资本输出方面,欧洲的跨国公司表现不凡。英国是仅次于美国的最大资本输出国。1978 年与 1967 年相比,英国跨国公司对外直接投资的账面价值增加了 1.34 倍。同期瑞士、荷兰和法国的跨国公司对外直接投资分别增加了 2.86 倍、1.16 倍和 1.48 倍。对外直接投资增长最快的是联邦德国,由 1967 年的 30 亿美元跃至 1978 年的 318 亿美元。据 UNCTAD 的《世界投资报告》统计,2010 年全球跨境非股权形式活动共产生超过 2 万亿美元的销售额,主要是在发展中国家。

(三) 全球商务阶段

从 20 世纪 90 年代以后,科学技术和交通通信事业迅猛发展,各国经济和市场同质化趋势加强,对外投资大量增加,国际商务进入全球商务阶段。全球商务阶段国际商务的特征如下。

1. 国际分工细化,生产活动国际化加强

科技进步推动了国际分工的发展,20 世纪 90 年代后,国际分工出现了一些新变化与新特点。

(1) 国际分工的形式的变化。国际分工从战前产业间的分工,发展成为产业内分工和产品分工,20 世纪 90 年代后形成的全球价值链分工成为新型国际分工的主要形式。全球价值链的分工是将生产的各种工序分散到有比较优势的不同国家进行,获得比较优势的集约生产所带来的规模经济效益。其核心内涵是在特定产品的生产过程中把不同价值的增值环节通过空间分散化展开,分别布局到具有比较优势的地区,实行专业化生产,形成跨区或跨国性的生产链条或体系。

(2) 国际分工的新特点。科技革命使得生产的专业化程度提高,而生产的专业化要求各产业部门及其内部各部门之间的分工超越国界,出现国与国之间的国际分工与协作。

从产业层面来看,科技革命产生了一大批新兴的产业,使得一些传统产业从发达国家向其他国家转移,这就是产业结构的国际重组。产业结构的国际重组通过跨国直接投资,体现了一国生产资本与海外生产要素进行各种形式组合的生产国际化特征。

从产品层次来看,科技革命所导致的现代产品功能和特征的多样化以及产品生产的复杂性,使得产品所包含的零配件大大增多,一国想要在所有零配件上都具有优势是不可能的。这就要求各国通过发挥各自的优势实现零部件的专业化生产。零部件生产的专业

化分工改变了各国产品的竞争方式,同类产品的竞争优势更多地取决于产品的功能特点和新颖设计,以及能否实现在零部件专业化生产的基础上富有成效的国际合作。零部件专业化生产是当代国际分工中最具代表性的形式,它以灵活方便的分工方式充分展示了各国的比较优势,并将各国经济活动紧密地联系在一起。因而,在这种分工条件下生产的产品,常被称之为"国际性产品"。

2. 无形贸易在国际商务活动中的重要性突显

第二次世界大战以后,世界经济结构调整加快,传统的制造业比重下降,第三产业中的服务业在各国经济中所占的比重不断上升。1999 年在世界 GDP 中,服务业产值占61%,制造业占 34%,农业仅占 5% 左右;21 世纪初,服务业在发达国家与发展中国家的GDP 占比中的份额分别是 72% 和 52%。

服务贸易在出口贸易份额中所占比重不断增加。1970—2009 年的 40 年间,全球服务贸易出口已经从 710 亿美元扩大到 33116 亿美元,其间增长了 45.64 倍。1980—2011年,世界服务贸易出口占世界贸易总出口的比重从 1/7 提高到 1/5,反映了世界经济重心向服务业转移的趋势(见表 1-3)。

表 1-3 世界服务贸易规模的变化 (单位:亿美元)

年 份	总 额	出 口	进 口
1995	23886	11874	12012
1996	25445	12746	12699
1997	26360	13257	13103
1998	26800	13441	13359
1999	27795	13924	13871
2000	29429	14851	14578
2001	29648	14883	14765
2002	31632	16010	15622
2003	36198	18361	17837
2004	43612	22321	21291
2005	48618	24962	23656
2006	54775	28272	26503
2007	65513	34068	31445
2008	74230	38342	35888
2009	65988	34086	31902
2010	72484	37469	35015
2011	80175	41500	38675

资料来源:根据 WTO 统计数据编制。

　　按照世界贸易组织的分类标准，服务贸易可以分成运输、旅游和其他商业服务（主要包括通信、建筑、保险、金融、计算机和信息、专有权利使用和特许、咨询、会计、法律、广告及文体娱乐服务等）三大类别。20 世纪 90 年代以来，世界服务贸易的构成发生了重要的变化。运输贸易及政府服务所占的比重为 4%，旅游服务业一度发展成为国际服务贸易中的第一大产业，所占比重为 6%。进入 21 世纪以来，其他商业服务等现代服务贸易发展迅速，是世界服务贸易中贸易额最大、增长最快的类别（见表 1-4）。2001—2011 年其他商业服务贸易占比从初期的 45.62% 增加到 53.70%。

表 1-4　21 世纪以来的服务贸易出口结构的变化

年 份	增长速度/%				占　比/%			
	总　额	运　输	旅　游	其　他	总　额	运　输	旅　游	其　他
2001	0.22	−1.17	−1.98	2.51	100.00	22.80	31.58	45.62
2002	7.57	4.83	4.74	10.93	100.00	22.22	30.75	47.03
2003	14.68	13.27	10.16	18.30	100.00	21.94	29.54	48.52
2004	21.57	24.65	18.50	22.01	100.00	22.50	28.79	48.71
2005	11.83	13.24	8.09	13.38	100.00	22.78	27.83	49.39
2006	13.26	11.69	9.31	16.24	100.00	22.47	26.86	50.67
2007	20.50	20.37	14.99	23.29	100.00	22.44	25.63	51.93
2008	12.55	16.35	9.87	12.28	100.00	23.20	25.02	51.78
2009	−11.10	−23.10	−9.07	−6.66	100.00	20.07	25.59	54.34
2010	9.92	15.30	8.76	8.47	100.00	21.05	25.32	53.63
2011	10.76	8.46	10.99	12.16	100.00	20.61	25.64	53.75

资料来源：根据 WTO 统计数据编制。

3. 跨国公司经营方式全球化的趋势

　　全球化时代的到来，为跨国公司改变传统的经营方式带来了新机遇。国际企业日益突破产业、产品、地理边界的局限，在企业组织和经营方式上日益凸显全球化下的灵活多变、多元创新的管理经营方式。

　　（1）公司并购成为跨国公司主要的国际投资方式。并购与新建是跨国公司国际直接投资的两种主要方式。并购包括收购与合并两种形式。收购（acquisition）是指一家企业用现金、股票或者债权等支付方式购买另一家企业的股票或者资产，以获得该企业的控制权的行为。合并（consolidation）是指两个或两个以上的独立企业联合成为单个的经济实体。新建是指建立一个新的企业。

　　数据表明，20 世纪 90 年代末期以后，在跨国公司国际直接投资的方式选择上，发达国家主要采用并购的方式，发展中国家多采用新建方式。1998—2005 年所有外来直接投资中有 40%～80% 采取了并购方式。而对于发展中以及转型国家来说，2010 年发展中国家跨国并购的总额占世界总额的 1/4，新建投资占世界总额的 2/3 以上。

（2）电子商务和网络经济下跨国公司的组织结构更为灵活创新。在全球商务时代，生产要素资源国际流动的障碍被逐步清除，企业拓宽了组织生产活动的领域。资源外取和服务外包等生产服务新方式的出现，推动了国际企业剥离部分职能部门，通过资源外取的方式，寻找能够提供合适的职能部门服务项目的海外企业。这样，就是国际企业的组织结构形式出现灵活创新的新型组织形式，例如，网络型组织结构、项目组织结构。项目组织结构，又称基于团队的结构，是基于完成某一项目而搭建的临时性工作团队。这种团队根据项目发展的需要而形成、解散和再组建。其组织结构具有非正式、灵活性、高效率的特征。

（3）跨国公司通过战略联盟扩大竞争优势。为了降低大型跨国企业间竞争带来的两败俱伤的局面，填补跨国公司完成企业绩效目标与自身资源和能力间存在的战略缺口，共同分担国际投资和技术创新投入的关联性风险等诉求的考虑，跨国公司通过彼此形成各种形式的战略联盟[1]，实现了资源互补，降低风险，共赢发展，提高竞争优势的战略目标。例如，福特与马自达公司通过建立战略联盟，使福特公司得以借助马自达的营销网络资源与渠道实现在亚洲市场的销售，而马自达也通过联盟合作提高了汽车发动机的制造技术。

（4）跨国公司投资方式多元化，非股权方式成为跨国经营的新趋势。现代国际化经营已经不再拘泥于直接对外投资与贸易这两种形式。非股权形式日益发展成为新时代国际商务投资的主要形式。非股权形式包括合同制造、服务外包、订单农业、特许经营、许可经营、管理合约等其他类型的合约关系。跨国公司通过这些关系协调在全球价值链的活动中管理并影响东道国的公司经营，但不拥有股份。非股权形式的一个经营优势就是与本地公司之间的灵活安排。

据 UNCTAD 估计，2010 年全球跨境非股权形式活动共产生超过 2 万亿美元的销售额，主要是在发展中国家。其中，合同制造和服务外包占 1.1 万亿～1.3 万亿美元，特许经营占 3300 亿～3500 亿美元，许可经营占 3400 亿～3600 亿美元，管理合约占 1000 亿美元。

☞ 补充阅读

中国服务贸易发展现状

改革开放以来，我国的服务业和服务贸易发展较快。按不变价格计算，1978—2011年中国 GDP 增长了 21 倍，年均增速达到 9.6％；服务业增加值增长了 30.28 倍，年均增长 10.3％，高于同期 GDP 增速。2015 年，我国服务贸易总额为 7130 亿美元，其中出口 2881.9 亿美元，进口 4248.1 亿美元。服务贸易逆差为 1366.2 亿美元。[2]

---

[1]　企业战略联盟的类型划分各异。塞蒙因的五分法是：非正式合作、契约性合作、合资、股权参与、国际联合。福克纳和鲍曼提出的企业联盟三维模型中，将联盟方式划分为集中型联盟、复合型联盟、合资联盟、协作、国际联合。

[2]　资料来源：2015 年中国服务贸易数据.http：//www.360doc.com/content/16/0220/16/502486_535976750.shtml.

一、中国服务贸易发展的国际比较

1. 中国服务贸易在世界上的位次

中国是全球货物贸易大国,尚不是全球服务贸易大国。对外开放以来,我国服务贸易发展迅速。

(1) 从增速上看,1982—2011 年的 30 年间,服务贸易的增长速度年平均为 15.9%,同期 GDP 的增长速度为 9.6%。2012 年服务贸易总额超过 4191 亿美元,其中出口 1821 亿美元,进口 2370 亿美元,分别是 1982 年的 73 倍和 125 倍。

(2) 从贸易的内部结构上看,传统服务项目仍占据主导地位,服务贸易的收支主要集中于运输和旅游服务项目,两项收支合计占总规模的 56%,通信、保险、金融、专有权使用和特许费、计算机和信息、咨询、广告等新兴服务贸易项目正在兴起中。

(3) 从服务贸易总量来看,20 世纪 80 年代,我国服务贸易额占世界服务贸易额的比重一直在 1% 左右徘徊。2014 年,我国服务贸易总额为 6043 亿美元,占世界比重的 6.3%,其中服务出口额 2222 亿美元,占世界比重的 4.6%,居世界第五位;服务进口额 3821 亿美元,占世界比重的 8.1%,居世界第二位(徐盛华,章征文,2014:99)(见表 1-5)。

表 1-5　2014 年世界服务贸易进出口前十位国家(地区)

位次	出口国(地区)	出口额/亿美元	占比/%	位次	进口国(地区)	进口额/亿美元	占比/%
1	美国	6860	14.1	1	美国	4540	9.6
2	英国	3290	6.8	2	中国	3280	8.1
3	德国	2670	5.5	3	德国	3270	6.9
4	法国	2630	5.4	4	法国	2440	5.1
5	中国	2222	4.6	5	日本	1900	4
6	日本	1580	3.3	6	英国	1890	4
7	荷兰	1560	3.2	7	荷兰	1650	3.5
8	印度	1540	3.2	8	爱尔兰	1420	3
8	西班牙	1350	2.8	9	新加坡	1300	2.7
10	爱尔兰	1330	2.7	10	印度	1240	2.6

资料来源:2014 年全球服务贸易出口数据.http://www.360doc.com/content/15/0505/09/502486_468154544.shtml.

2. 服务贸易与货物贸易占进出口贸易总额的比重差距较大,服务贸易处于逆差状态

(1) 改革开放以来,伴随我国经济的快速发展,出口贸易引人注目,但出口贸易结构上的发展并不均衡。货物贸易与服务贸易增长情况为:1997 年我国货物贸易占总贸易额的比重为 85.32%,服务贸易额占比为 14.82%;2011 年货物贸易占总贸易额的比重接近90%,服务贸易额比重下降到 10.3% 左右;2014 年货物贸易占总贸易额的比重将近为87.7%,服务贸易额占我国进出口贸易总额比重上升为 12.3%。

（2）服务贸易逆差状况加剧。自 1992 年起我国的服务贸易长期处于入超的局面。2004 年服务贸易逆差达到高位约 5.5 亿美元。2008 年服务贸易逆差首次突破 100 亿美元，2014 年服务贸易逆差达到 1599 亿美元。从服务贸易逆差的来源看，旅游是 2014 年服务逆差的主要来源，其次为运输服务业（见表 1-6）。

3. 服务贸易竞争力不强

RCA 指数是指一国出口中某类产品所占比重相对于该产品在全球贸易总额中所占比例的大小。该指数可以用于各国间竞争力的比较。显性比较优势指数的公式是：

$$RCA = (X_a / X_i) / (X_{wa} / X_w)$$

式中，X_a 是国家 i 在产品 a 上的出口，X_{wa} 是 a 产品在世界上的总出口；X_i 是国家 i 的总出口；X_w 是世界的总出口。一般来讲，RCA＞1，表示产品具有比较优势，数值越大优势也就越大；RCA＜1，则表示产品处于比较劣势。

根据世界贸易组织的国际贸易统计数据库（international trade statistics database）和我国国际收支平衡表提供的 2011 年数据，计算各国的服务贸易显性比较优势指数，并进行国际比较（见图 1-2）。从计算结果可以看出，我国的 RCA 指数是 0.45，印度最高，为 2.01。计算结果反映了我国服务贸易整体情况，也间接地回答了我国服务贸易处于逆差的局面的原因（王佃凯，2015：220）。

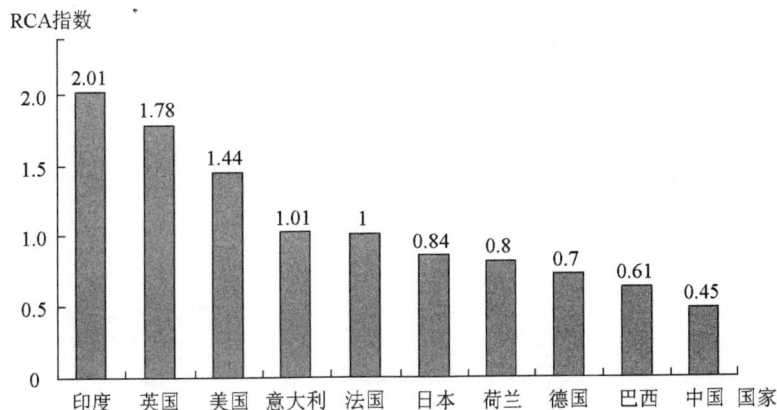

图 1-2 世界主要国家的服务贸易 RCA 指数

二、国内服务贸易发展中存在的问题

（一）服务业发展较快，尚未达到现代化国家的标准

美国斯坦福大学教授迈克尔斯（Michaels）认为现代化国家的标准之一就是看服务业占比的情况，它反映了一个国家经济发展水平和产业结构升级与发展的基本情况。只有当第三产业即服务业在 GNP 中占到 45% 以上时，一个国家才算是现代化国家。

有资料显示，目前服务业占世界经济总量的比重约为 70%，主要发达经济体的服务业比重接近 80%；服务领域跨国投资占全球跨国投资的比重已接近 2/3，服务贸易占世界贸易的比重约为 1/5。欧盟 2006 年的一项研究表明，服务业已占到发达国家工业活动的

表 1-6　1997—2014 年中国服务贸易逆差情况

（单位：亿美元）

年份 项目	1997	1998	1999	2000	2001	2002	2003	2004	2005	2006	2007	2008	2009	2010	2011	2012	2013	2014
总　计	-32.2	-25.9	-48.0	-57.1	-61.3	-67.0	-84.8	-95.5	-92.6	-89.1	-76.0	-115.6	-295.1	-219.3	-549.2	-897.0	-1184.6	-11599.0
运　输	-69.9	-44.6	-54.8	-67.3	-66.9	-78.9	-103.3	-124.8	-130.2	-133.5	-119.5	-119.1	-230.1	-290.5	-448.7	469.5	-566.8	-579.0
旅　游	39.4	34.0	32.3	31.2	38.8	49.9	22.2	65.9	75.4	96.3	74.5	46.9	-40.3	-90.7	-241.2	-519.5	-769.2	-1078.0
通　信	-0.2	6.1	4.0	11.0	-0.5	0.8	2.1	-0.3	-1.2	-0.3	0.9	0.6	-0.1	0.8	5.4	1.4	0.3	-4.9
建　筑	-6.2	-5.3	-5.5	-3.9	-0.2	2.8	1.1	1.3	9.7	7.0	24.7	59.7	36.0	94.2	110.0	86.3	67.7	104.9
保　险	-8.7	-13.7	-17.2	-23.6	-24.8	-30.4	-42.5	-57.4	-66.5	-82.8	-97.6	-113.6	-97.1	-140.3	-167.2	-172.7	-181.0	-179.4
金　融	-3.0	-1.4	-0.6	-0.2	0.2	-0.4	-0.8	-0.4	-0.1	-7.5	-3.3	-2.5	-2.9	-0.6	1.0	-0.4	-5.0	-9.0
计算机和信息	-1.5	-2.0	0.4	0.9	1.2	-4.9	0.7	3.8	2.2	12.2	21.4	30.9	32.8	62.9	63.4	106.1	94.5	98.6
专有权利使用费和特许费	-4.9	-3.6	-7.2	-12.0	-18.3	-29.8	-34.4	-42.6	-51.6	-64.3	-78.5	-97.5	-106.4	-122.1	-139.6	-167.1	-201.5	-219.7
咨　询	-1.2	-2.4	-2.4	-2.8	-6.1	-13.5	-15.6	-15.8	-8.6	-5.6	7.2	46.1	52.1	76.8	98.1	134.3	169.5	166.0
广告、宣传	0.0	-0.5	0.0	0.2	0.2	-0.2	0.3	1.5	3.6	4.9	5.8	2.6	3.6	8.4	12.4	19.8	17.7	12.0
电影、音像	-0.3	-0.2	-0.3	-0.3	-0.2	-0.7	-0.4	-1.3	0.2	0.2	1.6	1.6	-1.8	-2.5	-2.8	-4.3	-6.4	-7.2
其他商业服务	24.3	7.8	3.2	9.7	15.4	38.3	85.9	7.5	75.0	84.3	86.8	28.9	59.2	184.1	140.1	88.6	195.5	97.4

数据来源：商务部 2015 年中国服务贸易统计。

50%～70%。在美国和瑞士等国家,服务业的产值甚至达到了制造业的 3.5 倍以上。其中,增长最快的是计算机软件服务业以及包括通信服务业在内的高技术服务业。2007年,美国信息服务业年销售额为 531.63 亿美元,同期包括法律服务、会计纳税服务、建筑工程服务以及专业设计服务等在内的科技服务业的销售额为 10310 亿美元,医疗保健服务为 11232.95 亿美元,这三项合计占到当年美国 GDP 的 1/3 左右(郭连成等,2012:38)。发达国家以金融、保险、房地产和商务服务为主的现代服务业增长最快,服务业对GDP 和就业贡献的增长主要来源于这四类服务业。

中国服务贸易伴随着产业结构的升级而发展。从改革开放以来,我国的产业结构发生了很大的变化:第一产业在 GDP 的比重下降很快,第三产业的比重上升也较快。从1990 年我国服务业比重超过 30% 以后,随着第一产业比重下降,大量的劳动力被转移到第三产业尤其是商业流通、餐饮业中,服务业开始加速发展。根据国家统计局 2011 年统计公报的数据,第一产业在 GDP 的比重已经由 1978 年的 30% 下降到 2011 年的 4.6%,而服务业在 GDP 中的比重已经由 1978 年的 23.9% 上升到了 2011 年的 43.8%,产业结构的变化标志着我国经济发展水平在不断提高。

(二) 主要服务业的垄断性比较强

我国对于重要的服务业都采用了比较严格的市场准入管制,并由此形成了很强的行政性垄断,特别是电信、铁路运输、航空运输的行政性垄断最为严重。在银行、电信、航空、保险等行业中,多数投资都是由国家来完成的。在服务业企业中,国有资本一股独大的现象超过了第二产业。目前,在银行、电信、保险、航空等行业中,我国采取了将原有超大型企业分割成几个大企业的方法来增加市场的竞争程度,希望用这种方法来降低服务行业中的垄断程度。这种做法虽然能够提高市场的竞争程度,但是并没有从根本上改变国有资本垄断的问题,而且这种做法实行的时间较短,银行、保险、航空、电信等重要服务业的垄断程度并没有得到有效的降低。由于缺乏竞争,严重的行业垄断经营导致服务企业服务意识差、创新能力不强、服务质量不稳定、劳动效率低、服务创新能力普遍不足,在服务质量和数量上都无法满足消费者的要求。

就外资在我国服务业被利用的情况,大致可以看出政府对关乎国计民生的服务领域的垄断经营以及服务业对外开放情况。就服务产业利用外资的情况来看,房地产、批发零售、租赁和商务服务业发展较快,占比较大(见表 1-7)。

表 1-7　2011 年中国服务业利用外资情况

行业名称	项目数/个	比　重/%	实际外资金额	比　重/%
交通运输、仓储和邮政业	413	2.71	319079	5.48
信息传输、计算机服务和软件业	993	6.53	269918	4.63
批发和零售业	7259	47.70	842455	14.46
住宿和餐饮业	513	3.37	84289	1.45

续　表

行业名称	项目数/个	比　重/%	实际外资金额	比　重/%
金融业	156	1.03	190970	3.28
房地产业	466	3.06	2668152	46.15
租赁和商务服务业	3518	23.12	838247	14.39
科学研究、技术服务业和地质勘探业	1357	8.92	245781	4.22
水利、环境和公共设施管理业	151	0.99	86427	1.48
居民服务和其他服务业	212	1.39	188357	3.23
教育业	15	0.10	395	0.01
卫生、社会保障和社会福利业	11	0.07	7751	0.13
文化、体育和娱乐业	152	1.00	63455	1.09
公共管理和社会组织	1	0.01	66	0.01

资料来源：国家统计局网站。

第三节　美国商学院国际商务课程体系设置

关于美国商学院课程设置变化的情况，本书主要的参考信息来源是弗农（Vernon，1994）和韦斯特尼（Westney，2005）在其各自的论文中讲述的他们在哈佛商学院（1959—1978 年）和麻省理工学院斯隆管理学院（20 世纪 80 年代早期至 2005 年）任职的经历。

一、国际商务在哈佛商学院的设置情况（1959—1978 年）

20 世纪 50 年代末起，弗农任职哈佛商学院，教授国际商务。以此为起点到 20 世纪 60 年代晚期的 10 年中，国际商务学科同其他职能学科（functional areas）并列，讲授课程内容包括国际贸易与国际收支、多国企业、比较商业制度三方面。在讲授内容的取舍上由授课教师自由决定，教师的灵活度与自由度较高。

20 世纪 60 年代晚期，哈佛商学院进行学科调整，取消了国际商务课程的设置，将各职能领域课程国际化，原先讲授国际商务的教员被分配到各职能领域。这种调整，使得国际商务课程变成管理学科分支下的国际化问题的研究，这种设置形式成为典型的美式商学院课程内容模式。这种课程设置状况持续到 20 世纪 70 年代。

二、国际商务在斯隆管理学院的设置（20 世纪 80 年代早期至 2005 年）

20 世纪 80 年代早期至 2005 年，韦斯特尼在斯隆管理学院见证了国际商务课程在设置上从旧国际商务课程向新国际商务课程转型，以及在 21 世纪初期课程设置内容回归。

20 世纪 80 年代早期，斯隆管理学院在国际管理领域开设了三门核心课程：一是关于商务职能国际维度的教程；二是有关国际商务环境的课程，是概括描述不同国家环境的基础课程；三是实践课程。学生以小组实习形式在跨国界商务公司中获取实践经验。这三种课程组合被认为是"旧"国际商务课程教学内容的体现。这种课程设置与第二次世界大战后美国跨国公司海外经营业务的高速拓展有直接关联，在企业拓展过程中急需研究企业国际化的成功路径、风险与收益上的问题，此外，进入海外市场后，由于环境差异导致的企业运营方面的问题成为这一时期国际商务问题研究的主题。

20 世纪 80 年代中期后，跨国公司海外市场的分割格局已定，在现有市场格局中如何击败对手成为跨国企业经营中首要回答的问题，至此，企业发展战略问题成为跨国公司在这一时期需要研究的主题。在斯隆学院，唐·莱萨德（Don Lessard）在公司高级管理人员培训课程中首次教授"新"国际商务。"新"国际商务课程重点关注跨国公司的战略与组织，之后又被引入硕士研究生的培养方案中。到 20 世纪 80 年代后半期，国际管理的教学课程设置已经发生变革。旧国际商务课程设置中的两种课程因为与跨国公司战略发展主题不符合而被取消（实践课和在陌生地方从事商务活动课程）。课程设置的重点转向对特定经济发展地区和国家的研究学习（日本、中国、欧洲等）及专业知识（如国际金融）的选修课。在这一时期，在哈佛商学院，权变理论成为主导大部分战略和组织分析的代表性理论，该理论创造了跨国公司战略和组织领域新的交互界面。针对全球化发展提出的全球整合——当地响应的分析框架和跨国模型，将权变理论提升到一个应该被视为范式的高度。

在 21 世纪初期，斯隆管理学院国际商务课程的设置又回到原处。20 世纪 80 年代早期的课程被重新当作基本课程，80 年代中期被取缔的两门课程成为最受欢迎课程，它们是了解不同商务环境的课程和以基于团队为中心的实践课程。第三门课程是关于跨国企业战略和组织的课程。

当然，新课程的设置不是简单的对早期课程设置内容的回归。与 20 世纪 80 年代早期的课程相比有所不同，"在陌生地方从事商务活动"这门课程的内容更加系统地引入了社会学的制度理论、比较政治与经济学研究模型，来分析跨国公司时代性的经营问题。课程与研究都试图回答在不同的地区商业环境的差异如何，以及公司为什么与如何向国外发展的这些经典问题。对实习课程场所的选择从发达国家转向发展中国家。如，原先主要集中在新英格兰地区寻求试图国际化但负担不起昂贵咨询费用的公司。现在实习场所多选择在发展中国家或地区（如巴西）寻求试图扩张但又负担不了昂贵的咨询费用的小公司。实践课程名为"全球远程实验室"，由国际管理的教员教授，授课基于由麻省理工学院创业中心组织的创业实验室课程模式。

第四节　国际商务学的研究内容

国际商务学是一门理论与实践相结合的课程,学科理论内容涉及国际经济学、国际贸易、国际金融、国际市场营销、国际企业管理等;学科实践内容涉及贸易实务、国际投融资管理、市场营销实务以及国际企业管理等。正是由于国际商务学科内容庞杂,学科内容间的渗透与交织性强,因此,目前在研究内容的规定上国内外尚无统一认识。

从跨国公司的角度研究国际商务,其研究内容主要包括以下三个方面:第一,国际化的组织、模式和过程;第二,分析不同的商业环境影响公司国际化的途径;第三,国际商务战略。研究内容包含经济学的基础性问题,也包括管理学的基础性问题;研究内容有时以国际商务组织为关注焦点,有时以国际商务活动作为焦点问题。

从国际企业的全球经营绩效为出发点,彭维刚(Peng,2001,2004)整合了国际商务研究内容,提出了彭氏框架(见图1-3)。彭氏框架以企业的全球经营绩效为核心将国际商务研究内容分为两类:基于制度的观点和基于资源的观点。

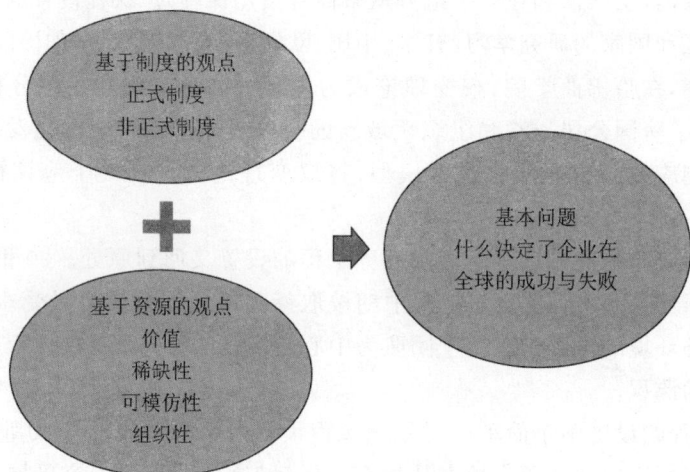

图1-3　彭氏框架下的国际商务研究内容

资料来源:王炜瀚.国际商务(第2版).北京:机械工业出版社,2015:36.

一、基于制度视角的研究内容

制度是决定企业经营绩效的主要因素之一。彭氏框架将所有与企业外部环境相关的研究都归类于基于制度的观点(institution-based view,IBV)。这里的制度是广义的范畴,包括制度本身和制度制定的环境。前者为正式制度研究的范畴,包括政治体制、经济体制等;后者为非正式制度研究的范畴,包括政策制定的周围环境,如法律、法规、伦理、文化、组织形式等。正式与非正式的制度共同支配着企业的行为。对制度因素的研究,可以帮助国际企业了解商务活动的游戏规则,降低企业的经营风险,增加企业绩效与竞争优势。

二、基于资源视角的研究内容

企业绩效不仅与环境有关,还与企业的管理资源的能力有关。与资源整合有关的研究内容被纳入彭氏框架之基于资源的观点的子项目研究内容中(resource-based view, RBV)。资源是指企业所控制的、使企业能够构想并实施战略以提高企业效率、优化企业绩效的各种资产、能力、信息、知识、组织过程、企业属性等。巴尼(J.B. Barney)曾将企业资源分为三大类:物质资本资源、人力资本资源与组织资本资源。其中,物质资本资源是指技术、厂房设备、地理区位以及获得原材料的渠道等;人力资本资源是指企业内部管理者和员工个体的培训、工作经验、判断力、洞察力、智力和人际关系等;组织资本资源包括企业正式的报告结构,各种正式与非正式的规划、控制和协调系统,以及企业内部不同部门之间、企业与同一环境下的其他企业之间的非正式关系等。巴尼还认为,企业资源要具备四大属性:价值性(value,V)、稀缺性(rarity,R)、不完美模仿性(imperfect imitability,I)与可替代性(substitutability,S)。

以巴尼的企业资源分类为基础,彭维刚(Peng,2001)建立了国际商务资源分析 VRIO框架。VRIO 框架的构成要素分别是:资源的价值性(value,V)、稀缺性(rarity,R)、模仿性(imitability,I)和组织性(organization,O)。与巴尼相比,彭氏框架扩展了资源的可模仿性(I)的含义,使其包含可替代性(S),又加入了组织性(O)。VRIO 框架通过剖析资源在上述属性方面的表现,为研究分析资源对于企业获取持续竞争优势提供了重要的参照。

三、基于企业成功导向的问题总结

国际商务研究的最终目的是帮助企业成功地进行国际商务活动:提供成功的国际企业经营的经验,总结失败企业的教训。在彭氏的框架结构中,决定企业成败的因素被归纳为制度因素和资源因素。成功的国际企业一定是善于巧妙利用一个国家的制度框架来赢得竞争优势,并能够合理地管理企业资源,控制资源,为企业的战略目标服务,创造更多的社会价值。

第五节 国际商务学研究主题回顾

如果以贸易形态作为国际商务的起始形态,那么国际商务可以说是历史久远;但如果以跨国企业形态作为国际商务存在的确据,那么它是近代才出现的商务形式。如果以1958 年国际商务学会(Academy of International Business)的组织建立作为国际商务的起始点,那么国际商务学尚属于年轻的学科。国际商务学会是目前国际商务研究领域中最具权威的学会,该学会为世界各地的国际商务学者提供了学术交流平台,其会刊《国际商务研究学报》(*Journal of International Business Study*)为国际商务研究领域最高水准的学术期刊。

悉尼大学的塞诺-阿尔代(S. Seno-Alday)教授以 1960—2008 年将近 50 年里在《国际

商务研究学报》上发表的 1689 篇论文为分析对象，跟踪了国际商务学近 50 年里的研究发展情况。研究发现近 50 年里国际商务学的研究主题集中在四个关键性的问题上。

　　[主题 1]国际商务学的独特本质是什么？

　　[主题 2]企业是如何进行国际化的？

　　[主题 3]各个参与国际商务的主体互动的本质是什么？该主题又可细分为两个子主题：

　　[主题 3A]各种不同的外部环境因素与利益相关者是如何互动和影响国际商务活动的？

　　[主题 3B]国际商务活动是如何影响各个外部环境因素和利益相关者的？

　　[主题 4]国际化对企业产生的影响是什么？

　　进一步把国际商务教学研究列为单独的一类。按照上面的研究主题分类方法，1960—2008 年近 50 年里发表在《国际商务研究学报》上的 1689 篇论文进行内容分析的结果见表 1-8。

表 1-8　国际商务研究主题统计分析结果　　　　　　　　（单位：％）

年份 研究主题	1960 年前	1960— 1969 年	1970— 1979 年	1980— 1989 年	1990— 1999 年	2000— 2008 年	总占比
主题 1	0	0	8	16	10	8	8
主题 2	19	19	14	11	23	20	18
主题 3A	81	73	51	42	41	39	49
主题 3B	0	4	7	3	3	5	4
主题 4	0	0	4	9	16	18	10
国际商务 教学研究	0	5	16	18	8	9	10
总计	100	100	100	100	100	100	100

资料来源：符正平.国际商务.北京：中国人民大学出版社，2013：7.

　　从表 1-8 中可以看到，主题 3A（环境对国际商务的影响）是从这个学科诞生起就一直非常重要的热点问题，尽管其所占的比重已经大幅下降，从 1960 年前的 81％下降到 21 世纪初的 39％。第二位的是主题 2（企业国际化问题），从 20 世纪 60 年代的研究高潮到 20 世纪 70—80 年代有所下降，到 20 世纪 90 年代至 21 世纪初又有所复兴，其起伏变化是与企业国际化的节奏相一致的。20 世纪 60 年代是美国企业对外直接投资的巅峰时期，20 世纪 70 年代欧洲企业开始恢复对外直接投资，20 世纪 80 年代日本企业的对外直接投资兴起。20 世纪 90 年代后，因国际政治经济格局变化，发展中国家以及转轨经济国家纷纷采取对外开放政策，来自欧美日发达国家的企业又重新开始在全球跑马圈地，新兴工业国和地区的企业也开始了自己的对外直接投资。这再度激起国际商务学者对企业国际化问题研究的兴趣。主题3B(国际商务对各个外部环境因素和利益相关者的影响)的数量占比不大且一直变化不大。

主题4(国际化对企业的影响)是早期国际商务研究忽视的一个重要问题。一般是假定国际化经营对于企业的绩效都是正向的。20世纪90年代以来,对于国际化本身对企业绩效影响的研究明显上升。以彭维刚(Peng,2004)为代表的一些国际商务学者认为,这一重要问题应该成为将来国际商务研究的中心。国际商务对绩效的影响可体现在多个层次上。在个体层次应该研究个人或经理人员的国际经验对国际商务活动绩效的影响;在企业层次,应该研究企业国际化及其国际化程度对一系列企业绩效指标的影响;在更宽广的宏观层次,应该研究区域和全球经济一体化对国际商务活动绩效及风险的影响。

☞ **复习思考题**

1. 什么是国际商务?对国际商务概念上的莫衷一是说明了什么问题?
2. 简述国际商务研究的主要内容。
3. 比较国际商务与国内商务之间的区别。
4. 国际商务主题研究的变化,反映出国际商务现实活动发生了怎样的变化?

第二章

国际商务之贸易理论与运作

☞ **教学目标**

1. 理解自由贸易理论各学派对国际贸易的基础、结构和利益的诠释和论证。

2. 掌握自由贸易理论的发展脉络，理解古典自由贸易理论、新古典自由贸易理论及战后自由贸易理论的发展及对国际贸易政策的影响。

3. 理解英国工业革命后自由贸易政策实践的历史背景及时代意义，掌握当代贸易自由化的发展特点及趋势。

☞ **导入案例**

麦当劳独特的特许经营模式

麦当劳作为世界上最成功的特许经营者之一，以其引以为豪的特许经营方式，成功地实现了异域市场拓展、国际化经营。"麦当劳"原本是麦当劳兄弟于 1937 年在洛杉矶东部小镇开办的汽车餐厅。本着快速满足顾客需要的服务原则，兄弟俩花费大量资金改进了厨房设备和加工制作程序，使汉堡包加工制作和服务速度大大提高，从而在快餐业逐渐形成了一定的知名度。1955 年 3 月，52 岁的雷蒙德·克罗克以 270 万美元的价格买下了麦当劳兄弟经营的 7 家麦当劳快餐连锁店以及店名的长期使用权，开始了他的麦当劳经营生涯。经过多年的努力，麦当劳快餐店取得了让世人惊叹的成就，时至今日，"麦当劳"已发展成为一个无可争议的国际品牌，是企业国际化经营的成功范例。

麦当劳在特许经营的发展历程中，积累了许多非常宝贵的经验。

1. 明确的经营理念与规范化管理

麦当劳的黄金准则是顾客至上，顾客永远第一，并且麦当劳的所有原则都有详细严格的量化标准，是所有从业人员必须遵守的行为规范。这是麦当劳规范化管理的特色之处，也是麦当劳特许经营成功的根本基础。

2. 严格的检查监督制度

为了使各加盟店都能够达到令消费者满意的产品与服务标准，麦当劳建立了严格的检查监督制度。麦当劳体系有三种检查制度：常规性月度考评、公司总部的检查、抽查。

3. 完备的培训体系

麦当劳在经营之初就建立了较完备的员工培训体系,为特许经营受许人成功经营麦当劳餐厅,保持、塑造"麦当劳"统一品牌形象提供了强有力的保障。

4. 联合广告基金制度

设立广告基金是麦当劳开展特许经营的重要营销策略,由加盟者联合起来,共同筹集资金承担广告费用,可以在更大范围内扩大麦当劳的统一品牌形象,弥补加盟者单独进行品牌宣传造成的广告经费不足的问题。

5. 以租赁为主的房地产经营策略

麦当劳公司总部长期承租或购进土地和房屋,然后将店面出租给各加盟店。这种经营策略,解决了各加盟者开店的资金困难,为麦当劳特许经营的顺利开展奠定了坚实的基础。

在处理总部与加盟店的关系上,麦当劳收取的首期特许费和年金都很低,减轻了各分店的负担;总部始终坚持"让利"原则,把统一采购得到的优惠直接转让给各特许加盟分店;麦当劳总部坚决不向受许人强卖产品牟取暴利,从而也就避免了总部与分店的冲突。

麦当劳的诚意换来了所有加盟者和供应商的忠诚,各合作关系方同心协力、各显神通,共同维护"麦当劳"品牌形象,提升麦当劳品牌价值,献计献策,从而保证了"麦当劳"品牌的市场竞争力,使麦当劳品牌风靡全世界。

第一节　国际商务活动的贸易理论基础

国际贸易作为国际商务活动的主要形式,其理论在很大程度上构成国际商务管理的理论基础。系统地学习国际贸易理论,有助于认识国际商务的实质,更好地指导国际商务实践活动。国际贸易学是经济学中最古老的学科之一,国际贸易问题也是经济理论中争论最激烈的问题之一。早在 16 世纪,西欧重商主义就开始对国际贸易问题进行探讨。重商主义对贸易的研究主要集中在如何通过限制进口、鼓励出口,增加货币的流入,从而增加社会财富上。随着资本主义的发展,国际贸易理论的研究也获得发展,古典经济学的重要代表亚当·斯密、大卫·李嘉图,以及后来的约翰·穆勒为国际贸易分工理论奠定了基础,其论点至今仍支配着国际贸易理论的发展。在约翰·穆勒后,经过马歇尔(A. Marshall)、埃奇沃斯(F. Y. Edgeworth)、陶西格(F.W. Taussig)、范纳(J. Viner)、哈伯勒(G. Harberler)、俄林(B.G. Ohlin)等人的努力,国际分工理论获得了进一步发展。从亚当·斯密的绝对优势论到当代国际贸易理论,其发展大体上经历了三个阶段。

第一阶段,古典国际贸易理论,以亚当·斯密的绝对成本论、李嘉图的比较成本论为代表。

第二阶段,新古典贸易理论与扩展,以赫克歇尔、俄林的要素禀赋论为基础,并由萨缪尔森、斯托伯、罗伯津斯基加以扩展。里昂惕夫对要素禀赋论进行实证检验。

第三阶段,新国际贸易理论,主要围绕里昂惕夫之谜和第二次世界大战后国际贸易发展出现的新现象,如产业内贸易、发达国家之间贸易、产业优势地位转移等问题寻求理论上的解释，提出许多观点，如生产要素密集度逆转说、劳动熟练说、人力资本说、技术差距论、产品生命周期论、需求偏好相似说、产业内贸易说等。

一、亚当·斯密的绝对优势理论

亚当·斯密(Adam Smith,1723—1790)是资产阶级古典经济学派的奠基人之一，是国际分工和国际贸易理论的创始者。1776 年在其代表著作《国富论》中，他全面阐述了国际贸易与国际分工的理论与思想。斯密通过对家庭和国家的对比分析揭示了国际分工、贸易的必要性，提出了国际分工与自由贸易的理论，并以此作为反对重商主义理论和保护贸易政策的重要武器，对国际分工和国际贸易理论做出了重要贡献。

（一）绝对优势理论的内容

绝对优势理论又称绝对成本理论或绝对利益理论，是亚当·斯密自由竞争市场经济思想理论体系的一个子版块，是其分工理论的国际化拓展和延伸。其中心思想是：每个国家生产本国具有绝对优势的产品，然后用这种产品去换取外国具有绝对优势的产品，双方都能从中获利。通过绝对优势理论，斯密揭示了自由贸易的合理性和可行性。

（1）分工可以提高劳动生产率，增加国民财富。斯密认为，交换是出于利己心并为达到利己目的而进行的活动，是人类的一种天然倾向。人类的交换倾向产生分工，社会劳动生产率的巨大进步是分工的结果。

（2）分工的原则是成本的绝对优势或绝对利益。斯密进而分析道，分工既然可以极大地提高劳动生产率，那么每个人专门从事他最有优势的产品的生产，然后彼此交换，则对每个人都是有利的。即分工的原则是成本的绝对优势或绝对利益。

（3）国际分工是各种形式分工中的最高阶段，在国际分工基础上开展国际贸易，对各国都会产生良好效果。斯密由家庭推及国家，论证了国际分工和国际贸易的必要性。他认为，适用于一国内部不同个人或家庭之间的分工原则，也适用于各国之间。

（4）国际分工的基础是有利的自然禀赋或后天的有利条件。

☞ **讨论与思考**

斯密的著作非常注重案例论证，即用身边的实例来说明高深的理论，深入浅出，逻辑严密，说服力强。分析一下，下面他所举的例子都说明了什么问题？

"在一家制针的手工作坊里，分工前，一个粗工每天至多能制造 20 枚针；分工后，平均每人每天可制造 4800 枚针，每个工人的劳动生产率提高了几百倍。"

"如果一件东西购买所花费用比在家内生产的少，就应该去购买而不要在家内生产，这是每一个精明的家长都知道的格言。裁缝不为自己做鞋子，鞋匠不为自己裁衣服，农场主既不打算自己做鞋子，也不打算缝衣服。"

"在苏格兰可以利用温室种植葡萄，并酿造出同国外一样好的葡萄酒，但要付出比国外高 30 倍的代价。如果真的这样做，显然是愚蠢的行为。"

（二）对绝对优势理论的评价

绝对成本学说从劳动分工原理出发,在人类认识史上第一次论证了贸易互利性原理,克服了重商主义者认为国际贸易只是对单方面有利的片面看法。这种贸易分工互利的双赢思想仍然是当代各国扩大对外开放,积极参与国际分工贸易的指导思想。

但是该理论尚不能很好地说明一个问题:假定一国在所有产品生产上都不存在着绝对有利的生产条件,那么这个国家还要不要参加国际贸易,或者说还能不能从国际贸易中获得利益?对于这个问题的回答,李嘉图创造性地提出比较优势理论,不仅成功地回答了问题,还将古典贸易理论推向一个崭新的高度。

二、大卫·李嘉图的比较优势理论

大卫·李嘉图(David Ricardo,1772—1823)是英国工业革命发展时期的经济学家,对国际分工与贸易理论具有开创性的贡献,是自由贸易的坚决支持者。1817 年在其代表著作《政治经济学及赋税原理》中,李嘉图提出了比较优势理论。从此,比较优势论成为人们广泛接受的"真理",后来被无数经济学者引用并发展。

（一）比较优势理论的内容

比较优势理论又称为比较成本理论或比较利益理论,是对绝对利益论的继承和发展,是对古典学派国际贸易理论的进一步完善。其中心思想是:在国际分工和国际贸易中起决定作用的不是绝对利益而是比较利益,其基本原则是两优相权取其重,两劣相衡取其轻。

比较优势理论认为,即使一国在两种产品的生产上与另一国相比均处于劣势(即不存在绝对优势产品),仍有可能进行互惠贸易。一个国家可以专门生产并出口它的绝对劣势相对较小的产品(或称比较优势产品),同时进口其绝对劣势相对较大的产品(或称比较劣势产品)。我们可以通过表 2-1、表 2-2、表 2-3 来解释比较优势理论。

表 2-1　比较优势分析(分工前的生产情况)

	A 国	B 国	合计
小麦(10 蒲式耳)	1(劳动小时)	6(劳动小时)	20(蒲式耳)
布匹(1 码)	2(劳动小时)	4(劳动小时)	2(码)

从表 2-1 可以看出,无论在小麦还是在布匹的生产上,B 国都处于绝对劣势。然而,B 国生产小麦的劳动生产率只有 A 国的 1/6,而生产布匹的劳动生产率是 A 国的 1/2,因此 B 国在布匹的生产上有相对优势。另一方面,A 国在小麦和布匹的生产上都有绝对优势,但是,生产小麦的绝对优势要大于生产布匹的绝对优势,因此 A 国在小麦的生产上有比较优势。根据比较优势理论,如果 A 国专门生产小麦并出口一部分小麦来换取 B 国的布匹,B 国专门生产布匹并出口一部分布匹来换取 A 国的小麦,则两国都可以获益,见表 2-2。

表 2-2　比较优势分析(分工后、交换前的生产情况)

	A 国	B 国	合计
小麦(10 蒲式耳)	3(劳动小时)	0(劳动小时)	30(蒲式耳)
布匹(1 码)	0(劳动小时)	10(劳动小时)	2.5(码)

可见,在劳动投入总量不变的情况下,小麦产出增加 10 蒲式耳,布匹产量增加 0.5 码,国际分工使劳动生产率提高,世界总产出增加了。

假定 A 国用 10 蒲式耳小麦来交换 B 国的 1 码布匹,那么交换后两国两种产品的消费情况见表 2-3。

表 2-3　比较优势分析(交换后两国的消费情况)

	A 国	B 国
小麦	20(蒲式耳)	10(蒲式耳)
布匹	1(码)	1.5(码)

交换后,A 国在布匹消费数量不变的情况下,可以多消费 10 蒲式耳的小麦,而 B 国在小麦消费数量不变的情况下,可以多消费 0.5 码的布匹,两国都从国际分工和国际贸易中得到了好处。

李嘉图的相对利益论解决了斯密理论中的致命弱点:如果一国在一切产业上均无优势,对外贸易何以产生。李嘉图发展了斯密的观点,他指出即使效率最低、成本最高的国家也能从事对外贸易并从中获利;即使最先进和最落后的国家之间也存在着互利的国际分工和国际贸易机会。在两个国家、两种产品的贸易模式里,贸易一方两种产品都处于劣势,而另一方两种产品都处于优势,通过贸易双方获得的利益叫作比较利益。

(二) 对比较优势理论的评价

比较优势理论的科学性在于揭示出一个客观规律:无论一国生产力水平是高还是低,经济力量是强还是弱,根据比较优势理论的思想确定本国的比较优势产业,从事国际分工并发展对外贸易,会比闭关自守、自给自足获利更多。因此,这一理论从提出至今,一直受到西方经济学家的推崇,被誉为西方国际贸易理论的基石。不过,李嘉图的比较优势说也有许多的局限性,具体表现为:

(1)李嘉图的分析还只是静态分析,他没有进一步指出各国的比较优势并非是一成不变的。由于生产制度与生产技术是处于不断变动之中的,因此原有的国际分工与国际贸易格局会不断地被打破。

(2)李嘉图的比较优势只是以劳动成本差异为基础。他认为商品价值只是由各国生产商品时所花费的劳动量决定的,而与各国的自然禀赋以及其他生产要素无关。以后的经济学家则把资本、土地等生产要素纳入了比较成本的分析。

(3)李嘉图没有讨论两个国家贸易的实际交换比率。李嘉图指出各国都可以从国际贸易中获得利益,但谁可以在交换中获得更多的利益? 这个问题后来由他的学生穆勒做了说明。

(4) 比较优势理论所揭示的贸易国的贸易利益是短期和静态的,往往与一国长远发展的利益相冲突。彻底放弃没有比较优势的行业,只从事具有比较优势行业的生产和出口,这样的国际分工和贸易活动无疑是危险和有害的,也是极其错误的观念。

☞ **拓展阅读**

比较优势陷阱

比较优势是自由贸易理论的基石,但对于它的质疑也从未停止过。比较优势存在的突出缺陷是其假设前提的不现实。规模经济、技术进步成为引发国际贸易的新经济变量,这使得仍按照比较优势理论指导开展国际贸易的发展中国家可能陷入"比较优势的陷阱"。

所谓比较优势陷阱是指一国(尤其是发展中国家)完全按照比较优势,生产并出口初级产品和劳动密集型产品,则其在与技术和资本密集型产品出口为主的经济发达国家的国际贸易中,虽然能获得贸易利益,但由于其贸易结构较为低级,处于不利地位,可能导致产业结构升级困难和固化原有产业分工的作用,并在国际分工中处于不利地位。

比较优势陷阱可以分为两种类型:第一种是初级产品比较优势陷阱。发展中国家运用劳动力资源和自然资源优势参与国际分工,获得相对较低的附加值。而且比较优势战略的实施还会强化这种国际分工形式,使发展中国家长期陷入低附加值环节。如果初级产品的国际价格下滑,发展中国家的贸易条件恶化,可能会出现贫困化增长的尴尬局面。第二种是制成品比较优势陷阱。以制成品出口结构的发展中国家由于自身基础薄弱,主要通过大量引进、模仿先进技术或接受技术外溢和改进型技术等作为手段来改善在国际分工中的地位。但是这种改良型的比较优势战略由于过度的依赖技术引进,从而可能形成外资依赖和对外资的技术依赖困境。

(三) 对比较优势理论的检验

对比较优势理论的实证检验,当推迈克道格尔(G.D.A. MacDugall)1951 年所做的研究。他利用美国和英国 1937 年的数据,考察了各行业的出口绩效与劳动生产率之间的关系。他的假设检验可以表述为:美国某些行业的劳动生产率(根据工资差异加以调整后的)高于英国的这些行业,则其出口也将高于英国的这些行业。根据迈克道格尔的估计,1937 年美国的平均工资水平是英国的两倍。因此,他认为如果美国某些行业的劳动生产率超过英国对应行业劳动生产率两倍以上,那么,美国就应该在这些行业上有比较优势。迈克道格尔用美、英两国各行业对世界其他国家的出口之比作为判断比较优势的标准,结果见表 2-4。

表 2-4　迈克道格尔对比较优势理论的检验结果

行业或产品		美国劳动生产率与英国劳动生产率的比值	美国出口与英国出口的比值
满足假设检验的产品	收音机	3.5	8
	生　铁	3.6	5
	汽　车	3.1	4.3
	玻璃容器	2.4	4
	罐　头	5.2	3.5
	机　械	2.7	1.5
	纸	2.2	1
	卷　烟	1.7	0.5
	油　毡	1.9	0.33
	纺织品	1.8	0.33
	皮　鞋	1.4	0.33
	可　乐	1.9	0.2
	化　纤	1.5	0.2
	棉制品	1.5	0.11
	人造丝	1.4	0.09
	啤　酒	2	0.06
	水　泥	1.1	0.09
	男士毛制品	1.3	0.04
	人造牛奶	1.2	0.03
	毛　衣	1.4	0.004
不满足假设检验的产品	电　灯	5.4	0.94
	饼　干	3.1	0.23
	火　柴	3.1	0.09
	橡胶轮胎	2.7	0.23
	肥　皂	2.7	0.35

　　在所检验的 25 个行业中，有 20 个行业服从假设检验，即在收音机等 20 个行业中，当美、英两国的劳动生产率比值大于 2 时，两国相应行业的出口比值大于等于 1；当两国的劳动生产率比值小于或等于 2 时，两国相应行业的出口比值小于 1；其余 5 个行业不服从假设检验。这说明，在迈克道格尔所检验的 25 个行业中，有 20 个行业符合比较优势理论的预期。

三、赫克歇尔和俄林的要素禀赋理论

古典经济学派的国际贸易理论在西方经济学界一直占支配地位。直到 20 世纪 30 年代，才受到两位瑞典经济学家的挑战。他们是赫克歇尔（E.F. Heckscher，1879—1952）和他的学生俄林（B.G. Ohlin，1899—1979）。1918 年瑞典经济学家赫克歇尔在他的论文中提出了要素禀赋论的基本观点。俄林在赫克歇尔观点的基础上，于 1933 年出版了《区际贸易与国际贸易》一书，创立了比较完整的生产要素禀赋理论，又称赫克歇尔-俄林理论（H-O 理论）。

李嘉图的比较成本论说明了国际贸易发生的原因，但它没有解释为什么两国之间的比较成本会产生差异。H-O 理论继承和发展了李嘉图的比较优势论，提出了要素禀赋论，用生产要素的丰缺来解释国际贸易产生的原因和贸易的流向。这一理论是对在西方经济学中占统治地位达一个世纪之久的古典国际贸易理论的挑战。因为它更接近于资本主义国际贸易的实际，对各国的对外贸易政策有一定的指导意义，因此，被称为现代国际贸易理论。

（一）要素禀赋理论的主要内容

H-O 理论从要素禀赋的角度探讨了国际贸易发生的基础和原因。其基本含义是，每个国家都应该出口那些比较密集地使用本国充裕资源（或生产要素）所生产的产品，而进口那些比较密集地使用本国稀缺资源（或生产要素）所生产的产品。

1. 基本概念

（1）要素禀赋。要素禀赋（factor endorsement）也被称为要素丰裕度（factor abundance），指的是一个国家所拥有的各种自然资源之间的相对丰裕关系。它有两种度量的方式。其一是用各种要素存量的实物量的比率来衡量；其二是用要素相对价格来衡量。在两要素（资本和劳动）假定下衡量一国的要素丰裕度，若采用实物形式，就是考察国内可供使用的资本存量和劳动存量的比率，也就是人均资本存量；若采用要素形式衡量，就是考察两国在封闭条件下劳动和资本的相对价格，即利率和工资率的比率。

根据要素丰裕度的不同，我们把国家区分为资本相对丰裕的国家和劳动相对丰裕的国家。如果一国的可用资本存量对可用劳动存量的比率高于贸易伙伴国，或者其封闭条件下的资本相对价格（即利率—工资率之比）低于贸易伙伴国，则称该国为资本相对丰裕的国家；反之，则称为劳动相对丰裕的国家。

☞ **讨论与思考**

美国是资本相对丰裕的国家，这个命题绝对正确么？为什么？

（2）要素密集度。要素密集度（factor intensity）则是在产品的生产过程中所投入的不同生产要素的比率。在资本和劳动两要素假定下，要素密集度可以用在生产中使用的资本—劳动比率，也就是人均资本消耗量来衡量。根据生产过程中要素密集度的不同，产品可区分为劳动密集型产品和资本密集型产品。

☞ **讨论与思考**

你认为大米和皮鞋这两种产品是什么要素密集性质的？在中国和美国一致吗？如果不同，你认为是哪些因素导致了这个结果呢？

2. 假设条件

要素禀赋论基于一系列简单的假设前提，主要包括以下几个方面：

（1）2×2×2假设。即假定只有两个国家、两种商品、两种生产要素（劳动和资本）。

（2）技术水平相同。即假定两国同种产品的生产函数相同。如果两国面临相同的相对要素价格，则会选择相同的资本—劳动投入比。这一假设主要是为了便于考察要素禀赋，从而考察要素价格在两国相对商品价格决定中的作用。

（3）消费偏好相同。即假定两国的社会无差异曲线的位置和形状相同。

（4）规模报酬不变。即假定不论哪一国，增加某商品的资本和劳动使用量，将会使该产品产量以相同比例增加。

（5）不完全专业化。即假定尽管存在自由贸易，两国仍然继续生产两种产品，亦即无一国是小国。

（6）市场完全竞争。即假定两国的产品市场及要素市场都是完全竞争的，无人能够通过买卖行为影响市场价格。

（7）生产要素不能跨国流动。即虽然假定生产要素能够在各国内部自由转移，但在各国间却不能自由转移。即在没有贸易时，国家间的要素报酬差异始终存在。

（8）没有贸易障碍。即假定没有运输费用、关税或其他贸易限制。这意味着生产专业化过程可持续到两国商品相对价格相等为止。

（二）要素禀赋理论的核心观点

（1）贸易前的要素禀赋状况决定了一国的相对供给能力，进而是商品相对价格的国际差异。如果一个国家某种生产要素的存量相对丰富，该种要素价格就会相对低些，使用这一要素生产的产品成本因而就会相对较低，这种产品在国际市场中就会有比较优势。具体而言，劳动充裕的国家对于劳动密集型产品的提供能力更强，该类产品的贸易前国内价格更低；资本充裕的国家对于资本密集型产品的提供能力更强，该类产品的贸易前国内价格更低。

（2）每个区域或国家利用其相对丰富的生产诸要素（土地、劳动力、资本等）从事商品生产，就处于比较有利的地位，而利用它的相对稀缺的生产诸要素从事商品生产，就处于比较不利的地位。因此，贸易开放后，一国应该专业化生产并出口密集使用本国充裕要素所生产的产品，而进口密集使用本国稀缺要素所生产的产品，可以使得本国获益。

（3）国际商品贸易一般趋向于消除工资、地租、利润等生产要素收入的国际差别，导致国家间要素价格趋于均等化，即要素价格均等化说。美国经济学家萨缪尔逊发展了这个理论。他认为，国际要素价格均等化不仅是一种趋势，而且是一种必然。

☞ **补充阅读**

世界各国要素禀赋的差异与国际贸易

世界各国之间的要素禀赋确实存在差异,从而构成了国际贸易的基础。

俄罗斯向中国出口木材,并不是因为俄罗斯的伐木工相对于中国的伐木工来说劳动生产率更高,而是由于俄罗斯人口少,人均森林面积比中国大。巴西出口咖啡是因为巴西拥有适合种植咖啡的大面积土地和气候条件。美国出口小麦是因为它拥有丰富的非常适合小麦生长的温带土地。印度和中国成为服装和鞋类的出口大国是因为它们拥有大量的劳动力。这些都是要素禀赋差异对产出和贸易的影响。

四、新贸易理论

20 世纪 50 年代初,美籍苏联经济学家里昂惕夫(Leontief)根据 H-O 理论,利用投入产出分析法,对美国 1947 年的进出口贸易结构测算,发现美国出口商品资本—劳动比为 13991 美元/人,进口商品的资本—劳动比为 18184 美元/人,这一结果显然与 H-O 理论完全相反,这一难题称为里昂惕夫悖论。里昂惕夫悖论的出现引起国际贸易理论界的巨大震动。后来陆续有学者用投入产出分析法对不同年份的美国和印度等不同国家的贸易结构进行了资本—劳动比的测算,发现里昂惕夫悖论确实存在。为解释里昂惕夫悖论,诸多学者试图从各角度进行分析,从而进一步推动和发展了要素禀赋理论,也推动了国际贸易理论的发展,这些解释学说,成为新贸易理论的重要组成部分。

(一) 新贸易理论的产生背景

第二次世界大战后,国际贸易的产品结构和地理结构出现了一系列新变化。同类产品之间以及发达工业国之间的贸易量大大增加,跨国公司内部化和对外直接投资兴起,这与传统比较优势理论认为的贸易只会发生在劳动生产率或资源禀赋不同的国家间的经典理论是相悖的。古典与新古典国际贸易理论都假定产品市场是完全竞争的,这与当代国际贸易的现实也不相吻合,在这样的国际环境下,新贸易理论应运而生。

(二) 里昂惕夫悖论的解释学说

1. 自然资源理论

1959 年,美国学者凡涅克(J. Vanek)提出了以自然资源的稀缺解释里昂惕夫悖论的观点,认为美国的自然资源是相对稀缺的,进口自然资源的开发或提炼是耗费大量资本的,进口自然资源产品会使产品中的资本密集度上升。扣除资源的影响,美国资本密集型产品的进口就会小于其出口。

2. 人力资本理论

这个观点是美国经济学家凯能(P.B. Kenen)等人提出来的,用人力资本的差异来解释"谜"的产生。他们认为,使用在国际贸易中的资本既包括物质资本(physical capital),

也包括人力资本(human capital)。人力资本，是指所有能够提高劳动生产者的教育投资、工作培训、保健费用等开支，其作用是提高劳动者的技能，进而提高劳动生产率。里昂惕夫计量的资本只包括物质资本，而忽略了人力资本。由于劳动不可能是同质的，熟练劳动是投资的结果，也是资本支出的产物。美国出口产业相对于其进口替代产业，劳动力因为接受了更多的教育、培训投资，因而比国外劳动包含更多的人力资本。简单地用美国的资本和劳动人数或劳动时间来计算美国进口产品的资本—劳动比，可能没有反映美国人力资本和其他国家人力资本的区别。

☞ **案例分析**

美国人力资本与其他国家或地区人力资本的比较

表 2-5　发达国家或地区的要素占世界的比例(20 世纪 90 年代)　　　(单位：%)

国家或地区	实物资本	高度熟练劳动力	中等熟练劳动力	不熟练劳动力	可耕地	森　林
美　国	25.8	28.5	13.6	0.5	24.1	15.8
加拿大	3.6	5.8	1.3	0.1	6.0	27.3
日　本	15.0	10.4	7.2	0.3	0.5	1.4
德　国	9.3	4.6	4.5	0.2	1.5	0.6
法　国	5.6	3.4	2.9	0.1	2.4	0.8
英　国	3.6	6.5	3.0	0.1	0.8	0.1
其他工业化国家或地区	19.5	14.2	13.1	0.9	13.7	14.2
所有发展中国家或地区	17.6	26.6	54.5	97.8	51.0	39.8
世　界	100.0	100.0	100.0	100.0	100.0	100.0

资料来源：托马斯·A. 普格尔，彼得·H. 林德特.国际经济学(第 11 版).李克宁，译.北京：经济科学出版社，2001.

3. 要素密集度逆转说

这一学说由罗纳德·琼斯(R. Jones)提出。由于各国的要素禀赋和要素相对价格不同，它们在生产同一种产品时可能会采用不同的方法，会更多地投入本国丰裕且便宜的要素，较少使用本国稀缺且昂贵的要素，这就产生了要素密集度逆转的可能。通俗地说，某种商品，在劳动力相对丰富的国家中属于劳动密集型产品，但在资本相对丰富的国家中则属于资本密集型产品。如果这种要素密集度逆转是非常普遍的，那么要素禀赋理论的适用性就会受到质疑，但实际上，在国际上具有这种特点的产品并不多。

☞ **讨论与思考**

　　里昂惕夫在计算美国的进出口商品的资本—劳动投入比例时,用的都是美国的投入产出数据,那么你认为这种情况下,如果出现要素密集度逆转,其贸易模式的检验结果很可能会是什么样的呢? 你是怎么解释里昂惕夫悖论的呢?

(三) 偏好相似理论(重叠需求理论)

　　1961 年瑞典经济学家林德(S.B. Linder)在《论贸易和转变》一书中提出了偏好相似理论,第一次从需求方面寻找贸易的原因。林德认为要素禀赋学说只适用于解释初级产品贸易,工业品双向贸易的发生是由相互重叠的需求决定的。林德指出,平均收入水平相似的国家消费需求变化趋于一致,而两个国家需求偏好越相似,需求结构重叠程度越大,相互间开展工业品贸易的可能性越大。林德认为,重叠需求是国际贸易产生的一个独立条件。

☞ **讨论与思考**

　　需求偏好相似理论是否能解释里昂惕夫悖论? 作为发展中国家,中国却是奢侈品消费大国,这个现象能用这个理论解释吗?

(四) 产品生命周期理论

　　美国哈佛商学院教授弗农于 1966 年在《产品周期中的国际投资与国际贸易》一文中首次提出该理论。产品生命周期(product lifecycle) 简称 PLC,是指一种新产品从开始进入市场到被市场淘汰的整个过程(见图 2-1)。弗农认为,产品生命周期是指产品在市场上的营销生命,产品和人的生命一样,要经历形成、成长、成熟、衰退这样的周期。就产品而言,产品周期分为创新、成熟、标准化三个阶段。

　　(1) 产品的创新阶段。美国是发达国家,技术资本雄厚,根据本国消费者需求研发新产品。本国企业有特定优势,生产的产品在本国销售。欧洲的发达国家也有需求,所以美国也出口一部分到欧洲国家,出口不断增加。

　　(2) 产品的成熟阶段。市场需求急剧增加,欧洲的发达国家也产生了大量的需求。产品的成本优势越来越重要,企业技术优势在削弱。美国企业通过许可、合资等方式在欧洲的发达国家生产,同时东道国出现模仿的企业。发展中国家出现需求。美国的国内生产开始减少,出口也减少。欧洲发达国家的产出增加并出口到美国和发展中国家。

　　(3) 产品的标准化阶段。生产技术标准化,企业的技术优势消失,成本成为决定因素。欧洲发达国家的生产开始向发展中国家转移。欧洲发达国家的出口减少。发展中国家的生产增加并出口到美国和欧洲发达国家。

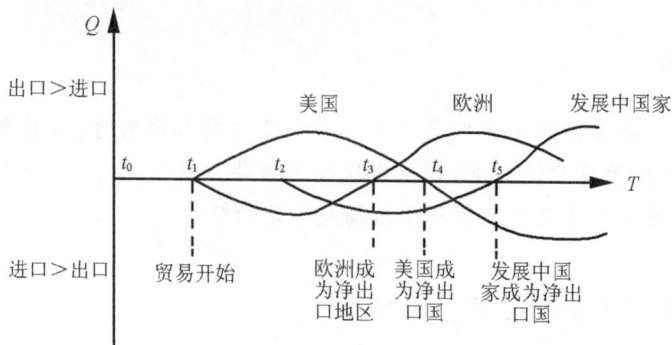

图 2-1　产品生命周期

☞ **讨论与思考**

为什么会出现这种比较优势的动态转变？

（五）产业内贸易理论

第二次世界大战以后，产业内贸易(intra-industry trade)迅速发展。到 20 世纪 70 年代，产业内贸易已在世界贸易中占据了相当重要的地位。1975 年，格鲁贝尔(H. G. Grubel)和劳埃德(P.J. Lloyd)的《产业内贸易：有差异产品的国际贸易理论和度量》一书出版之后，学界对产业内贸易的研究开始从经验性转入理论性。20 世纪 80 年代后，以保罗·克鲁格曼(P.R. Krugman)为代表的经济学家们把对产业内贸易理论的研究推进到一个新的阶段。

1. 产业内贸易的概念

产业内贸易是指两国在某些相当具体的工业部门内进行相互贸易，即两国互相进口和出口属于同一部门或类别的制成品。

2. 产业内贸易程度的衡量

格鲁贝尔和劳埃德在 1975 年创造了 G-L 产业内贸易指数，其计算公式为：

$$A_i = 1 - \frac{|X_i - M_i|}{X_i + M_i} \qquad \text{（公式 2-1）}$$

公式 2-1 中，X_i 为一国 i 产品的出口额；M_i 为一国 i 产品的进口额；A_i 表示该国 i 产品的产业内贸易指数。显然，A_i 的数值介于 0～1，A_i 越接近 1，说明产业内贸易程度就越高，A_i 越接近 0，则意味着产业内贸易程度越低。

从一个国家的整体角度看，产业内贸易指数则是由各种产品的产业内贸易指数加权后的平均数，它表示了一国产业内贸易在对外贸易总额中的比重，其计算公式为：

$$A_i = 1 - \frac{\sum |X_i - M_i|}{\sum X_i + \sum M_i} \qquad \text{（公式 2-2）}$$

☞ **练一练**

通过表 2-6,请分析中日制造业产业内发展水平的特点及走势。

表 2-6 中日制造业产业内贸易发展的总体水平(1992—2012 年)

年 份	1992	1996	2000	2004	2008	2012
SITC5	0.43	0.43	0.33	0.34	0.47	0.48
SITC6	0.61	0.69	0.68	0.68	0.64	0.62
SITC7	0.16	0.54	0.66	0.54	0.64	0.59
SITC8	0.21	0.15	0.21	0.25	0.30	0.27
SITC(5+7)	0.02	0.15	0.25	0.34	0.44	0.45
SITC(6+8)	0.21	0.18	0.20	0.16	0.15	0.12
总 GL	0.24	0.32	0.45	0.50	0.59	0.67

注:根据联合国 COMTRADE 数据库 SITC(Rev.3)3 分位数据加权计算。转引自:范慧瑾,张锡宝.中日制成品产业内贸易实证分析.商业经济,2014(1):67.

3. 产业内贸易产生的主要原因

综合众多经济学家的观点,造成产业内贸易现象的原因可同时从供求两方面来考察。从供给方面看,由于参与国际贸易的厂商通常不是处于完全竞争的条件下,而是处在垄断竞争条件下,因而造成了同类产品的差异化;从需求方面看,是由于消费者的偏好具有多样性,以及各国的消费需求形式常常有一部分是互相重叠的。具体归结为以下原因:

(1)产品异质性。在非完全竞争市场条件下,产品之间存在着较大差异,当产品的异质性与人们的消费心理联系在一起时,产品的异质性就会导致产品比较优势和消费垄断优势的形成,从而也使同一种产品之间产生了交换的必要,产业内贸易随之产生。例如,美制轿车宽敞舒适,日产轿车轻便省油,在两国消费者消费心理倾向的作用下,分别产生了对对方汽车产品的消费需求,最终形成了两国在轿车产品上的相互贸易。

(2)规模经济。美国经济学家克鲁格曼认为,在产业内存在大量异质性产品系列和不完全竞争的市场结构的情况下,规模经济收益递增可以用于产业内贸易产生原因的解释。为实现规模经济,企业对产品系列必然会进行一定的选择,不能全部产品类型都生产。因此,国与国之间的产品差异也就产生了。同时,产品差异的存在又会促进企业专业化生产的深入,推动规模经济的实现。可以说,规模经济和产品差异化之间的这种关系是导致产业内贸易的基础性原因。

(3)收入偏好相似性。这一观点由林德提出,是最早涉及当代工业化国家之间贸易和产业内贸易现象分析和解释的一种理论。林德的理论从需求出发,用收入偏好相似性解释了发达国家间发生贸易往来的原因。他认为人均国民收入水平决定的购买力决定了一国的消费结构,人均国民收入水平的差异造成了消费结构的差异。人均国民收入水平越趋相等,需求结构越趋相近,贸易机会越趋增加,贸易潜力和数量越趋加大。

五、国家竞争优势理论

(一)国家竞争优势理论的提出

1990年,哈佛大学的迈克尔·波特教授在《国家竞争优势》一书中,在继承发展传统的比较优势理论的基础上,提出了独树一帜的"国家竞争优势"理论,为贸易理论的发展做出了巨大的贡献。该理论着重讨论了特定国家的企业在国际竞争中赢得优势地位的各种条件。波特的理论说明,在开放型经济背景下,一国产业结构状况并不是一成不变的,各国产业发展具有很强的能动性和可选择性,固有的比较优势不应成为谋求增强国际竞争优势的障碍。

☞ **拓展阅读**

迈克尔·波特与著名的竞争三部曲

迈克尔·波特(M.E. Porter,1947—)是美国著名管理学家,哈佛大学商学院教授。他兼任世界上许多大公司和政府机构的咨询顾问,是当今世界有关竞争策略与国际竞争力方面的权威之一。1983年,波特在里根总统设立的产业竞争力委员会任职,在美国挑起了有关竞争力问题的大辩论。他在哈佛大学首开竞争策略、竞争优势等课程。他在20世纪80年代发表了著名的三部曲《竞争战略》(1980)、《竞争优势》(1985)、《国家竞争优势》(1990),系统地提出了自己的竞争优势理论。波特的竞争优势理论反映了当时的需要,他的理论对20世纪90年代美国对外贸易政策产生了重大影响。波特的著作被美国《幸福》杂志标列的全美500家最大企业的经理、咨询顾问及证券分析家们奉为必读"圣经"。

波特的研究领域主要集中在企业战略管理和产业组织两方面。因此,在他的著作中,单个的企业和产业始终是他的研究对象。从《竞争战略》《竞争优势》到《国家竞争优势》,波特研究的逻辑线索是:国家竞争优势取决于产业竞争优势,而产业竞争优势又决定了企业竞争战略。作者是站在产业(中观)层次,从下而上,即从企业(微观)层面向上扩展到国家(宏观)层面上。这是对国际贸易研究方法的一种拓展,因为以往国际贸易理论的立足点大多侧重于贸易活动,即从贸易研究入手,把产业研究仅作为一个附属领域,而波特的研究视角则是从产业经济入手,再去探讨它对企业乃至国家对外贸易的决定作用。

(二)国家竞争优势的钻石模型

波特认为,一个国家的竞争优势,就是企业、行业的竞争优势,也就是生产力发展水平上的优势。一国兴衰的根本在于是否能在国际市场竞争中取得优势地位,而国家竞争优势取得的关键又在于国家能否使主导产业具有优势,并且使企业具有适宜的创新机制和充分的创新能力。

波特认为,一国的国内经济环境对企业开发其自身的竞争能力有很大影响,其中影响最大、最直接的因素如下。

（1）要素条件。波特把生产要素分为基本要素（basic factors）和高等要素（advanced factors）两类。基本要素是指一个国家先天拥有的自然资源和地理位置等。高等要素则是指社会和个人通过投资和发展而创造的因素。对于国家竞争优势的形成而言，后者更为重要。

（2）国内需求。国内需求条件是特定产业是否具有国际竞争力的另一个重要影响因素。波特认为，国内需求对竞争优势的影响主要是通过三个方面进行的：一是本国市场上的产品需求规模，二是本国市场消费者需求层次，三是本国需求的超前性。

（3）相关产业与支撑产业。波特认为，一国若有一系列国际竞争力较强的相关产业，则容易产生有国际竞争力的新产业，有竞争力的相关产业往往在一国相生相伴。

☞ **讨论与思考**

相关产业和支撑产业的水平为什么对某一行业的竞争优势有重要影响？

（4）企业战略、结构和竞争。良好的企业管理体制的选择，不仅与企业的内部条件和所处产业的性质有关，而且取决于企业所面临的外部环境。国家环境对人才流向、企业战略和企业组织结构的形成和影响都决定了该行业是否具有竞争能力。波特强调，强大的本地本国竞争对手是企业竞争优势产生并得以长久保持的最强有力的刺激。

除了上述四组基本因素外，波特认为，一国所面临的机遇和政府所起的作用对国家整体竞争优势的形成也具有辅助作用。前四种因素是国家竞争优势的决定因素，图 2-2 解释了它们的情况如何直接导致国家竞争地位的变化，后两种因素如何对国家竞争优势产生影响。

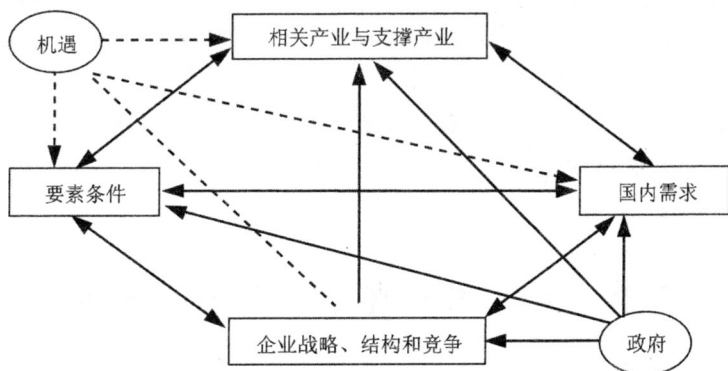

图 2-2　国家竞争优势的决定及影响因素

（三）国家竞争优势的发展阶段论

任何国家在其发展过程中，产业的国际竞争都会表现出不同的形式和特点，因而，产业国际竞争会经历具有不同特征的发展阶段。波特的竞争优势理论特别重视各国生产力的动态变化,强调主观努力在赢得优势地位中所起的重要作用。他将一国优势产业参与国际竞争的过程分为四个依次递进的阶段。

(1) 要素驱动阶段。这一阶段的竞争优势主要取决于一国在生产要素上拥有的优势,即是否拥有廉价的劳动力和丰富的资源。按波特的标准,几乎所有的发展中国家都处于这一阶段,某些资源特别丰富的发达国家,如加拿大、澳大利亚,也处于这一阶段。

(2) 投资驱动阶段。这一阶段的竞争优势主要取决于资本要素,大量投资可更新设备、扩大规模、增强产品的竞争能力。按波特的标准,只有少数发展中国家进入这一阶段。第二次世界大战后,只有日本和韩国获得成功。

(3) 创新驱动阶段。这一阶段的竞争优势主要来源于产业中整条价值链的创新,特别要注重和投资高新技术产品的研究和开发,并把科技成果转化为商品作为努力的目标。一国进入创新驱动阶段的显著特点之一是,高水平的服务业占据越来越高的国际地位。按波特的标准,英国在19世纪上半叶就进入了创新驱动阶段。美国、德国、瑞典在20世纪上半叶也进入这一阶段。日本、意大利到20世纪70年代进入这一阶段。

(4) 财富驱动阶段。这一阶段产业的创新、竞争意识和竞争能力都会出现明显下降的现象,经济发展缺乏强有力的推动,企业开始失去国际竞争优势。长期的产业投资不足是财富驱动阶段的突出表现。进入财富阶段的国家,一方面是"富裕的",另一方面又是"衰落的",失业和潜在失业严重,平均生活水平下降。按波特的标准,英国已经进入这一阶段。还有其他一些国家如美国、德国等在20世纪80年代也开始进入这一阶段。

(四) 对国家竞争优势理论的简评

波特的国家竞争优势理论是当代国际经济学理论的重大发展,不仅对国际经济贸易理论的发展做出了重要的贡献,而且富有特色。

(1) 该理论弥补了其他国际贸易理论的不足,较圆满地回答了理论界长期未能解答的一些问题。波特认为,一国在生产要素方面的比较优势有利于它建立国际竞争优势,而一国国际竞争优势的建立才能获得持久的比较利益。这种国际竞争优势才应该是国际贸易理论的核心。

(2) 该理论发展了传统贸易理论对于在要素基础上形成的优势的静态观点,突破了就单项因素或其简单组合为出发点来展开理论分析的不足。

第二节　基于国际贸易的跨国商务运作

一、贸易进入方式

企业以贸易方式进入世界市场的跨国商务形式主要有间接出口、直接出口和商品代销模式。不同的进入方式有不同的优缺点,企业应该根据自己的实际情况,选择合适的进入方式。

(一) 间接出口

间接出口指企业通过中间商或其他国内代理机构来经营商品出口业务。在间接出口的情况下,企业与国外市场无直接的联系,也不涉及国外业务活动。间接出口方式常被一些缺乏足够力量的中小型生产企业所采用。

1. 间接出口的优势

(1) 利用出口商或出口代理商的国外渠道和外销经验,迅速打开国际市场。

(2) 不必增设外销机构和人员,节省直接渠道费用。

(3) 减轻资金负担和减少风险。

2. 间接出口的劣势

(1) 对产品流向和价格控制程度较低,甚至不能控制。

(2) 难以迅速掌握国际市场信息,从而不利于提高产品对国际市场的适应性和竞争力。

(3) 无法获得跨国营销的直接经验。

(4) 难以建立企业在国际市场上的声誉。

3. 间接出口的渠道

(1) 专业从事国际商品贸易的公司和专业出口代理商。它们是专业从事国际商品贸易的中间商。

(2) 合作出口。指一个企业利用自己的出口力量和国际营销网络为其他企业出口商品。这种出口形式经常出现在与其他企业的产品有相关性,配套出口更容易占领市场,以及通过合作出口更能发挥国际营销网络作用的情况下。

(3) 外国企业驻本国的采购处。主要指外国的大型批发商、零售商和国际贸易公司在东道国设立的采购处。出口企业将商品直接出售给这些外国采购商,再由这些外国采购商转运出口。

☞ **补充阅读**

国际贸易中的主要交易人

从国际市场营销渠道来讲,在国际贸易中,具体有这样几个重要的参与者:代理商、经销商、批发商。代理商对产品无所有权,与所有者只是委托与被委托关系,它主要有三种形式:经纪人、独家代理商、一般代理商。经销商对产品拥有所有权,自行负责售后服务工作,对顾客索赔需承担责任,最常见的有独家经销商、进口商和工业品经销商三种。批发商是指靠大批量进货、小批量出货,以赚取差价的中间商,它也有三种:综合批发商、专业批发商、单一种类商品批发商。零售商是向最终消费者提供产品的中间商,依据其经营品种不同,可分为专业商店、百货商店、超级市场、超超级市场等种类。

对于一些资金雄厚、经验丰富的大型企业来讲,直接出口是主要方式,间接出口只是出口方式中的一种补充而已。

（二）直接出口

直接出口是指企业不通过国内中间商（机构），直接将产品销售给国外客户或最终客户。从严格意义上说，直接出口才是国际经营的起点。与间接出口相比，直接出口有如下方面的优势与劣势。

1. 直接出口的优势

（1）能较迅速地掌握国外市场动向，从而有利于企业改进产品，提高产品对国际市场的适应性和竞争力。

（2）有利于积累跨国营销经验和树立企业在国际市场的声誉，从而有利于开拓国际市场。

（3）增加了企业对产品流向和价格的控制能力。

2. 直接出口的劣势

（1）需要增设专门的外销机构和人员，承担直接渠道费用。

（2）加重了资金周转的负担，增加了风险。

（3）对一个初进行直接出口的企业来说，总要碰上如何寻找客户，建立自己的国外渠道这样一个困难。如果解决不好，企业将无法顺利进入国际市场。

3. 直接出口的主要形式或途径

（1）设立国内出口部门或国际业务部直接出口。

（2）通过国外经销商和代理商出口。

（3）设立驻外办事处从事生产、销售、服务等一条龙服务。

（4）建立国外营销子公司，更深入地介入国际市场营销。

（三）对销贸易

对销贸易（counter trade）在我国又称为"反向贸易""对等贸易""互抵贸易"等，也有人把它笼统地称为"易货"或"大易货"。对销贸易包括进出口结合、出口和进口互为条件为共同特征的各种贸易方式的总称。对销贸易方式包含的内容很多，主要有易货贸易、回购贸易、互购贸易与转手贸易等。

1. 易货贸易

易货贸易（barter）是一种古老的贸易方式。它是指单纯的货物交换，不使用货币支付，也不涉及第三者。其基本做法是双方签订易货合同，规定双方交换的货物和时间。每一方既是自己出口货物的出口人，又是对方出口货物的进口人。双方交换的货物，可以是单项货物的交换，也可以是多种货物的综合易货或所谓的一揽子易货，基本原则是双方交换的货物必须是等值的。

易货贸易的特点是：它是一次性的交易行为，只有进口人与出口人两个当事人，不涉及第三者；双方只签订一份进出口合同，包括双方交易的货物；双方交换的货物均须明确地载明在合同上。

2. 回购贸易

回购贸易（products buy-back trade），是指出口一方同意从进口一方买回由其提供的机器设备所生产制造的产品。它与补偿贸易有很多相同之处，但两者的区别主要是出口方回购的产品仅限于由其出口机器设备所生产的产品。其回购产品价值可能是出口机器设备的全部价值，也可能是部分价值，甚至可能超过其出口全部价值。

回购贸易最早是产生在能源与原材料部门的生产技术、设备的交易。东欧各国家从当时的西方资本主义国家进口生产技术、设备等，先不支付现汇，而用这些生产技术、设备生产出来的产品回销抵偿对方的价款，分期偿付。之后，随着这种贸易形式不断扩大，一些机器制造业和其他行业也采用了这种方式。

3. 互购贸易

互购贸易（counter purchase），又称互惠贸易（reciprocal trade）和平行贸易（parallel trade），是指出口一方向进口一方承诺购买相当于其出口货值一定比例的产品。即双方签订两份既独立又有联系的合同：一份是约定由先进口的一方用现汇购买对方的货物；另一份则由先出口的一方承诺在一定期限内购买对方的货物。

互购贸易的做法与补偿贸易的差别在于两笔交易都用现汇，一般是通过即期信用证或即期付款交单，有时也可采用远期信用证付款。因此，先出口的一方除非是接受远期信用证，否则不会出现垫付资金的问题，相反还可以在收到出口货款到支付回购货款这段时间内利用对方资金。这种方式，一般先由发达国家提供设备，这对进口国家来说，不但得不到资金方面的好处，还要先付一笔资金，这样必定要承担一定汇率变动的风险，唯一可取之处是可以带动本国货物的出口。

4. 转手贸易

转手贸易（switch trade）又称三角贸易。这是一种特殊的贸易方式。在记账贸易的条件下，人们采用转手贸易作为取得硬通货的一种手段。

最简单的转手贸易是根据记账贸易办法买下的货物运到国际市场转售，从中取得硬通货。复杂的做法是在记账贸易项下握有顺差的一方将该项顺差（实际上是在相当的逆差国家购买货物的权利）转让给第三方，以换取他所需要的商品或设备，然后由该第三方利用该项顺差在相应的逆差国购买货物，运往其他市场销售，收回硬通货。这种方式要涉及两个以上当事人，内容复杂，是第二次世界大战结束后以来原经济互助委员会国家和许多国家签订双边贸易协定和支付协定的产物。

对销贸易是一种可以不动用外汇或少动用外汇就可以发展一国对外贸易的有力手段。但这种贸易方式带有浓厚的双边性和封闭性色彩，而且交易中因过度依赖回购方，可能会存在不平等贸易交换。

☞ **拓展阅读**

易货贸易一直没有被忽略

从美国财政部的数据上看，易货贸易已占贸易额的 27%～30%。80%世界 500 强企业已建立易货部，65%在纽约股票交易所上市的公司都在使用易货方式以减少剩余库存，提高销售额。

上海佳世艺术发展有限公司生产300多款礼品、玩具，大约65%外销，每年进口原材料约200万美元。2006年该公司用易货的方式获得下一年所需要的原材料，从而成功规避了2007年因国际石油涨价而引发的PVC材料涨价的风险。2008年上海佳世在法国的经销商拉维利尔玩具公司，签订了以成品羽西娃娃兑换布料和PVC的合同，双方的易货收入已经累计达300万美元。

为遏制伊朗核计划的国际制裁，平衡国际收支，2015年6月伊朗石油部副部长阿曼普尔称，准备向土库曼斯坦提出300亿美元的易货贸易协议，伊朗用商品、技术工程服务交换土库曼斯坦的天然气。

资料来源：杨阳.易货贸易归来.http://finance.sina.com.cn/roll/20081101/07415457873.shtml.

二、契约进入方式

（一）许可证经营

许可证经营（licensing）是一家企业有条件地允许另一家企业使用其特定形式的知识产权。许可证授予企业（licensor）所拥有的受专利、商标和版权保护的所有知识产权几乎都可以许可给许可证接受商（licensee）。

许可证经营是一种非常有效的盈利方法，特别是那些拥有大量知识产权的企业，如软件企业和生物技术企业。例如，美国高通公司提供手机功能的核心技术，近年来其27亿美元收入的1/3是通过许可证经营实现的。

1. 许可证贸易的种类

许可证贸易交易对象不同，独占程度以及能否再转让情况不同，因此许可证贸易协议有多种类型。

按交易对象的不同，许可证贸易协议可分为以下几种：

（1）专利技术许可证协议。这种协议规定引进方可以获得出让方的某项专利授权，具体包括该项专利技术的使用，该项专利产品的制造和销售。

（2）专有技术许可证协议。签订此类许可证协议在一般情况下能保证引进方从出让方获得生产协议产品的全部技术，所以这种类型的许可证贸易在当今技术市场上占了绝大多数。

（3）商标使用许可证协议。给予受让方使用某种商标授权的协议书叫作商标许可证协议书。

此外，许可证协议的对象，不论是专利技术、专有技术还是商标使用权，都有一定的地域限制，而且独占性的程度也不同。按照独占性的不同规定，许可证协议又可分为以下几种：

（1）独占性许可证协议。买方引进的技术在一定的地域内具有独占的使用权，卖方和第三方都不能在规定地域内使用该项技术制造和销售协议产品。

（2）排他性许可证协议。协议规定买方引进的技术在一定地域内享有独占的使用权。但卖方仍有权在该地域内制造或销售协议产品，只是限定第三方不准在该地域内制造和销售该项产品。

（3）普通许可证协议。买方引进的技术在一定地域内有使用权，但对卖方和第三方使用该项技术不加任何限制。

（4）交易双方具体选择上述三种类型许可证协议中的哪一种，可根据该项技术的水平、产品销售的市场情况以及协议总价等因素具体商定。

2. 许可证贸易的优缺点

小型制造企业实力不足，缺乏资金，难于采用直接投资在国外生产经营产品的方式。但只要拥有某项对市场具有吸引力的技术，同样可以通过许可证贸易的方式进入国际市场。客观来说，许可证贸易的方式也有一些不足之处：

（1）必须具备一定的条件。企业拥有驰名商标、良好商誉、先进技术并对授权方有吸引力时，许可证贸易才能成为现实。

（2）授权方对目标国家的市场经营难以控制。

（3）授权方的纯收益可能会受到目标国家经营状况的制约。

（4）授权方可能在国际市场上培养了自己的竞争对手。

（二）特许经营

1. 特许经营的含义

特许经营是许可证贸易的一种变体。特许经营指特许权人（franchisor）与被特许人（franchisee）之间达成的一种合同关系。在这个关系中，特许权人以合同约定的形式，提供或有义务在诸如技术秘密和训练雇员方面维持其对专营权业务活动的利益；而被特许人获准使用由特许权人所有的或者控制的共同的商标、商号、企业形象、工作程序等，但由被特许人自己拥有或自行投资相当部分的企业。

2. 特许经营的类型

一是，按照对被特许人的约束和权益来看，特许经营可以分为四种形式：

（1）直接特许。即特许者将特许经营权直接授予特许经营申请者，获得特许经营权的被特许者按照特许经营合同设立特许点，开展经营活动，不得再行转让特许权。

（2）区域开发特许。即由特许者将在指定区域内的独家特许经营权授予被特许者，该被特许者可将特许经营权再授予其他申请者，也可由自己在该地区开设特许点，从事经营活动。

（3）二级特许。又称为分特许。特许人赋予被特许人在指定区域销售特许权的权利。在这种类型中，被特许人具有双重身份，既是被特许人，同时又是分特许人。

（4）代理特许。特许人授权被特许人招募加盟者。被特许人作为特许人的一个代理服务机构，代表特许人再招募被特许人，为被特许人提供指导、培训、咨询、监督和支持。

二是，按特许权的形式，授权的内容与方式，总部战略控制手段的不同，特许经营可以分为三种类型：

（1）生产特许。受许人投资建厂，或通过 OEM 的方式，使用特许人的商标或标志、专利、技术、设计和生产标准来加工或制造取得特许权的产品，然后经过经销商或零售商出售，受许人不与最终用户（消费者）直接交易。典型的案例包括：可口可乐的灌装厂、奥运会标志产品的生产。

（2）产品-商标特许。受许人使用特许人的商标和零售方法来批发和零售特许人的产品。作为受许人仍保持其原有企业的商号，单一地或在销售其他商品的同时销售特许人生产并取得商标所有权的产品。

（3）经营模式特许。受许人有权使用特许人的商标、商号、企业标志以及广告宣传，完全按照特许人设计的单店经营模式来经营；受许人在公众中完全以特许人企业的形象出现；特许人对受许人的内部运营管理、市场营销等方面实行统一管理，具有很强的控制力。

☞ 讨论与思考

有人讲，有人的地方就有可口可乐，为什么这个品牌能够无处不在？

3. 特许经营优势

特许经营已有一百多年的发展历史，它所取得的成功已为世人所瞩目。近几年来，特许经营在我国也有巨大发展。这一分销方式之所以长盛不衰，有其经营优势：

（1）特许商利用特许经营实行大规模的低成本扩张。

（2）加盟商借助特许商的商标、特殊技能、经营模式来反复利用，并借此扩大规模。

（3）特许经营因其管理优势而受到消费者欢迎。

4. 特许经营劣势

（1）加盟商在进行特许经营时易丧失组织的灵活性。

（2）对消费者来说，加盟商的频繁变更给他们带来疑惑，造成特许人、现任加盟商和以往加盟商之间责任不清，相互推脱责任。

（3）特许经营只能专注于某一个领域，而不可能在各个市场都取得战略性的胜利。

☞ 案例阅读

特许经营中的产品捆绑束缚

百事可乐公司多年来一直拥有为人熟知的餐馆链：必胜客、塔可钟和肯德基。作为与百事可乐公司签订的特许合同的一部分，这些餐馆的所有者被要求仅向他们的顾客出售百事可乐公司的饮料。世界上许多百事可乐公司的被特许者都不愿意在他们的产品提供方面设有这样的限制，因而在百事可乐公司将其餐馆链分离出去时他们都松了口气。

（三）交钥匙工程

1. 交钥匙工程的含义

交钥匙工程指按合同要求，工程建设过程中的工程方案选择、规划设计、施工、设备安装、调试、试生产与员工培训等一揽子活动均交由承包企业负责,待初步操作顺利运转后,即将该工厂或项目所有权和管理权的"钥匙"依合同完整地"交"给对方,由对方开始经营。因而,交钥匙工程也可以看成是一种特殊形式的管理合同。

交钥匙工程是发达国家的跨国公司向开放程度不高的发展中国家投资受阻后发展起来的一种非股权投资方式。在实行改革开放前的大多数社会主义国家不准许外来企业进行投资,因此外国企业只能依赖其他方式从事投资或经营,交钥匙工程就是其中行之有效的一种。

2. 交钥匙工程的优点

交钥匙工程能够使服务的提供方和接受方都获益。表现为:

(1)它可以使公司专注于自身的核心竞争力,同时充分利用他们无法独立承担的开发机遇。

(2)通过交钥匙工程,政府可以得到世界一流的公司或企业为其设计建造基础设施项目。例如,埃克森-美孚公司曾授予印度尼西亚的 PT McDernott 公司和日本的东洋工程公司一份交钥匙工程,由两者共同在印度尼西亚的苏门答腊岛修建一个液化天然气厂。提供方负责建造一个离岸的操作平台,铺设一条长达 100 千米的水下管道以及建造一个陆上液化天然气精炼厂。这一项目耗资 3.16 亿美元,要求每家公司都将其独有的专门技术贡献出来并完成诸多设施的设计、修建和测试工作。

3. 交钥匙工程的缺点

(1)某个公司得到这个项目可能更多是因为政治原因,而不是因为技术原因。当招标过程不是完全公开时,那些与政府的政治关系最好的公司通常能够赢得项目合同,而合同的标价往往会被抬高,当然,其成本通常都会转嫁到当地纳税人的身上。

(2)交钥匙工程可能会培养出将来的竞争者。一个新培养出来的竞争者可能会在其本国市场上成为主要的供应商,并且很有可能在提供方经营的其他市场上也占据一席之地。因此,公司都会尽量避免参与那些存在将自己的核心竞争力转移给其他公司的风险的项目。

(四)管理合同

1. 管理合同的含义

根据管理合同(management contract)的规定,一家公司要在一段特定的时期内向另一家公司提供管理上的专业知识。专业知识的提供者通常是以一次性付费或根据销售量多次付费的形式获取报酬。这种合同一般出现在发达市场和新兴市场中的公共事业部门。通过管理合同,两种不同类型的知识——技术经理的专门知识和总经理的商务管理技巧可以转移给其他公司。例如,泰国的 DBS 亚洲公司与中国台湾的虎尾垄社通信公司签订了一项管理合同,帮助后者在台湾地区设立并经营一家提供数字电视节目的公司。法国的里昂水务集团和德国的 RWE Aqua 集团达成协议,同意在未来 25 年内共同为匈牙利的布达佩斯市管理饮用水的质量和顾客账单,并维护其供水基础设施。

2. 管理合同的优点

管理合同能够同时使国家和组织从中受益。表现为：

(1) 公司可以通过与其他公司签订管理合同来利用此国际商务机会，而不必使自己的大量有形资产面临投资风险。这样，它就可以把金融资本留给更有利可图的投资项目。

(2) 政府在资金不足的时候可以通过管理合同授权公司来经营和改善公用设施。

(3) 政府可以利用管理合同来提高当地工人和管理者的技能。例如，哈萨克斯坦跟一个名为 ABB 电网财团（ABB Power Grid Consortium）的跨国公司集团签订了管理合同，授权后者在今后的 25 年内经营该国的电网系统。根据合同规定，该财团需要帮助政府偿还过去拖欠工人的工资，并在签订协议的头三年投资 2 亿多美元。哈萨克斯坦政府本身既没有钱付给工人，也没有资金来改进急需完善的电网系统。

3. 管理合同的缺点

管理合同也会给专业知识的提供者带来两个重要的不利之处：

(1) 在发生社会或政治动乱的国家，管理者的生命可能会处于非常危险的境地。

(2) 提供专业知识的厂商可能最终会在当地市场上培养出一个难以应付的新竞争者。在学会如何经营之后，起初需要帮助的公司就会变成提供帮助的公司的主要竞争者。因此，公司必须权衡管理合同所带来的利润与新的竞争对手所带来的潜在问题之间的关系。

（五）国际 BOT 方式

1. 国际 BOT 方式的含义

国际 BOT 方式是国际经济技术合作发展到一定阶段的产物，是一种有效的新型经济技术合作方式。通过国际 BOT 方式，一国可以利用外资，引进大型工业技术，进行大型基础设施建设。自 20 世纪 80 年代中期以来，该方式逐渐为国际社会，特别是发展中国家所重视并被广泛采用。

国际 BOT 的英文全称为 build-operate-transfer，意思是建设—经营—转让。它是一种项目融资和技术引进相结合的混合型技术贸易方式，其基本思路是：由项目东道国政府或其所属机构将基础设施项目建设及经营的特许权授予项目公司，然后，由项目公司负责项目融资、设计、建造和营运，项目公司在项目特许期内，利用项目收益偿还投资及营运支出，并获得利润。特许期满后，项目公司将项目无偿转让给政府。

2. 国际 BOT 方式的特点

(1) 国际 BOT 方式的一方是政府部门（项目方），另一方是外国私营部门（项目公司）。项目公司在特许期内拥有项目的所有权和经营权。

(2) 对于国际 BOT 方式的政府部门一方来说，该方式具有引进技术与利用外资相结合的特点。对于承包商来说，它以承担项目建设及其全部风险为代价，获得了特许期内项目的所有权和经营权，以期获得较高的投资回报。

3. 国际 BOT 方式的优点

对项目的主办者来说,采用国际 BOT 方式具有如下优点。

(1) 通过采用国际 BOT 方式,可以使它们有机会涉足于项目业主国的基础性领域,而该领域传统上都是由该国的公共部门所垄断的。

(2) 采用国际 BOT 方式的项目一般都是基础性项目,这种项目的市场和资金回报率一般都相对比较稳定,投资者的投资收益相对较有保障。

(3) 国际 BOT 方式通常可以带动投资方的产品特别是其大型工业成套设备的出口,从而有助于开拓其产品市场。

(4) 通过 BOT 方式,投资者通常还可因此而获得其他方面的一些综合性收益。

4. 国际 BOT 方式的缺点

(1) 在国际 BOT 方式下,一般项目所需资金较大,项目属无追索权或有限追索权性质的融资,而业主国又不提供任何担保,因此项目主办者的融资任务极为艰巨,而且其投资风险一般较大。

(2) 业主国的政治稳定和法制建设完善程度、项目所在地的基础设施状况及业主政府机构的工作效率等制约着国际 BOT 项目的成功。

(3) 国际 BOT 项目工程的建设任务繁重,工期较长,工期能否如期完工,对整个项目的影响巨大,而项目双方对此通常是难以控制的。

(4) 国际 BOT 项目的外汇平衡问题通常难以解决,这给项目投资者的投资和利润回收造成很大的困难。

☞ **案例阅读**

英法海峡隧道的 BOT 项目

英国的很多铁路项目,中国香港东区海底隧道等都是采用这类融资模式建成的。其中,最有名的 BOT 项目就是英法海峡隧道。英法海峡隧道包括 2 条 7.3 米直径的铁路隧道和 1 条 4.5 米直径的服务隧道,长 50 千米。项目公司 Eurotunnel 由英国的海峡隧道集团、英国银行财团、英国承包商以及法国的 France-Manehe 公司、法国银行财团、法国承包商等十个单位组成。特许权协议于 1987 年签订,该项目于 1993 年建成。政府授予 Eurotunnel 公司 55 年的特许期(1987—2042 年,含建设期 7 年)建设、拥有并经营隧道,55 年之后隧道由政府收回。项目总投资 103 亿美元。在特许权协议中,政府对项目公司提出了 3 项要求:政府不对贷款作担保;本项目由私人投资,用项目建成后的收入来支付项目公司的费用和债务;项目公司必须持有 20% 的股票。

资料来源:BOT 模式案例英法海峡隧道.http://www.jianshe99.com/lunwen/qiyeguanli/wa150127 1630.shtml.

第三节　国际商务理论与运作发展的新趋势

一、全球商务背景的新变化

20世纪80年代中期开始，信息技术、网络技术和通信技术的变革性发展，以及经济全球化的深入推进，使得国际分工进入了生产经营一体化的阶段。全球工业发展模式正发生着巨大的变革。这场变革以智能化、数字化和信息技术的发展为基础，以现代基础制造技术对大规模生产流水线和柔性制造系统的改造为主要内容，以基于可重构生产系统的个性化制造和快速市场反应为特点，将从根本上解决传统生产系统下新产品的开发周期、产能利用率、生产成本、产品质量、个性化需求等主要产业竞争要素之间的冲突，实现生产制造的综合优化和运营效率的大幅提升。

在国际分工的这个阶段，人不再是传统工业生产中的主宰，不是单调、重复的手工劳动"替代"机械生产，也不是用经验技能"补充"机械生产，而是利用自己的知识创造性地"主导"生产过程。例如，以3D打印机为代表的个性化制造和网络开放社区的发展将大大促进以个人和家庭为单位的"微制造"和"个人创业"等极端分散组织方式的发展。又如，云计算使得企业可以将信息处理功能更多地外包给提供信息服务的第三方企业，加之数据挖掘技术的快速进步和服务模式创新，即便是地理上远离提供信息服务企业的小微企业也能够以足够低的成本获得更强的数据存储和计算能力。这些变化使得人力资本国际化成为这一阶段的国际商务经营活动的主要特征。

二、当前国际经贸的发展特点与全球价值链

自20世纪80年代以来，各国经济相互渗透交融，推动着世界经济向无国界经营和全球经济一体化方向发展。进入新世纪，世界各国面临着许多机遇和挑战，21世纪将是知识经济时代，在这一历史发展阶段，人类将从20世纪的强权之争转向市场之争，市场竞争将取代流血与战争，和平与发展已成为当今世界的主题。

（一）当前国际经贸的发展特点

随着全球经济一体化发展，跨国经营将成为世界贸易发展的必然趋势。当前国际经济贸易的发展趋势呈现出以下一些主要特征。

（1）生产过程国际化。国际分工格局已由过去的垂直型分工向水平型和混合型分工演进。各个国家和企业都在根据自己的资源禀赋、经济实力和比较优势，通过规模经营、资源优化配置，实现最佳组合和选择，以国际市场为载体的全球分工协作体系已经初步形成。

（2）世界经济中国际金融的地位显得越来越重要。外汇、证券、期权等交易在国际市场上的比重越来越大。世界外汇市场的日交易额高达5亿美元，年交易量达125万亿美

元,大大超过世界市场上的商品贸易和技术、服务贸易的总额。

(3)金融资本国际化。当今世界资本的流动取向,不仅是以利润为导向,更重要的是以市场为导向。资本流动的方向也由过去的单向流动转为双向对流。例如,美国是世界上最大的投资国,同时也是世界上最大的资本输入国。中国在吸引国际投资方面也已跃居世界第二位。

(4)主权概念多元化。20世纪的主权概念基本以国家为单元。在全球经济一体化中,以经济利益为导向的主权概念已经形成了多元化格局。一是以欧共体、北美自由贸易区、亚太经合组织等为代表的以经济利益为纽带的区域利益共同体;二是以贸易、资本为纽带的经济利益共同体;三是以跨国经营方式通过全球经营网络为纽带的生产经营利益共同体。这些共同体都有自己的利益主权,且与国家主权并存,有时甚至超越国家主权的概念。

(二) 全球价值链

1. 全球价值链的产生背景

20世纪60年代以来,科学技术的发展使工业产品中越来越多的生产环节能够分散性跨地域进行,而贸易壁垒的逐步降低和投资限制的逐步减少,又为跨国公司推动生产国际化和资本国际化提供了制度保障。在这种背景下,国际生产和贸易格局出现了新的变化。发达国家的企业逐渐将一些不具备竞争力的生产环节转移出去,特别是将劳动投入较多而附加值较低的组装环节外包给劳动要素充裕的发展中国家,仅在国内保留一些关键性的零部件生产、研发和销售环节,专注于核心竞争力的提升,由此国际分工由原来的产业间分工、产业内分工逐步过渡到同一产品内某个环节或某道工序的专业化分工,即全球价值链分工。这种分工是处于主导地位的厂商,出于资源优化配置的考虑,在全球范围内寻找最优越的区位进行相关的产品价值链环节的生产布点。与此同时,越来越多的发展中国家,积极发挥廉价劳动力优势,通过外资企业投资设厂、跨国公司全球采购或者本土企业做代工或承接外包等形式,采取了在劳动密集型生产环节上的专业化生产的分工模式。

2. 全球价值链的含义

联合国工业发展组织提出,全球价值链是指为实现商品或服务价值而联结生产、销售、回收处理等过程的全球性跨企业网络组织,涉及从原料采购和运输,半成品和成品的生产和分销,直至最终消费和回收处理的整个过程。包括所有参与者和生产销售等活动的组织及其价值、利润分配,当前散布于全球的处于价值链上的企业进行着从设计、产品开发、生产制造、营销、交货、消费、售后服务、最后循环利用等各种增值活动。

从联合国对全球价值链的定义来看,它突出了不同国家和地区在全球生产和创造活动中价值链环节的联系,本身就突出了国际分工的性质。

☞ **拓展阅读**

全球价值链的诸多别名

对全球价值链环节的分工现象的关注从 20 世纪 70 年代就开始了。20 世纪 80 年代以来，随着生产国际化和资本国际化趋势的加强，关于全球价值链分工的研究逐渐成为研究热点，诸多学者对这种分工形式给出了不同的表述：全球价值链（Gereffi，1994）；外包（Katz 和 Murphy，1992；Feenstra 和 Hanson，1996；Grossman 和 Helpman，2002）；价值链分解（Krugman，1995）；片段化（Jones 和 Kierzkowski，1997；Arndt 和 Kierzkowski，2001）；产品内分工（Arndt，1997，1998）；垂直专业化（Yeats，1998；Hummels，Rapoport 和 Yi，2001；Irwin，2002）；中间品贸易（Antweiler 和 Trefler，2002）；国际化生产分担（Ng 和 Yeast，2001；Yeast，2001）；外部资源利用或外包（Rangan 和 Lawrence，1999；Hanson，Raymond 和 Slaughter，2001；Feenstra，1998）；生产分离（Deardorff，1998；Jones 和 Kierzkowski，1990）；国际化生产网络（Vanables，2004）。国内的表述有"垂直专业化"（刘志彪，2001；盛文军，2002）；产品内分工（卢峰，2004；田文，2006）；要素分工（张二震，2002；张幼文，1999）。还有不少学者称之为产品价值链分工、生产非一体化、公司内分工等。

资料来源：张桂梅.价值链分工下发展中国家贸易利益研究.北京：经济管理出版社，2012：24-25.

3. 全球价值链的特点

全球价值链分工作为经济全球化背景下国际分工深化发展的产物，与传统分工贸易不同，具有以下几个鲜明的特点。

（1）价值链的空间剥离性。传统的国际分工主要以产品为基本对象进行国家间的专业化生产，因此，在传统分工理论中，都是暗含产品生产阶段的地理不可分割性的假定条件，即产品或服务的全部生产过程只在特定国家或经济体内部进行。而全球价值链分工最突出的特征，就是某个产品生产过程中的一些价值链环节，被重新整合到不同国家进行，从而形成了国家间以价值链环节为对象的分工体系。

（2）跨国公司的主导性质。在当代国际分工中，传统分工的国家边界已经明显弱化，企业特别是跨国公司成为分工的主体。跨国公司把生产经营活动分解为一系列互不相同但又互相关联的价值链环节，如研发、采购、制造、分销、服务等，由遍布世界各地的各分支机构或由固定合同联系的分包商分别专业化地从事价值链中一项或几项活动。

（3）价值链上某一特定环节的比较优势是国际分工的基础。国与国之间的生产联系不再是在产品最终生产完成后才发生，而是在产品的研究与开发、生产制造、市场销售和营运管理的各个阶段都交叉发生。因为产品价值链上各个环节的要素密集性质不同，在不同要素禀赋的国家间存在着竞争能力的差异，这样在价值链上某一特定环节是否具有比较优势就成为全球价值链分工的基础。

（4）贸易结构的高端性趋势。在此之前，由于技术和资本的限制，很多发展中国家只能进行初级产品和简单工业品的专业化生产,无法从事一些高端产品的生产制造,参与国际分工的程度和层次都很有限。而在全球价值链分工体系中,发展中国家的企业只需于特定部件或特定阶段进行专业化生产,并不要求具备产品的全部生产条件。这就大大降低了国际分工的进入门槛,使其能够参与到高端产品的生产网络,发展中国家也从事大量资本技术密集型、技术密集型最终产品的加工组装,所以从表象上看,贸易结构有不断高级化的发展趋势。

（5）贸易方式的多样性。与传统分工主要以企业间一般贸易方式相比,全球价值链在跨国生产和跨国采购两种驱动模式下,这种新型分工的贸易方式呈现出多样性特征。公司内部贸易是跨国公司跨国生产的主要贸易方式。跨国公司通过对外直接投资和跨国并购,把某些生产环节转移到国外的分支机构,再通过母公司所有权控制手段,利用公司内部贸易实现价值链的协调。出口加工装配、零部件外包代工和外包组装、服务外包代工、原始设备生产（OEM）、原始商标制造（OBM）等。

（6）贸易利益的复杂性。在以最终产品为交易的传统分工模式中,没有企业的跨国生产行为,国家和行业的贸易利益可以通过企业的利益表现出来。在由跨国公司主导的全球价值链分工中,跨国公司通过协调生产环节的价值增值活动与跨越国界的生产交易行为,使国家贸易利益和企业贸易利益分离,并呈现出利益主体的多样化。在这个利益分配格局中,发达国家的跨国公司利用其在全球价值链中的主导地位形成有利于自己的分配机制,对参与价值链分工的广大发展中国家进行贸易利益的侵占。

☞ **拓展阅读**

全球价值下结构的高级化

世界贸易组织统计,工业制成品在全球货物出口贸易中的比重不断上升,目前该比重为 80% 以上,第二次世界大战前该比重只有 40% 左右;在制成品贸易中高技术产品出口贸易的比重也在攀升,目前达到 1/4 左右,1990 年该比重仅为 17.4%。价值链分工也推动了国际服务外包的发展,国际服务贸易的比重也在不断提升。1970 年国际服务贸易额仅为 710 亿美元,2007 年达到 3.26 万亿美元,增长了近 45 倍,在国际贸易中的比重接近 1/5。2008 年以后,受金融危机影响,增速有所放缓。国际服务贸易的发展在一定程度上是由于跨国公司对国外服务业的直接投资和跨国公司服务业的国际外包业务的快速发展。发展中国家是主要的服务外包业务承接地,其中亚洲是承接外包业务最多的地区,约占全球外包业务的 45%。目前,印度是亚洲的外包中心,墨西哥是北美的外包中心,东欧和爱尔兰是欧洲的外包中心,中国、菲律宾、俄罗斯等国家也正在成为承接外包较多的国家。

三、跨国公司与国际产业转移

国际产业转移是具有产业优势的经济主体根据资源或要素禀赋差异,按照其能获取的核心价值或整体利益最大化原则在全球范围内配置资源的行为和结果。全球价值链的持续深化主导了新一轮国际产业转移。

1. 技术进步和制度变迁推动了全球价值链的持续深化

全球价值链垂直整合的深度和空间分布的广度不仅取决于产品生产环节在空间上的可分离程度，还取决于货物运输成本和跨境经济活动的交易成本大小。20 世纪 90 年代后期以来，科学技术的发展和国际贸易环境的改善为全球价值链的纵深推进创造了条件。

第一，科技进步推动更多非核心生产环节的技术成熟和制造工艺的标准化，促使生产过程的不同工序在物理上具有了可分解性，同时也降低了生产进入壁垒。

第二，经过近 30 年的快速发展，以中国为代表的部分发展中经济体初步建立了一套比较完整的工业体系，在继续保持基于要素禀赋的比较优势的同时，部分工序环节的生产专业化和规模经济也逐步凸显。

第三，物流网络和交通运输技术的发展降低了国际运输成本，节约了货运时间；信息技术的飞速发展降低了信息流通成本，提高了交流效率；多边贸易和区域贸易自由化、投资自由化的持续推进，降低了跨境生产经营活动的交易成本。

2. 全球价值链的持续深化主导了新一轮国际产业转移

随着全球价值链的持续深化，在金融危机等外部经济环境的作用下，跨国公司为进一步提升获利水平，根据要素禀赋差异和专业化形成的生产环节规模经济差异，并综合考虑市场需求等因素整合利用全球资源，将生产链中的各个环节放在获取附加值最高或价值增值潜力最大的地区以取得最佳竞争优势和最大利润，从而形成了产品的不同生产环节在空间上分布于不同国家的全球生产布局，实现了新一轮国际产业转移。

四、全球价值链背景下的新一轮国际产业转移特征

1. 部分发展中经济体开始成为国际产业转移的主体

国际产业转移不再局限于产业或产品生产全过程的整体搬迁，而是以生产环节为对象的跨国转移。同时，全球价值链催生了企业组织全球生产的方式多样化，外包、贴牌生产等联结和控制价值链条的非股权方式快速兴起，降低了国际产业转移对资金等条件的依赖。另据联合国贸发会议统计，2008 年，来自发展中和转型经济体的跨国公司占全球跨国公司总数的 28%，比 1992 年上升近 10%。2010 年，全球 20 大投资经济体中有 6 个是发展中和转型经济体。近年来发展中和转型期经济体外商直接投资（FDI）流出量稳步增长，2010 年达 3890 亿美元，占当年全球 FDI 流出量的 29.4%。

2. 转移内容的劳动、资金、技术密集型特征并存

劳动密集型产业和传统产业也有如创意设计、品牌营销等高附加值环节，技术密集型、资本密集型产业以及新兴产业也有如零部件加工、组装等附加值相对较低的工序。技术进步和制度变迁为依据价值创造能力大小对生产过程进行垂直分解和空间分离创造了条件，区域要素禀赋和生产能力差异使得即便是高技术含量的生产环节在不同地区生产其成本也迥然不同。

20 世纪 90 年代后期特别是进入 21 世纪以来，世界范围内劳动、资本密集型产业转

移持续纵深推进的同时,转移对象的技术密集特征日益突出,高新技术产业逐步成为部分转型期和发展中经济体承接世界产业转移的重要领域。以我国制造业 FDI 为例,通信设备、计算机及其他电子设备业等技术密集特征突出的产业 2001—2010 年 FDI 累计金额占制造业的 18.1%,2010 年 FDI 占制造业的 17%。电气机械及器材制造等资本、技术密集型产业 FDI 占制造业的比例由 2001 年的 4% 上升到 2010 年的 11.2%。交通运输设备、通用设备、专用设备制造业等资本密集型产业 FDI 占制造业的比例也稳步增长,分别由2001 年的 4.7%、4.3% 和 2.5% 上升至 2010 年的 6.6%、7% 和 6.3%。而纺织业等传统劳动密集型产业 FDI 占制造业的比例则由 2001 年的 6.2% 下降至 2010 年的 3.2%。(《中国外商投资报告》,2011)

3. 服务业成为国际产业转移的重点领域

在参与全球价值链的形成和自身价值创造过程中,服务业也逐步实现了高端化和全球化发展。20 世纪 90 年代末以来,随着世界经济向服务经济转型(张祥,2011),以及跨国公司服务资本从产业资本的加速分离(裴长洪,2006),服务业逐步成为国际产业转移的重点产业。服务贸易和投资是服务业国际转移的主要载体,2005 年服务业跨国投资总额占全球跨国投资总额的 75%,服务业跨国并购占全球跨国并购份额的 60%,较 1990 年上升 15%。世界 100 强跨国公司中,服务业跨国公司由 1997 年的 7 家增加至 2006 年的 20家。2007 年全球服务贸易总额较 1980 年增长了 7.1 倍,达 62300 亿美元,约占全球贸易总额的五分之一(《世界投资发展报告》,2005—2008)。近年来,以金融、物流、计算机应用、营销为代表的现代服务业逐步成为服务业产业转移的重要领域。以 2006 年我国服务业 FDI 为例,银行、保险、证券等金融服务领域 FDI 达 64.47 亿美元,占服务业 FDI 总额的 30.64%;物流运输、计算机应用、分销等非金融服务领域 FDI 总额为 146.92 亿美元,同比增长 25.79%;分销服务业实际利用外资金额 7.73 亿美元,同比增长 48.46%;以采购方式新设外商投资企业 1274 家,实际使用外资金额 14.17 亿美元,同比分别增长了26.1% 和 49.9%(《中国外商投资报告》,2007)。

4. 非股权方式成为国际产业转移的重要途径

20 世纪 90 年代后期以来,跨国公司逐步突破以单一股权方式进行的全球生产扩张,积极寻求诸如合约制造、订单生产、许可经营等非股权方式以优化配置全球资源,降低生产成本扩大利润空间。项目外包、贴牌生产等合约关系模式已成为跨国公司进行全球生产布局、提升国际竞争能力的重要手段,国际产业转移的非股权途径特征日益突出。据联合国贸易和发展会议估计,2010 年跨境非股权经营产生的销售额逾 2 万亿美元,而与此相对比,跨国公司外国子公司当年的出口额约为 6 万亿美元,特别是在电子、玩具、制鞋、服装领域,合约制造占其全球贸易的 50% 以上。

5. 集群式转移成为国际产业转移的重要方式

近年来,产业联系紧密、互动互补能力强的企业进行组团式整体迁徙的特征日益突出,以产业链整体迁移和集群转移的方式进行国际产业转移的趋势愈加明显。以重庆笔记本电脑产业集群的形成为例,2009 年以前,IT 产业在重庆工业体系中几乎是空白,2009年,随着笔记本电脑品牌商惠普落户重庆,零部件制造商富士康,代工厂英业达、广达等相继落户重庆。2010 年,宏基在重庆建立生产基地和运用总部。2011 年,华硕、和硕、纬创、仁宝等落户重庆。在笔记本品牌商的带动下,短短三年内数家代工厂商和数百家零配件制造企业相继在重庆建立了生产基地,形成了 1 亿台笔记本电脑和 1 亿台其他终端电子设备生产能力,以笔记本电脑为龙头的 IT 产业制造体系初步成形。产业集群式转移促使重庆笔记本电脑零部件配套覆盖率达到 80%,极大地降低了进项物流成本,这不仅使得重庆笔记本电脑产业实现了从无到有、从"组装"到"制造"的跨越,其"品牌＋整机代工＋零部件企业"的"垂直整合一体化"加工贸易方式也开创了内陆地区承接产业转移的新模式。

☞ **复习思考题**

1. 国际商务活动的贸易理论有哪些? 主要观点是什么? 如何评价?

2. 基于国际贸易的跨国商务运作方式有哪些? 各有什么特点或优缺点?

3. 当代全球经贸活动呈现出哪些新特征和发展趋势?

4. 全球价值链是如何产生与发展的? 全球价值链的发展对国际产业转移的影响如何?

第三章
国际商务之投资理论与运作

☞ **教学目标**

1. 掌握国际直接投资理论。
2. 了解国际直接投资进入的方式及各自的优缺点。
3. 了解当前国际直接投资的发展特点及中国对外直接投资的发展状况及发展趋势。

☞ **导入案例**

2015 年中国境外投资发展状况

2015 年,我国境内投资者共对全球 155 个国家及地区的 6532 家境外企业进行了非金融类直接投资,累计实现对外投资 7350.8 亿元人民币(折合为 1180.2 亿美元),同比增长 14.7%。

2015 年,我国境外直接投资流量上亿美元的国家与地区有 54 个,其中 10 亿美元以上 13 个,分别为中国香港、开曼群岛、美国、英属维尔京群岛、新加坡、荷兰、澳大利亚、哈萨克斯坦、卢森堡、老挝、印度尼西亚、加拿大和巴西。我国企业共对"一带一路"相关的 49 个国家进行了直接投资,投资额合计 148.2 亿美元,同比增长 18.2%,占总额的 12.6%,投资主要流向新加坡、哈萨克斯坦、老挝、印尼、俄罗斯和泰国等。

2015 年,中国内地对中国香港、东盟、欧盟、澳大利亚、美国、俄罗斯和日本七个主要经济体的投资达 868.5 亿美元,占同期总额的 73.6%。对东盟和美国投资增长较快,同比分别增长了 60.7% 和 60.1%;对中国香港投资增长 8.3%。

2015 年,我国境外承包工程业务完成营业额 9596 亿元人民币(折合为 1540.7 亿美元),同比增长 8.2%,新签合同额 13084 亿元人民币(折合为 2100.7 亿美元),同比增长 9.5%,带动设备材料出口 161.3 亿美元。2015 年,我国企业在"一带一路"相关的 60 个国家新签境外承包工程项目合同 3987 份,新签合同额 926.4 亿美元,占同期我国境外承包工程新签合同额的 44.1%,同比增长 7.4%;完成营业额 692.6 亿美元,占同期总额的 45%,同比增长 7.6%。

资料来源:李慧思.2015 年中国对外投资 7350.8 亿元同比增长 14.7%.http://www.chinanews.com/cj/2016/01-20/7724486.shtml.

第一节　发达国家国际投资理论

一、海默的垄断优势理论

垄断优势理论是最早的专门研究对外直接投资的独立理论，由美国麻省理工学院教授、对外直接投资理论的先驱斯蒂芬·H.海默（S.H. Hymer）于 1960 年提出，经金德尔伯格（C.P. Kindleberger）等人加以完善的。1960 年海默在麻省理工学院完成的题为《国内企业的国际化经营：对外直接投资的研究》博士论文中，率先对传统理论提出了挑战，首次提出了垄断优势理论。该理论由麻省理工学院金德尔伯格在 20 世纪 70 年代对之加以补充与发展，成为完整的垄断优势理论。此理论认为，考察对外直接投资应从垄断优势着眼。鉴于海默和金德尔伯格对该理论均做出了巨大贡献，有时又将该理论称为"海默-金德尔伯格传统"（H-K tradition）。

（一）理论的提出

在传统的经济学理论中，对外直接投资和间接投资不加区分地都被作为国际资本流动来对待。资本国际流动的原因在于各国利率的差异，而各国利率的差异又取决于各国资本要素的丰裕程度，因此，资本流动的一般规律是从资本充裕的国家流向资本稀缺的国家。海默认为，传统的国际资本流动理论不能很好地解释对外直接投资现象。

（二）理论的假定前提——不完全竞争的市场存在

传统的国际资本流动理论假定市场是完全竞争的（perfect competition）。而海默认为市场是不完全竞争的（imperfect competition），完全竞争在市场上并不常见。对外直接投资是市场不完全竞争的结果。

（1）不完全竞争市场的特征。在完全竞争市场上，企业不具有支配市场的力量，不会有直接对外投资发生。而在不完全竞争市场上，面对同一市场的各国企业之间存在着的竞争，只有形成垄断才能排除竞争，即实行集中经营，使其他企业难以进入市场。这样既可获得垄断利润，又可减少由于竞争而造成的损失。

（2）不完全竞争市场的类型。市场不完全包括三种类型：产品市场不完全、资本和技术等要素市场不完全、规模经济和政府的关税等贸易限制措施造成的市场扭曲。这三种市场不完全使企业拥有垄断优势，例如，产品市场不完全可以使企业保有产品差异、商标专有、销售技术独特、实施价格垄断等；要素市场不完全可以使企业垄断无法得到专利保护的技术，使企业在进入要素市场的能力方面存在差异，同时企业可以利用国际专业化生产规避本国或东道国对规模经济的限制，从而取得内部规模经济优势，通过国际纵向一体化生产取得外部规模经济的优势，达到限制竞争者介入的目的；第三种市场不完全则导致企业对外直接投资的发生，并利用其垄断优势，进入东道国市场。

(三) 理论的主要内容

海默研究了美国企业对外直接投资的工业部门的构成,发现直接投资和垄断的工业部门结构有关。美国企业对海外进行直接投资的主要动因是为了充分利用自己的"独占性生产要素",即垄断优势。因此,他认为,愿意并且能够从事对外直接投资并由此获利的企业,必须具有一种或若干种当地厂商所缺乏的独占优势,它们足以抵消跨国竞争和国外经营所引起的额外成本。跨国企业所具有的垄断优势包括:技术优势、规模经济、资金优势和货币优势、组织和管理优势。以上四个方面的因素后来被英国里丁大学的邓宁教授概括为"所有权优势"。

(四) 理论的评价

垄断优势理论较好地解释了知识密集产业的对外直接投资现象,以及发达国家之间的"相互投资"现象,在当代跨国公司理论中有很大影响,西方许多经济学家均以此理论为基础来补充和发展跨国公司理论。但垄断优势论无法解释近年来发展中国家对发达国家的"逆向投资"以及发展中国家之间的"交叉投资"现象。

二、巴克利和卡森的内部化理论

内部化理论又称市场内部化理论。1976 年英国学者巴克利(P. J. Buckley)和卡森(M. Casson)在合作专著《跨国公司的未来》中提出该理论,1981 年加拿大学者拉格曼(A. M. Rugman)等学者对该理论进一步加以完善发展。此前有关对外直接投资理论多以美国企业的海外直接投资为研究对象,通常依靠经验研究而非抽象的实证分析,因而缺乏普遍的理论意义。巴克利和卡森从研究跨国企业配置其内部资源的机制入手,提出了内部化的理论。

(一) 理论的假设前提

内部化理论源于科斯的交易费用理论。巴克利与卡森将这一理论引入跨国公司的国际投资分析中。内部化理论建立在如下假设之上。

(1) 市场不完全。指市场存在垄断、政府干预以及贸易壁垒等问题,市场不完全因素的存在促使企业出现对外直接投资意愿的发生。

(2) 存在中间产品市场不完全性。这里的中间品不仅指半成品和原材料,还包括专利技术和人力资本中的知识与信息。企业通过市场进行中间产品尤其是知识产品的外部交易时,存在泄密危险和定价困难等问题,需要付出高昂的交易费用并出现时滞。鉴于此,企业就有动力绕过它而建立内部市场。

(3) 外部市场存在交易成本。当外部市场的交易成本大于内部化的交易成本时,企业就有了内部化的动力,当对市场的内部化超越了国界,企业便成长为跨国公司了。

(二) 理论的主要内容

建立在市场不完全假设之上的内部化理论,其内容构成可以从三方面加以认识。

(1) 企业内部化的动因。跨国企业实行产品内部化基于如下方面的原因:① 防止技术优势的流失；② 特种产品交易的需要；③ 规模经济的经济追求；④ 转移定价。

（2）内部化是跨国公司克服市场不完全，实现利润最大化的途径。① 由于市场的不完全，若将企业所拥有的科技和营销知识等中间产品通过外部市场来组织交易，则难以保证厂商实现利润最大化目标；② 若企业建立内部市场，可利用企业管理手段协调企业内部资源的配置，避免市场不完全对企业经营效率的影响。

（3）内部化结果。企业对外直接投资的实质是基于所有权之上的企业管理与控制权的扩张，而不在于资本的转移。其结果是用企业内部的管理机制代替外部市场机制，降低了交易成本，拥有了跨国经营的内部化优势。

☞ **案例分析**

海尔的内部化收益

海尔是中国民族企业的骄傲，1999 年开始了它的国际化进程。1999 年海尔配股募集资金，主要投向出口大型冰箱生产项目、出口洗碗机项目、出口燃气灶项目、建立国际物流中心、收购章丘电机厂、模糊控制电子模块项目。这些项目的投产有力地推动了公司的国际化进程，产生了良好的社会效应和经济效应。

海尔国际化进程的加深可看作是海尔内部化的一个过程。随着海尔内部化的加深，其销售额和利润额也都大大提高。从图 3-1 中可以清楚地看出，实行内部化的过程中营业收入和利润总额都有了显著的增加，可见内部化的收益是很大的。

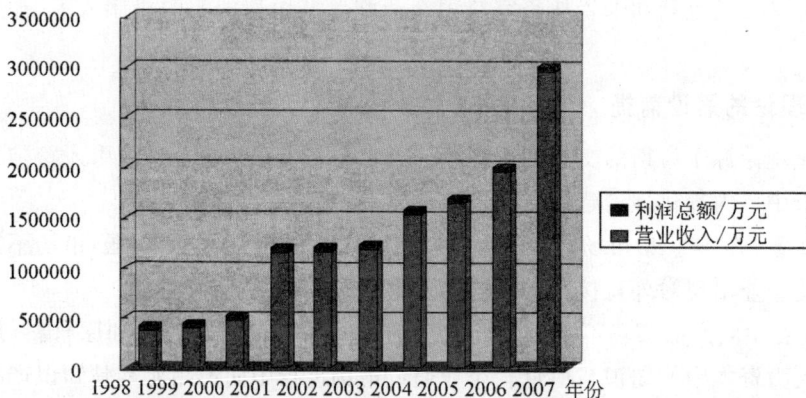

图 3-1　海尔 1998—2007 年度营业收入与利润

资料来源：张渝.对内部化理论的认识.http：// blog. sina. com. cn/s/blog_5f53cb7c0100f5sy. html.

（三）理论的评价

内部化理论的进步意义在于从中间产品市场的不完全性角度，解释了跨国企业进行国际投资活动发生的原因，反映了跨国公司国际经营活动的现实。然而，该理论静态性的分析与动态性的现实发展之间存在着进一步发展的空间。

（1）内部化理论是以一个阶段一国一类特定企业为研究对象，其结论相对于变化和发展的客观实际而言，具有静态特征和局限。同时，内部化理论主要是从微观的角度去寻找投资方的动机，忽视了受资国宏观经济因素、自然环境因素、客观基本条件等因素的影响。

（2）内部化理论以不可逆转的国际分工为前提，必然会产生投资流动的单向片面性结论，与现实的投资流向相悖。

（3）内部化理论把投资国、受资国的优劣势绝对化、静态化，忽视了相对性、动态性、相互替代性。

（4）按照内部化理论的市场不完全性观点，跨国投资应该更多地流向地域封闭、信息闭塞、运输成本高、要素市场不完善、非关税壁垒多、市场不完全的发展中国家或地区。实际情况是全球对外直接投资更多地流入了美国等主要发达国家。

三、邓宁的国际生产折中理论

国际生产折中理论又称国际生产综合理论。1977 年英国经济学家邓宁在《贸易、经济活动的区位和跨国企业：折中理论方法探索》一文中初次提出该理论。1981 年，在《国际生产和跨国企业》一书中他对国际生产折中理论进行了进一步阐述，形成完善的理论架构。

（一）理论的提出

邓宁认为海默的垄断优势理论、巴克利和拉格曼的内部化理论以及韦伯的工业区位理论，主要研究企业的选址定位以及各行业的地理布局问题等，都只是对国际直接投资进行了片面的解释。他主张把对外投资的目的、条件以及对外投资能力和投资区位的分析结合起来，为此他提出了国际生产折中理论。

（二）理论的主要内容

邓宁认为，一国企业从事对外直接投资活动必须具备三个优势。

（1）对某种资源的所有权优势。所有权优势又称厂商优势，指一国企业拥有或能够获得的、别的国家企业没有的或无法获得的资产及其所有权。所有权优势包括：技术优势、企业规模优势、组织管理优势、资金和货币优势。

（2）内部化优势。内部化优势是指企业为避免不完全竞争市场带来的影响而通过内部化把企业的优势保持在企业内部。市场的不完全竞争性包括生产性不完全竞争和知识性不完全竞争。

（3）区位优势。区位优势是跨国公司在投资区位上具有的选择优势。区位优势是一个相对的概念，可分为直接区位优势，即由于东道国的某些有利因素所形成的区位优势；间接区位优势，即由于投资国某些不利因素所形成的区位优势。

邓宁认为，所有权优势和内部化优势是对外直接投资的必要条件，而区位优势是对外直接投资的充分条件。企业同时具备这三种优势就能从事有利的对外直接投资活动；如果企业只具备前两种优势，这就意味着缺乏有利的海外投资场所，因此企业只能将有关优势在国内利用，并通过出口来扩大海外市场；如果企业只具备所有权优势，既没有能力使之内部化，也找不到良好的海外投资场所，则最好采用许可证贸易方式进行技术转让；如果企业具备内部化优势和区位优势而无所有权优势，则意味着企业缺乏对外直接投资的基本前提，海外投资难以成功。

国际生产折中理论认为，决定对外直接投资的三种因素之间是相互关联、紧密联系的。与外国企业相比，本国企业拥有的所有权优势越大，则将资产内部化使用的可能性也越大，从而在国外利用其资产比在国内可能更为有利，更有可能发展对外直接投资。

☞ **案例分析**

国际生产折中理论分析：宝洁公司的成功之道

宝洁公司(Procter & Gamble)，简称 P&G，是一家美国消费日用品生产商，也是目前全球最大的日用品公司。宝洁公司成立于 1837 年，总部位于美国俄亥俄州辛辛那提，全球员工近 11 万人。到目前为止，宝洁公司是世界上最大的日用消费品公司。2010 年《财富》杂志发布了当年世界 500 强企业排名，宝洁公司排第 66 位。

1. 所有权特定优势

(1) 资本优势。2008 年，宝洁公司是世界上市值第 6 大公司，世界上利润第 14 大公司。宝洁公司富可敌国，其 2012 财年(2011 年 7 月 1 日至 2012 年 6 月 30 日)年度报告称，2012 财年，其实现营业收入 836.80 亿美元；营业利润 132.92 亿美元；净利润 107.56 亿美元。

(2) 技术优势。宝洁公司科研队伍实力雄厚，其拥有的专利就超过 29000 项。宝洁公司在世界各地都有属于自己的科研所，各中心之间进行科研成果的信息分享与相互竞争。科研人员负责研究适合当地气候、人群肤质和消费能力、爱好的气味的不同配方。即使偶尔其他公司研究出新产品、新技术，宝洁公司也能在一个月或者更短的时间内快速跟进，不让竞争对手拉开销售距离。

(3) 规模经济优势。宝洁公司是财富 500 强中第十大最受赞誉的公司。分公司分布超过 70 个国家或地区，产品销售超过 180 个国家或地区，产品种类多样，织物及家居护理、美发美容、婴儿及家庭护理、健康护理、食品及饮料等品牌约 300 个。2012 年是宝洁进入中国市场的第 24 年，这一年内在中国建设了目前宝洁在亚洲最大的两个生产基地。作为宝洁在全球第二大市场，大中华区的年销售额超过 60 亿美元。

(4) 交易性所有权优势。家乐福、沃尔玛等大卖场一向是宝洁良好的合作伙伴，宝洁和沃尔玛开创的销售模式甚至被命名为"宝玛模式"。

2. 内部化优势

市场存在风险，宝洁公司作为一家如此大的跨国公司，当然知道市场风险的利害，为了避免外部市场不完全对企业利益的影响，也为了规避风险，宝洁公司在全球 70 多个国家或地区设有工厂及分公司，它将企业生产销售和资源配置都调度得合理完备，堪称完美。

　　3. 区位优势

　　宝洁公司充分利用了许多国家的地理区位优势。拿中国来说,目前,宝洁公司已陆续在广州、北京、上海、成都、天津等地设有十几家合资、独资企业。这些城市都是中国国内较大的省会城市或直辖市,是人口聚集的稠密地区。宝洁公司此举显然是因为看中了这些城市得天独厚的地理区位优势——市场优势。中国又是世界上廉价劳动力的出产大国,宝洁中国99%的员工都是中国人,80%的原料都来自中国本土。

　　资料来源：智库百科"国际生产折中论"条目。

(三) 理论的评价

　　邓宁的国际生产折中理论融合了以往国际投资各种学说的精髓思想,使其理论体系更加完整全面。但是,该理论仍然存在不足之处。

　　1. 理论意义

　　(1) 弥补以前国际投资理论的片面性。垄断优势理论从市场的不完全和寡占的市场结构出发,论述了发达国家对外直接投资的动机和决定因素。内部化理论则从跨国公司内、外部市场交易成本差异的角度出发,研究了对外跨国公司对外直接投资的行为和动机,较好地解释了跨国公司对外投资的动机等问题。由于它既可以解释发达国家的对外投资行为,又可以解释发展中国家的对外直接投资行为,因而被称为"一般理论",即"通论"。

　　(2) 创建了一个关于国际贸易、对外直接投资和国际协议安排三者统一的理论体系。国际生产折中理论认为,决定对外直接投资的三项因素之间是相互关联、紧密联系的。本国企业所有权优势越大,资产内部化可能性越大,越有可能发展对外直接投资。但所有权优势和内部化优势并不必然导致对外直接投资的发生,它们只是对外直接投资的必要条件,缺少了区位优势,对外直接投资仍然不会发生。只有当企业同时具备三种优势时,对外直接投资才能给企业带来最大的利润。如果具备所有权优势和内部化优势而缺乏区位优势,则缺乏有利的对外直接投资场所,只能在国内利用优势进行生产,然后对外出口。如果仅拥有所有权优势,则只能采取技术转让的方式,即转让技术许可证。

　　2. 局限性

　　(1) 国际生产折中理论强调几种因素之间相互依赖、相互决定的关系及其对直接投资的共同决定作用,但忽视了这些因素之间的分立关系、矛盾关系对直接投资的作用。

　　(2) 国际生产折中理论适宜于解释大规模跨国企业,不适宜于解释中小投资厂商。事实上,该理论仍然是以工业发达国家的跨国企业为背景,没有充分注意到新兴工业化国家(20世纪60—70年代的日本、20世纪80—90年代的新加坡和韩国)中小投资厂商的情况,这也使其不能成为国际直接投资的一般理论。

四、小岛清的边际产业转移理论

　　小岛清(Kiyoshi Kojima)系日本经济学家,一桥大学教授。1977年他在代表作《对外直接投资理论》中提出边际产业转移理论。我国对小岛清的这个理论有不同的称谓,如"产业选择理论""切合比较优势理论""边际产业扩张理论"等。

（一）理论的提出

小岛清认为以前对外投资理论都是以美国的对外投资为研究对象，偏重于从企业的垄断优势去解释，而他从日本"贸易导向"的产业政策角度对日本的对外直接投资进行了分析。小岛清根据 20 世纪 60 年代末日本对外直接投资的情况提出了边际产业扩张论，认为对外直接投资与国际贸易是互补关系，而不是替代关系。

（二）理论的主要内容

一个国家的某些产业在本国已经或即将失去发展空间（既处于或即将处于劣势地位），成为该国的"边际产业"；而同一产业在另一些国家可能正处于优势地位或潜在的优势地位，这样一国就应从本国已经处于或即将处于劣势地位的边际产业开始依次进行海外直接投资。

"边际产业"具有双重含义，对于投资国来说，它位于投资国比较优势顺序的底部，而对于东道国来说，则位于比较优势顺序的顶端。20 世纪 70 年代，日本的海外直接投资产业顺序是从以资源密集型产业为主向以劳动密集型产业为主，再向以重化工业为主的产业结构转变。这一投资顺序的演进符合小岛清的边际产业扩张论。

（三）理论的评价

边际产业转移理论从国际分工的比较成本视角分析国际投资发生的原因，并摆脱了以美国企业跨国投资活动为唯一考察对象的狭隘视野，丰富了国际投资理论的研究角度。

（1）小岛清是第一个从比较优势的角度将贸易和投资作为一个相互关联的整体进行考察分析的学者。

（2）小岛清对国际直接投资根本特征的认识比较深刻。他认为直接投资的根本特征就是"资本、技术、管理经验和营销技巧等知识的总体转移"。

（3）小岛清指出投资国转移技术的当地适用性问题是直接投资能否促进贸易的关键环节之一。

☞ **案例阅读**

日本对外直接投资对边际产业扩张理论的应用

日本跨国公司善于将国内的劣势产业转移至能够保持优势的地区，选择的对外直接投资的东道国多为发展中国家，其战略目标就是获取更多的海外廉价原材料、劳动力和广阔的市场。日本企业进行海外直接投资的特点如下。

（1）日本对外直接投资数额巨大。据日本银行统计，2013 年日本对外投资高达 1177265 亿日元，日本对外投资的项目平均规模大幅增加。

（2）日本对外直接投资类型多为自然资源和劳动力导向型。在资源开采方面的对外直接投资比例高于其他任何国家，日本对外直接投资的主要目的是为确保资源的稳定供给。从图 3-2 来看，对制造业的投资集中在机械工业和能源工业。在东道国采取分享产品或贷款买矿的"开发进口、长期合同"的方式进行。

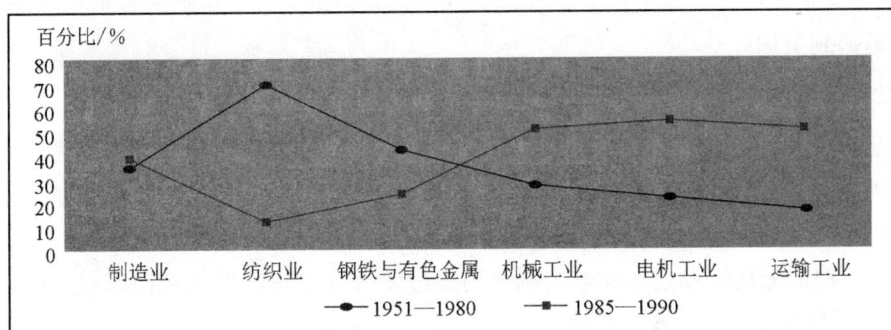

图 3-2 日本对外直接投资行业分布(1950—1990 年)

数据来源:日本经济统计年鉴。

(3)日本对外直接投资集中在发展中国家。由于日本将国内的劣势产业转移,其国内劣势产业集中于劳动密集型、资源集中型、环境污染型,其对外直接投资的地区结构以亚洲发展中国家为主。

五、弗农的产品生命周期理论

1966 年,美国哈佛大学商学院的弗农在《产品周期中的国际投资与国际贸易》一文中提出产品生命周期理论。他从产品技术垄断的角度分析国际直接投资产生的原因,认为产品生命周期的发展规律决定了企业必须为占领国外市场而进行对外投资。这是继海默之后,跨国公司投资理论研究中影响较大的一种理论。作为一种直接投资理论,产品生命周期理论试图证明企业进行直接投资的动因。

(一)理论的主要内容

产品生命周期理论将产品从研发产生到最后退出市场的发展历程分成三个阶段,即新产品阶段、成熟阶段和标准化阶段。弗农提出,在不同的产品发展阶段,企业应采取不同的投资战略。在产品成熟特别是标准化以后,企业应以国际直接投资方式将生产转移到低工资和低成本地区。他以美国企业为例,分析了企业随着产品成熟度的不同,采取了经营活动方式变化的历程。

(1)在新产品阶段。美国企业主要进行国内投资和对外出口,其国内生产主要满足国内少数高收入阶层的消费需求,并部分出口满足其他收入水平相近国家的消费需求。而其他国家存在技术缺口,无法生产该创新产品,因而不得不依赖从美国进口。

(2)在成熟阶段,新产品的生产技术日趋完善,寡占市场结构削弱,国内外市场需求量急剧增加,消费的价格弹性开始增大,因而企业开始关注如何降低产品的生产成本和价格。进口国的当地企业开始仿制类似产品或生产替代品,使原始创新国的技术优势逐渐丧失。其他发达国家为了保持国内市场,也开始实施关税与非关税壁垒,极大地削弱了美国新产品的出口能力。此时,美国可选择在与美国收入水平相近的国家进行直接投资。

（3）在标准化阶段，成本和价格因素在竞争中已起了决定性作用，美国企业为进一步降低成本，又将生产转移到生产要素成本更低特别是劳动力成本更低的发展中国家，然后将产品返销到美国。

（二）理论的评价

产品生命周期理论将垄断因素与区位因素结合起来，从动态的角度分析了国际贸易转向国外投资的原因，弥补了垄断优势理论的不足，为跨国企业进行区位和市场选择提供了一个分析框架。但是，该理论仍然存在解释不了的投资现象与问题。

（1）该理论无法解释近年来越来越多的绕过发达国家贸易壁垒和国际经济集团化的防御性的逆向投资和交叉投资现象。

（2）该理论虽可解释公司初始的对外投资行为，却无法解释已成为国际性生产和销售体系的跨国公司的投资。这些全球性的跨国企业可以直接在国外发展新产品，从而省去了出口阶段，这样就打乱了这一理论所说的产品生命周期的顺序。

☞ 案例阅读

海尔的产品生命周期国际化发展战略

纵观海尔集团的发展历程，其生产战略按产品生命周期理论来划分，可以分成以下两个阶段。

第一阶段为1984—1998年。根据产品生命周期理论，技术水平不高，只具有相对成本优势的海尔集团正处于中小企业阶层。这一时期，海尔集团的国际化生产战略便是不断吸收，引进国内外先进的生产技术，提升自己的管理水平，提升自己产品的附加值，并适当为国外厂商做OEM。这一时期的海尔从1984年引进德国利勃海尔的亚洲最先进的四星级电冰箱生产线开始，通过与中国科学院、北京航空航天大学、飞利浦集团等国内外著名的科学研究所、大学、跨国公司合作，不断增强自己的科技水平。同时，通过兼并、控股等一系列资本运营手段，逐步壮大自己的综合实力，进而通过自己强大的技术水平和雄厚的经济实力，不断地进行技术创新、管理创新，不断进行技术管理和资本积累，如此周而复始，使集团的年平均增长率达到80％以上。

第二阶段是1998年以后。在这一时期，通过第一阶段的技术、管理和资本上的积累，海尔集团已经迈入了国际化大公司的行列，海尔集团拥有的技术、管理优势与世界先进水平保持了同步的发展，部分甚至领先于世界先进水平。所有这一切，使海尔集团基本具备了产品生命周期理论中所阐述的对外扩张的生产战略的实力。因此，在这一阶段，海尔集团在"先有市场，再有工厂"的思想的指导下，开始了在海外建立生产工厂、基地的历程。

总的来说，海尔国际化生产战略按照"先易后难"与"先难后易"相结合的原则，分为以下两个层次。

　　第一层次是到 1999 年 4 月止。这一阶段，海尔的科研实力和技术实力还不够强，他们选择了去技术、管理综合水平比其稍低的印尼、菲律宾、印度，以维持其所有权优势，并通过内部化优势表现出来。例如，1996 年 6 月在印尼成立海尔莎保罗（印尼）有限公司，1997 年在菲律宾成立海尔-LKG 电器有限公司，在马来西亚组建海尔工业（亚细安）有限公司等都是其国际化生产战略的体现。

　　第二层次是 1999 年 4 月以后。随着技术、管理、资金等所有权优势的不断增加，以及前一层次的国际化生产战略经验的逐步积累，海尔集团已经基本具备了进入国际一流企业行列的条件。此时，海尔的国际化生产战略也在发生调整。以 1999 年 4 月，美国海尔中心在美国南卡罗来纳州首府哥伦比亚市附近的汉姆顿建立生产基地为标志，海尔集团先后在美国、日本、意大利等建立了生产基地，并依次分别组建了美国海尔、日本海尔、欧洲海尔，使其国际化生产战略延伸到了被誉为国际一流冰箱技术的发源地的美国、日本和欧洲国家。对惠而浦、三洋、伊莱克斯、通用电器等全球家电巨头发起了冲击，并迫使通用这样的巨头退出了电冰箱行业。事实证明，海尔的这一国际化生产战略是正确的，海尔也因此取得了不俗的战绩，如海尔美国于 2002 年就完成了 10 亿美元的销售额，其海外销售额达到 59 亿美元。

　　资料来源：产品的生命周期理论与海尔的国际化生产战略谈.http://www.unjs.com/wenmi/qi/49625.html.

六、尼克博克的寡头反应论

　　1973 年，尼克博克（F.T. Knickerbocker）出版了《垄断性反应与跨国公司》一书，从垄断企业战略竞争角度出发，尼克博克提出了寡占反应理论，也被称为寡头垄断行为理论。进一步发展了海默-金德尔伯格的"垄断优势论"。他通过分析美国企业战后投资的特点，发现在一些寡头垄断性产业中，外国直接投资在很大程度上取决于竞争者之间相互的行为约束和反应。

(一) 理论的提出

　　尼克博克对第二次世界大战后美国制造业企业对外直接投资的 187 家跨国公司的投资行为进行了实证研究，发现存在以下三个方面的投资特点。

　　（1）从事对外直接投资的企业绝大部分是寡头行业中的大企业。由于寡头行业中占统治地位的大企业很少，其中每一个寡头企业都占有举足轻重的地位，因此它们相互之间对对方的行动都很敏感，具有很高的相互依赖性。只有在相互竞争的寡头企业的市场份额保持稳定的情况下，寡头市场才能达到均衡。

　　（2）由于寡头行业具有上述既相互竞争又相互依赖的特性，当一个寡头垄断企业对外直接投资时，其他寡头为保持市场份额的均衡，往往也会比照前者的规模进行同样的直接投资，以免在竞争中处于不利地位。

　　（3）由于寡头的这种反应特性，一个寡头行业中的各个寡头企业往往是差不多共同向一个国家进行直接投资，从而在这个国家保持它们之间的均势。

（二）理论的主要内容

（1）寡占企业对外直接投资分为进攻性投资与防御性投资。进攻性投资是指在国外建立第一家子公司的寡头公司所进行的投资；防御性投资是指同一行业的其他寡头公司追随进攻性投资企业（follow the leader）的投资活动。

（2）寡占反应性的投资是寡头企业进行国际直接投资的动机之一。第二次世界大战后，美国企业大举对外直接投资主要是由寡占反应行为所致，投资主体是寡占行业的少数几家寡头公司，它们的投资大都在同一时期成批地发生。

（3）寡头企业采取任何一项活动，其他企业都会效仿，力求缩小差距，降低风险，保持双方力量均衡，这是寡占反应原理。企业进行国际直接投资的主要原因是垄断企业模仿领头企业的竞争策略。为了与领头企业瓜分市场，在领头企业对外直接投资的刺激下，其他竞争企业也会模仿其战略相继到同一市场上进行直接投资。

（三）理论的评价

寡占反应论较好地解释了发达国家垄断性产业内部大型跨国公司间的国际投资现象，该理论可以用来说明在寡头垄断行业中企业模仿性的对外直接投资行为，但不能解释在寡头垄断行业，第一家企业为什么会决定从事对外直接投资，而不是选择出口和许可转让。同样不能解释，FDI 是否比出口或许可转让可以更有效地拓展海外市场。

第二节　发展中国家国际直接投资理论

20 世纪 60—70 年代以来，许多发展中国家和地区开始对外直接投资，并逐渐成为国际分工的重要组成部分。当时的各种主流国际直接投资理论，基本上是以发达国家的跨国公司为对象来展开理论分析的。与发达国家相比，大多数发展中国家的跨国公司似乎并不具备进行国际直接投资的各种优势，但是现实中却出现了发展中国家的海外投资现象，因此，需要新的理论对此现象加以解释。

一、邓宁的投资发展阶段理论

投资发展阶段理论由著名国际投资专家邓宁于 1981 年提出，其目的在于进一步说明国际生产折中理论。

（一）理论的提出

邓宁采取实证分析方法，对 67 个国家在 1967—1978 年的直接投资流量与经济发展水平的资料进行了分析，结果发现一国的国际直接投资流量与该国的经济发展水平有密切关系。

（二）理论的主要内容

邓宁用人均国民生产总值（GNP）代表一个国家的经济发展水平，用一国的人均直接投资流出量(ODI)、人均直接投资流入量(IDI)和人均直接投资净流出量(NODI)表示一国对外直接投资的水平。

在该理论中,邓宁将对外直接投资划分为以下四个阶段,并且这四个阶段呈现出了某种规律性(见图 3-3)。后来邓宁根据对外直接投资发展的新形势对先前提出的投资发展周期理论进行了修正,在原先的四个阶段的基础上提出了第五个阶段(见图 3-4)。

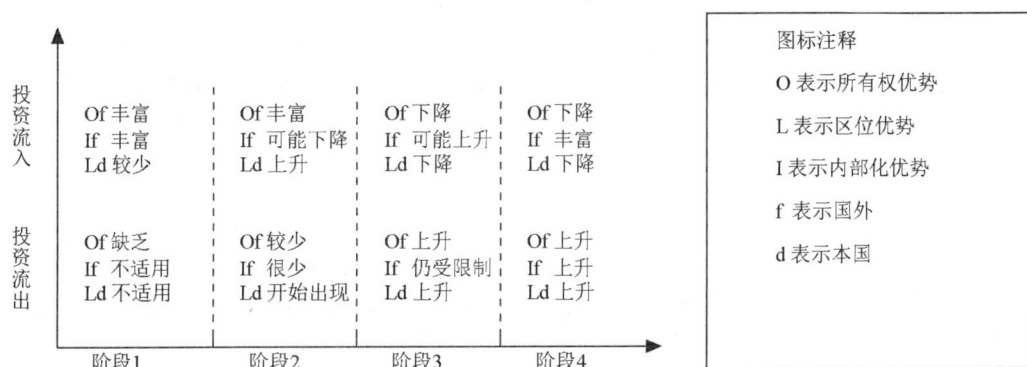

	阶段1	阶段2	阶段3	阶段4	
投资流入	Of 丰富 If 丰富 Ld 较少	Of 丰富 If 可能下降 Ld 上升	Of 下降 If 可能上升 Ld 下降	Of 下降 If 丰富 Ld 下降	图标注释 O 表示所有权优势 L 表示区位优势 I 表示内部化优势 f 表示国外 d 表示本国
投资流出	Of 缺乏 If 不适用 Ld 不适用	Of 较少 If 很少 Ld 开始出现	Of 上升 If 仍受限制 Ld 上升	Of 上升 If 上升 Ld 上升	

图 3-3　投资发展周期

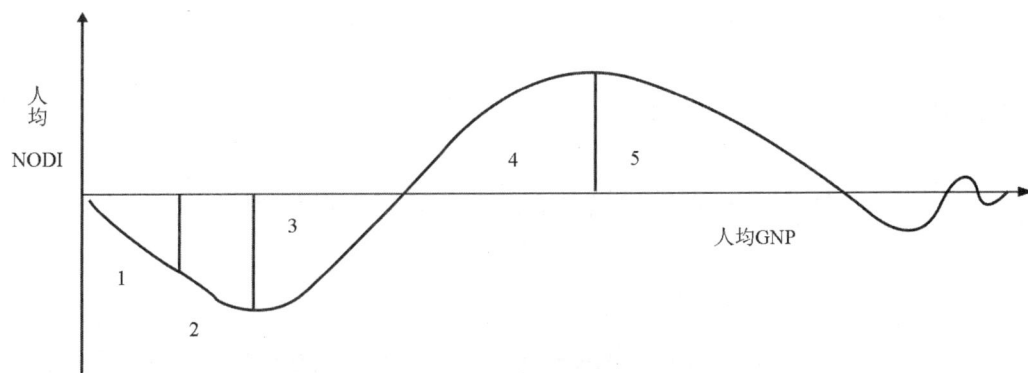

图 3-4　投资发展周期五阶段

资料来源:根据邓宁(Dunning,1998)绘制。

第一阶段:人均 GNP 低于 400 美元。处于这一阶段的国家,是世界上最贫穷的国家,经济落后,几乎没有所有权优势和内部化优势,也不能利用国外的区位优势,对外直接投资处于空白状态,国外直接投资的流入处于很低的水平。

第二阶段:人均 GNP 为 400~1500 美元。处于该阶段的国家,由于经济发展水平的提高,国内市场有所扩大,投资环境有较大改善,因而区位优势较强,外国直接投资流入迅速增加,但由于这些国家企业的所有权优势和内部化优势仍然十分有限,对外直接投资刚刚起步处于较低水平。大多数发展中国家处于这一阶段。

第三阶段:人均 GNP 为 2000~4750 美元。处于这一阶段的国家,经济实力有了很大的提高,国内部分企业开始拥有所有权优势和内部化优势,对外直接投资迅速增长,这一阶段国际直接投资的流入量和流出量都达到较大的规模。大多数新兴工业化国家处于这一阶段。

第四阶段：人均 GNP 为 5000～10000 美元。这一阶段的国家主要是发达国家，由于它们拥有强大的所有权优势和内部化优势，并从全球战略的高度来利用东道国的区位优势，因此对外直接投资达到了相当大的规模。由此可见，一国的经济发展水平决定了它所拥有的所有权优势、内部化优势和区位优势的强弱，三个优势的动态组合及其消长变化决定了一国的对外直接投资地位。

第五阶段：人均 GNP 超过 10000 美元。处于该阶段的一国净投资额将持续围绕图 3-4 所示的横轴上下摆动，这个时候内流 FDI 和本国对外直接投资额度都有所增长，该阶段的对外投资主要通过跨国公司的内部交易进行，主要表现形式是发达国家之间的交叉投资。

五个阶段后的发展阶段：邓宁教授还认为在投资发展周期的某一个时间点之后，GNP 与投资阶段的关系便不再像前五个阶段呈现得那么明显，GNP 对投资发展阶段的影响力和解释力会逐步变弱，其原因在于一国的竞争力应该由本国相对于竞争对手的 GNP 的增长方式和结构特征来说明，比如美国在高科技领域具有十分明显的竞争优势，使得世界上各个国家都竞相在美国设立高科技公司或建立研发中心来获取美国这方面的竞争优势。

☞ **拓展阅读**

中国对外直接投资是否符合投资发展阶段理论

国内对中国投资发展路径的研究结论略有不同。例如，刘红忠（2001）利用 1982—1994 年中国净投资量数据和面板数据分析方法对我国的投资发展路径进行了研究，得出我国正处在由第一阶段向第二阶段转变的过程中的结论。高敏雪和李颖俊（2004）利用 46 个国家 1995—2001 年的数据，对投资发展路径理论进行了实证分析，得出我国处于投资发展周期的第二阶段，相对于国际投资水平，我国的对外直接投资滞后于总体经济发展水平的结论。李建萍（2005）对照投资发展周期理论的各个阶段，对我国各省 1998—2003 年的投资发展阶段进行分析，研究表明我国各地区经济发展水平和 FDI 发展水平的显著差异性。邱立成和于丽娜（2005）利用 1982—2002 年我国的 GDP 和净 FDI 数据进行了回归分析，发现 GDP 的平方与净对外投资之间存在负的相关性，得出中国不遵从典型的投资发展周期理论的结论。姚永华和杨晓武（2006）使用 1982—2004 年我国的人均净 FDI 数据分别建立了二次和五次回归方程，结果表明，五次函数对我国的投资发展路径拟合程度更好并且满足 IDP 的 U 型曲线特征。黄俊武和燕安（2010）利用我国 1981—2007 年与对外投资相关的数据对我国投资发展阶段所处的位置进行了实证检验，结果表明我国对外直接投资处在 IDP 第三阶段，我国对外直接投资并不落后于其他发展中国家。尹德先和杨志波（2013）利用 1982—2010 年的研究结果表明：一方面，我国的对外直接投资与邓宁的投资发展周期理论相吻合;另一方面,我国现阶段的对外直接投资实际情况与理论预期还存在一定的差距,对外直接投资的发展阶段滞后于经济发展水平。

资料来源:尹德先,杨志波.中国对外直接投资发展阶段研究.商业研究,2013,55(1):61-67.

二、威尔斯的小规模技术理论

(一) 理论的提出

1977 年,美国经济学家刘易斯·威尔斯(L.J. Wells)首次提出了"小规模技术理论"。1983 年,威尔斯在其代表作《第三世界跨国企业:发展中国家外国投资的兴起》中,对小规模技术理论进行了更详细的论述。

(二) 理论的主要内容

威尔斯认为,发展中国家跨国公司的竞争优势主要表现在三方面。

(1) 拥有为小市场需要服务的劳动密集型小规模生产技术。低收入国家商品市场的一个普遍特征是需求量有限,大规模生产技术无法从这种小市场需求中获得规模效益,许多发展中国家正是开发了满足小市场需求的生产技术而获得竞争优势。

(2) 在国外生产民族产品。发展中国家对外投资主要是为服务于国外同一种族团体的需要而建立。根据威尔斯的研究,以民族为纽带的对外投资在印度、泰国、新加坡、马来西亚以及中国台湾、中国香港的投资中都占有一定比例。

(3) 产品低价营销战略。与发达国家跨国公司相比,生产成本低、物美价廉是发展中国家跨国公司形成竞争优势的重要原因,也是抢占市场份额的重要武器。

(三) 理论的评价

小规模技术理论被西方理论界认为是发展中国家跨国公司研究中的早期代表性成果。威尔斯把发展中国家跨国公司竞争优势的产生与这些国家自身的市场特征结合起来,在理论上给后人提供了一个充分的分析空间,对于分析经济落后国家企业在国际化的初期阶段怎样在国际竞争中争得一席之地是颇有启发的。

同时,这个理论还存在不完美之处。

(1) 威尔斯显然继承了弗农的产品生命周期理论,认为发展中国家所生产的产品主要是使用"降级技术"生产在西方国家早已成熟的产品。

(2) 该理论将发展中国家跨国公司的竞争优势仅仅局限于小规模生产技术的使用,可能会导致这些国家在国际生产体系中的位置永远处于边缘地带和产品生命周期的最后阶段。

(3) 该理论很难解释一些发展中国家的高新技术企业的对外投资行为,也无法解释当今发展中国家对发达国家的直接投资日趋增长的现象。

三、拉奥的技术地方化理论

(一) 理论的提出

英国经济学家拉奥(S. Lall)在 1983 年提出用"技术地方化理论"来解释发展中国家

对外直接投资行为。拉奥深入研究了印度跨国公司的竞争优势和投资动机，认为发展中国家跨国公司的技术特征尽管表现为规模小、使用标准化技术和劳动密集型技术，但这种技术的形成却包含着企业内在的创新活动。

（二）理论的主要内容

在拉奥看来，导致发展中国家能够形成和发展自己独特优势的因素主要有以下四点。

（1）发展中国家技术知识的当地化是在不同于发达国家的环境中进行的，这种新的环境往往与一国的要素价格及其质量相联系。

（2）发展中国家通过对进口的技术和产品进行某些改造，使它们的产品能更好地满足当地或邻国市场的需求，这种创新活动必然形成竞争优势。

（3）发展中国家企业竞争优势不仅来自于其生产过程和产品与当地的供给条件和需求条件紧密结合，而且来自于创新活动中所产生的技术在小规模生产条件下具有更高的经济效益。

（4）从产品特征看，发展中国家企业往往能开发出与品牌产品不同的消费品，特别是当东道国市场较大，消费者的品位和购买能力有很大差别时，来自发展中国家的产品仍有一定的竞争能力。

（三）理论的评价

拉奥的技术地方化理论，对于分析发展中国家跨国公司的意义在于它不仅分析了发展中国家企业的国际竞争优势是什么，而且更强调形成竞争优势所特有的企业创新活动。在拉奥看来，企业的技术吸收过程是一种不可逆转的创新活动，这种创新往往受当地的生产供给、需求条件和企业特有的学习活动的直接影响。

与威尔斯的小规模技术理论相比，拉奥更强调企业技术引进的再生过程，即欠发达国家的对外国技术的改进、消化和吸收不是一种被动的模仿和复制，而是对技术的消化、引进和创新。正是这种创新活动给企业带来新的竞争优势。虽然拉奥的技术地方化理论对企业技术创新活动的描述是粗线条的，但它把发展中国家跨国公司研究的注意力引向微观层次，以证明落后国家企业以比较优势参与国际生产和经营活动的可能性。

☞ 拓展阅读

我国民营企业对外直接投资的发展

我国民营企业中，中小企业占到了九成以上，对外直接投资平均规模一直不大，远远低于发达国家国外子公司平均规模约 600 万美元的水平，甚至低于其他发展中国家的水平。但是近几年，具有一定实力的民营企业加大了对外投资金额。据统计，2001 年，民营企业 500 强海外投资的总额达到了 123.48 亿美元，比 2010 年增加了 1 倍，其中投资额在 1000 万～1 亿美元的民营企业数量最多有 61 家，所占比例为 38.85%。从 2008 年到 2012 年，民营企业 500 强开展海外投资的数量从 112 家发展到 159 家，海外投资企业项目则从 306 项上升到 730 项,越来越多的实力较强的民营企业走出国门。

中国民营企业对外直接投资行业升级。我国民营企业大部分属于中小企业,资本和技术密集型产品占比较低。其海外直接投资的行业主要是劳动密集型行业,制造业是主要投资的领域,具体以轻工、纺织、家用电器等机械电子类和服装类为重点。但是据 2014 年上海美国商会和亚洲协会发布的一项调查报告,目前中国民营企业占据了中国投资美国高科技产业的主力军,涉及汽车、信息技术、机器设备、航空和医药器械等多个行业。

中国民营企业对外直接投资的区域向新兴市场和欧美市场发展。从对外直接投资的存量上看,民营企业海外投资主要以发展中国家为主,这是因为这些地区的劳动力相对低廉或者与中国的关系良好。但是近几年,我国民营企业逐步向发展中国家的新兴市场发展。据统计,2014 年前两个月,我国对美国投资增幅增加了 45.6%,对俄罗斯的投资也出现了成倍的增长,其中民营企业扮演了重要的角色。

资料来源:胡志军,温丽琴.中国民营企业对外直接投资新特点与新问题研究.国际贸易,2014(6):30-33.

四、坎特维尔和托兰惕诺的技术创新和产业升级理论

(一) 理论的提出

20 世纪 80 年代中期以后,发展中国家对外直接投资出现了加速增长的趋势,特别是一些新兴工业化国家和地区的对外直接投资投向了发达国家,并成为当地企业有力的竞争对手。如何解释发展中国家对外直接投资的新趋势,是国际直接投资理论界面临的重要挑战。

英国经济学家坎特维尔和托兰惕诺(Cantwell & Tolentino,1990)提出了"技术创新产业升级理论",用以解释 20 世纪 80 年代以来发展中国家和地区对经济发达国家和地区的直接投资加速增长的趋势。

(二) 理论的主要内容

坎特韦尔和托兰惕诺主要从技术累积论出发,解释发展中国家和地区的对外直接投资活动,从而把这一过程动态化、阶段化了。他们提出了两个基本命题:

(1) 发展中国家和地区产业结构的升级,说明了发展中国家和地区企业技术能力的稳定提高和扩大,这种技术能力的提高是不断积累的结果。

(2) 发展中国家和地区企业技术能力的提高是与其对外直接投资的增长直接相关的。现有的技术能力水平是影响其国际生产活动的决定因素,同时也影响发展中国家和地区跨国公司对外投资的形式和增长速度。

在上述两个命题的基础上,该理论的基本结论是:发展中国家和地区对外直接投资的产业分布和地理分布是随着时间的推移而逐渐变化的,并且是可以预测的。

坎特韦尔等人还分析了发展中国家跨国公司对外直接投资的产业特征和地理特征。根据他们的研究,发展中国家和地区跨国公司对外直接投资受其国内产业结构和内生技

术创新能力的影响。

在产业分布上，首先是以自然资源开发为主的纵向一体化生产活动，然后是进口替代和出口导向为主的横向一体化生产活动。

从海外经营的地理扩展看，发展中国家和地区跨国公司在很大程度上受"心理距离"的影响，其对外直接投资遵循以下的发展顺序：首先是在周边国家和地区进行直接投资，充分利用种族联系；随着海外投资经验的积累，种族因素的重要性下降，逐步从周边国家和地区向其他发展中国家和地区扩展直接投资；最后，在经验积累的基础上，随着工业化程度的提高，产业结构发生了明显变化，开始从事高科技领域的生产和开发活动。同时，为获得更先进复杂的制造业技术，开始向发达国家和地区投资。

（三）理论的评价

该理论较好地解释了 20 世纪 80 年代以来发展中国家和地区，尤其是新兴工业化国家和地区对外投资的结构由发展中国家和地区向发达国家和地区、由传统产业向高技术产业流动的轨迹，对于发展中国家和地区通过对外投资来加强技术创新与积累，进而提升产业结构和加强国际竞争力具有普遍的指导意义，因而受到了西方经济理论界的高度评价。

☞ 案例阅读

吉利并购沃尔沃绩效显著

1986 年，浙江吉利控股集团成立于杭州。1997 年进入汽车行业以来，吉利专注汽车的研发与制造，专注技术进步和人才培养，实现迅速崛起，成为世界 500 强中强劲的中国民营车企，也连续 12 年成为中国 500 强中优秀的民营车企。瑞典著名汽车品牌沃尔沃（Volvo），于 1927 年在瑞典哥德堡创建。沃尔沃汽车于 1999 年被美国福特汽车公司收购。2010 年 8 月，浙江吉利控股集团与美国福特汽车公司正式交接成功，福特汽车转让沃尔沃汽车 100% 的股权给吉利集团，至此中国人开始拥有自己的高端汽车品牌。

在沃尔沃 2010 年被吉利收购后，除了 2012 年因受在中国建立新工厂而花费大笔资金的影响，业绩不甚乐观，2013 年沃尔沃中国的销量暴增 46%，实现全年净利润约合 1.5 亿美元，实现扭亏为盈。2014 年，沃尔沃创纪录地销售 46.6 万辆汽车，同比增长近 10%，营业利润 2.65 亿美元。自吉利并购沃尔沃汽车以来，中国市场已成为其快速成长的市场，到 2014 年 6 月，中国市场已经取代美国市场成为沃尔沃汽车的最大单一市场。在收购沃尔沃的五年间，吉利汽车不断整合国际资源，吸收并获得沃尔沃的技术反哺，大幅提升技术创新能力。

资料来源：吴道友，杨洋，董惠如.跨国并购企业多阶段协同行为策略研究——基于吉利并购沃尔沃汽车的案例分析.哈尔滨师范大学社会科学学报，2016(2)：68-71.

第三节　跨国公司国际直接投资运作

国际贸易、国际直接投资与契约交易是企业进入国际市场的三种重要方式。在全球化迅猛发展的今天,以直接投资方式进入国际市场成为在全球价值链的新型分工下,最为主动的获取较高商业利益和实现利润最大化、提高和巩固国际竞争力的最好手段。在国际直接投资运作中,投资方根据投资目标并结合东道国的投资环境和条件,选择合适的投资方式,是国际商务活动是否顺利开展的重要前提。

一、国际直接投资方式的选择

(一) 基本方式的选择：绿地与并购投资

绿地与并购投资是国际直接投资的两种基本类型。国际直接投资者在进行投资时,必然要在绿地投资(新建投资)与并购投资之间做出选择。这两种直接投资方式各有内在特点,对东道国的就业、资本积累、产业结构、资本流动性等方面都会产生不同效应,对投资者自己而言也有不同的优缺点。两者之间存在互补性,又有一定的对立性,投资者要参考自身因素和外部环境因素综合考虑选择。

1. 绿地投资

绿地投资又称创建投资,或新建投资,是指跨国公司等投资主体在东道国境内依照东道国法律设置的部分或全部资产所有权归外国投资者所有的企业。绿地投资有两种形式:一是建立国际独资企业,其形式有国外分公司、国外子公司和国外避税地公司;二是建立国际合资企业,其形式有股权式合资企业和契约式合资企业。

绿地投资是国际直接投资最传统的形式,早期的跨国公司等国际投资主体在进行对外投资时都采用这种形式。随着跨国并购的兴起,绿地投资在国际直接投资中所占的比例有所下降,但它仍不失其重要性,是一种重要的国际直接投资方式。

(1) 绿地投资具有如下优点:

第一,投资者能在较大程度上把握投资风险,成功的概率较高。绿地投资由于是新建企业,不会出现因为对现存公司的制度、人员、资金等各个方面的调整而引起动乱,可部分减少投资风险。

第二,绿地投资在投资项目、地点、规模等问题的选择上有较大的主动权和灵活性,受外界干扰少。相对于跨国并购来说,通过绿地投资企业可以掌握更多的主动权。企业可以根据公司的整体需要选择适合企业发展的厂址,选择适合企业全球发展战略目标的生产规模,也可以对利润分配、营销策略进行控制和调整。例如,海尔将其海外生产基地选在了美国的南卡罗来纳州,因为其地理位置优越。

第三,绿地投资更受到发展中国家的欢迎。因为绿地投资能够为东道国增加税收,带来更多就业机会,为东道国的经济建设提供帮助。

（2）绿地投资具有如下缺点：

第一，绿地投资的前期筹建工作时间长，需花费较大的人力和物力。

第二，绿地投资的投资回收期长，速度慢，灵活性差。

2. 并购投资

并购投资是指投资国企业通过兼并与收购外国企业的方式实现自身资本与结构的扩张性重组活动，是与绿地投资相区别的一种投资方式。具体来说，跨国企业通过现金、金融机构贷款、以股换股或发行债券等支付方式，将另一个国家的企业的一部分或全部股权或资产收买下来，以取得该企业的部分或全部所有权，并获得对该企业的经营控制权，以实现企业的某种战略目标。例如，2012 年 1 月末，三一集团宣布将斥资 4 亿多美元收购德国工业巨头普茨迈斯特 90％的股份。此次收购使三一集团成为与美国卡特彼勒和日本小松相匹敌的全球工程机械龙头企业。

跨国并购包括跨国兼并和跨国收购两层含义。跨国兼并是指依照相关的法律规定，一个国家的企业将另外一个国家的企业并入本公司的过程。跨国兼并可以分为吸收兼并和创立兼并两类。被兼并的企业成为兼并企业的一部分，并丧失法人资格，或者是兼并企业和被兼并企业合二为一，重新成立一个新的法人实体。跨国收购是一个国家的企业通过购买另一个国家企业的资产和股权，从而控制东道国目标企业的过程。跨国收购可以分为资产收购和股份收购两类。一般来说，跨国收购是为了达到扩大生产规模和市场占有率、分散经营风险或控制被收购企业独特的经营资源的目的。

（1）跨国并购方式具有如下优点：绿地投资方式相比，跨国并购可以廉价获得被收购企业的资产和管理人员，利用被收购企业的技术和分销渠道迅速进入东道国市场，减少市场竞争，便于扩大经营范围和产品种类，实现多元化经营。

（2）与绿地投资方式相比较，跨国购并方式也有其如下缺点：

第一，并购前的困难。并购前的企业价值评估存在一定的困难。

第二，并购中的复杂。并购过程复杂，失败率较高；受企业规模与厂址选择的制约，管理成本较高；受原有契约或传统关系上的束缚，并购后遗留问题较多。

第三，并购后的遗留问题。跨国并购还存在并购企业和被并购企业之间在企业文化和价值观念等方面的巨大差异，往往使得并购后的整合存在困难，需要较长的磨合期。

☞ **案例阅读**

联想的并购扩张

2004 年，联想在中国市场占到了 30％的市场份额，继续增大在中国市场的份额难度很大。此时全球排名第三的 IBM 愿意将连年亏损的个人电脑业务出手。年销售额 30 多亿美元的联想有意收购年销售额上百亿美元的 IBM 电脑业务，但收购的风险远大于 50％。经过十个月反复权衡和谈判，联想对外宣布以 12.5 亿美元收购 IBM 的个人电脑业务。联想收购 IBM 后，生产经营不是一帆风顺的，特别是在 2008 年经历了国际金融危机后,联想电脑的市场销售额直线下降 15 亿美元,联想集团遭遇十年来第一次亏损,亏损额是 2.26 亿美元,此时中外企业在管理、文化和发展理念上的差异在新联想内部逐渐显现出来。联想调整经营策略,利用经济危机机遇继续并购,并获得 ThinkPad 品牌和 IBM 积累的技术力量、客户渠道,稳固原有市场,同时出击俄罗斯、巴西等新兴市场,联想电脑由此真正成了一个国际化产品。2009 年,联想实现了 166 亿美元销售额,是并购前的 5 倍,并登上美国最大的电器连锁销售商百思买的柜台,这是联想成功踏入美国主流市场的一个重要标志。2010 年,联想超过戴尔成为全球第二大 PC 生产商。可以说,全球化战略改变了联想。

(二) 股权参与式投资方式选择

跨国企业进行国际直接投资之前,首先必须在股权投资方式与非股权参与方式间做抉择。股权参与式投资方式是指跨国公司在国外投资取得了被投资企业的股份,投资企业称为被投资企业的股东,按所持股份比例享有权益并承担责任。一般来说,跨国公司海外投资的数额越大,拥有的股权越多,在东道国公司内的决策控制权越强。常见的股权参与式投资形式有独资经营、合资经营、建立分公司与销售机构、建立加工装配厂等形式。其主要形式为独资经营与合资经营。

1. 独资经营

独资经营是指由国外投资者投入全部资本,依照东道国的法律,经东道国政府批准,在东道国境内设立企业并独立经营、自负盈亏、独立承担法律责任的一种经营方式。独资经营往往以独资企业的形式出现。一般通过绿地投资或并购东道国的企业来完成独资企业的建立。

(1) 独资经营之所以受到国际投资者的青睐,主要缘于其对投资者具有很多有利之处:

第一,该方式可以使投资方拥有绝对的经营控制权,便于投资方保守技术和商业秘密。独资经营的企业相当于跨国公司海外的子公司,在人事管理权上总公司对子公司有绝对的决定权。因此,独资企业在保持企业垄断技术方面以及经营控制权上有其独到的优势。

第二,投资者拥有全部的国外利润。跨国公司总公司与独资子公司之间可以运用转移价格的方式,规避东道国的税赋,实现公司总利润的最大化。

第三,有利于实现规模化及全球战略目标。在竞争日益激烈的国际市场,作为独资企业的子公司可以更大限度地利用母公司的资源和优势,在竞争中占优,从而实现跨国公司的全球战略。

(2) 独资经营具有如下缺点:

第一,对资金规模要求高。由于全部投资都由跨国公司独自承担,风险也自负,所以资金实力较弱的企业不宜采用此方式。

第二,当地资源无法得到有效利用,受东道国法规限制较多。独资经营没有当地合作企业,就无法得到当地资金、技术支持,也不能利用当地企业的营销渠道和人际关系。所以,不易得到当地政府和公众的支持,特别在一些民族意识较强的国家和地区可能会受到排斥,不利于经营活动的开展,在有些发展中国家,政府甚至不允许设立独资企业。

☞ **拓展阅读**

中国外商独资化趋势加强

在 1997 年外商来华投资的企业中,独资企业的数量首次超过了合资企业。而从 1998 年起合同外资金额中外商独资企业一直多于合资企业。从 2000 年起,实际使用外资金额中独资企业的比例开始超过合资企业,并呈逐年上升趋势,独资化趋势更加明显。2004 年,中国共批准外商直接投资企业 43664 个,其中外商独资企业 30708 个,约占总数的 70%。此后,该比例一直呈高位领先状态。

独资化趋势是指 21 世纪以来跨国公司在中国投资时更多地采用独资企业的形式以及原有在华合资企业纷纷增加外方控股比重,甚至是转向独资这一新现象。21 世纪以来,尤其是入世后,合资企业独资化趋势也日益加强。宝洁、雅芳、松下、西门子等众多知名外企,纷纷在中国加速了其独资化的步伐。

外企独资化的原因,一是为了整合市场。将中国市场分散的投资项目,进行统一管理,节约资源,提高效率。二为了更好地实现外商利润最大化。三是中国外资政策和外贸政策的放宽。

资料来源：根据网络资源整理。

2. 合资经营

合资经营又称股权参与式合营,指外国投资者和东道国投资者作为合营各方以入股方式联合出资,根据出资额大小获取相应权益并承担相应风险的经营方式。国际上的合资企业有无限责任公司、有限责任公司、股份有限公司以及两合公司等形式。

国际合资经营对投资国和东道国而言利弊不同。

(1) 从跨国公司等投资方来看,采用合资经营方式具有如下优点：

第一,能减少或避免政治风险。许多国家对在其国内做生意的外商实行正式的或非正式的限制。为了应付这种限制,外国公司就会与本地企业成立合资企业,进行合资经营。在某些项目中,由于存在巨大的风险,因此,许多公司认为在这些情况下进行合资经营能够较好地降低风险。

第二,可以获得多重优惠。采用合资经营方式,外国投资者可以享受到东道国给予的外资优惠以及东道国给予本国投资者的双重优惠;有时甚至还可以得到母国政府给予的优惠。

第三,可以开拓新的市场。通过合资经营,可以利用东道国合资企业的销售渠道等快速地开拓市场,扩大市场份额。

第四,可以增强竞争优势。在一些行业中存在着与经营规模相连的优势,规模经济存在于制造、销售、研究与开发等环节。合资经营就可以使企业从这些规模经济中获益,并增加企业的竞争优势。

(2) 合资经营具有如下缺点：

不利于跨国公司保持对企业的绝对控制,在合作的过程中跨国公司可能会面临技术流失、人才流失等问题,且合资双方观念上的差异,往往会导致双方在企业战略决策等方面产生分歧,也可能会在企业的投资、生产、市场营销等方面发生争执等。

☞ **案例阅读**

奇瑞的对外直接投资方式和区位选择

奇瑞已建和正在建的 16 个海外工厂,除大部分与当地汽车公司合作外,还与当地汽车公司合资或奇瑞独资,在东道国进行新建投资,直接控制奇瑞车型在当地的组装和销售。从时间上看,奇瑞的对外直接投资起始于 2007 年,均为新建投资,其中 2007 年对乌拉圭和伊朗以及 2008 年对马来西亚的对外直接投资,都只是与当地公司成立合资公司,合资建厂组装从国内进口的散件,而 2010 年则是在巴西独资建厂,在当地生产汽车。可见,奇瑞的对外直接投资方式在不断深化,同时投资规模也逐渐增大。从区位上来看,奇瑞的对外直接投资东道国乌拉圭、巴西、伊朗和马来西亚,是来自南美、中东和东南亚等汽车业发展相对落后的发展中国家(见表 3-1)。

表 3-1　奇瑞的对外直接投资方式

合约签署时间	投资方式	合资公司	东道国	规　模	协议内容
2007 年	新建投资	奇瑞索克马公司(阿根廷索克马公司)	乌拉圭	项目投资 1200 万美元,中方控股 51%,产能达到年产 2 万辆	采取从国内散件组装的 CKD 生产方式
2007 年	新建投资	(伊朗霍德罗汽车集团公司和加拿大索立泰科公司)	伊朗	项目预计总投资 3.7 亿美元,合资股比例为:奇瑞 30%、伊朗霍德罗汽车集团公司 49%、加拿大索立泰科公司 21%	合资公司将使用奇瑞公司生产的 CKD 件,生产和销售 S21 车型(QQ6),在伊朗及周边国家销售
2008 年	新建投资	奇瑞阿拉多公司(马来西亚阿拉多公司)	马来西亚	预计到 2011 年,新工厂的收入将超过 20 亿林吉特(约合 6.369 亿美元)	奇瑞公司与阿拉多公司将在马来西亚南部柔佛新山生产、装配以及分销奇瑞汽车产品
2010 年	新建投资	奇瑞汽车股份有限公司(独资)	巴西	奇瑞巴西工业园占地面积 100 万平方米,总投资 4 亿美元,最终将建成年产 15 万辆整车的工厂	引进生产 A1 和 A13 等系列车型,后期还将陆续引入其他符合巴西市场需求的其他车辆

资料来源：李玉峰,詹正华.中国自主品牌汽车企业对外直接投资现状——奇瑞与吉利的比较研究.现代商业,2012(3)：32-33.

（三）非股权参与式投资方式选择

非股权参与投资方式是 20 世纪 70 年代以来被跨国公司广泛采用的投资形式,多指跨国公司在东道国的公司中不参与股份,而是通过与股权没有直接联系的技术、管理和销售渠道等方式介入当地企业的运营。

对于跨国公司来说,采用这种投资方式,跨国公司的投资物不是资金,而是以各种技术、专利、管理技能、销售技巧等形式存在的无形资产。因此,这种方式能够降低企业跨国投资的风险,增加对东道国企业的控制与影响,有效地规避了发展中国家不利于跨国公司投资的政策影响,维持了跨国公司在发展中国家的竞争优势和地位。

非股权参与方式主要以各种契约合同的形式出现,包括合作经营与国际工程承包。合作经营主要包括许可证(特许经营)、交钥匙工程、研发合同、联合营销、销售合同等。国际工程承包也主要有总包、分包和联合承包三种形式。

1. 合作经营

合作经营,又称为契约式合营或合同协议。由外国投资者与东道国投资者通过签订合同,共同出资建立企业,合作各方的责任、权利和义务按照签订的合同中的规定执行。

独资经营和合资经营的外商直接投资方式可统一划入股权参与方式,而合作经营则属于非股权参与方式。其他非股权参与方式还有国际技术转让与技术投资、国际租赁、国际工程承包等,跨国投资商可据其特点做出适合自己的选择。

（1）合作经营的组织形式。合作经营可以采取"法人式"或"非法人式"的组织形式。"法人式"合作经营是指合作双方在一国境内设立的具有该国法人资格的经济实体。该实体具有独立的财产权和法律上的起诉权和应诉权,并建立董事会和联合经营的管理机构。"非法人式"合作经营组织形式下的实体则对合作企业财产只享有使用权,而无独立的财产所有权。合作各方以自身法人资格享有对各自财产的所有权,同时对企业的债务承担无限连带责任。该组织形式下的管理比较灵活,可由双方共同管理,可委托一方,还可聘请第三方来管理。

（2）合作经营的特点。与合资企业不同,合作经营是建立在合同基础上的合营关系,合作双方的权利义务按照合同约定,而不是像合资经营企业受出资比例所限。因此,合作经营体现出很多契约式特征。

（3）合作经营的优劣势。合作经营本身较其他国际直接投资方式更加简便、灵活,合作的意识更强烈,因此投资者的投资计划较容易通过东道国的审批,而且避免了实物或技术出资作价等一系列复杂问题。对东道国来说,由于往往是国外投资者提供先进的技术或专利,可以带来较强的技术扩散效应。

☞ **讨论与思考**

比较一下,国际合作经营与合资经营有什么区别？

2. 国际工程承包

国际工程承包是指一国具有法人地位的从事国际建设工程项目的承包商在国际市场上通过投标或接受委托等方式,按照国外业主提出的条件承担某项工程建设任务,以取得一定报酬的国际经济活动方式。

国际工程承包是一项综合性商务活动方式,是国际劳务合作的主要形式。承包商作为投资者通过国际招标提供自己的技术、设备、材料、劳务等资源,按照工程业主的要求为其建设工程项目,并按照合同的事先约定取得一定的收益。国际工程承包的主要项目包括水坝、管道、高速公路、地铁和通信系统等。

(1) 国际工程承包的方式。国际工程承包主要有总包、分包和联合承包三种方式。总包是指一家承包商独家充当总承包人与业主签订合同,对整个工程项目全面负责。分包是指总承包商将工程的一部分转包给其他承包商;分包商与项目业主没有直接联系,只向总承包商负责,这种方式能有效发挥承包商各自的优势、降低成本和风险;联合承包又称分项承包,是指项目业主将整个工程分为若干部分,由几家承包商根据各自的专业特长和优势,联合起来,共同承包,承包商仅就自己负责的部分与项目业主签订合同,适用于规模巨大、技术复杂的工程项目。

(2) 国际工程承包的优劣势。国际工程承包能带来优惠的利润,也能带动国内商品、技术、劳务等的出口,但是国际工程承包的风险也很大。国际工程承包市场竞争日益加剧,导致盈利水平下降;业主要求带资投标、延期付款、实物支付,成交条件日益苛刻;国外运费涨价、国内原材料攀升,出口退税率降低,以及利率、汇率变动使得国际工程承包业务不可控因素增加,风险越来越大。

☞ **案例阅读**

国际承包工程的风险

2006 年,北京城建集团以比当地竞争对手低 1 亿元人民币的出价,中标了也门萨那国际机场新航站楼工程,业主为也门民航气象局,工程中标价为 1.15 亿美元。该项目于 2006 年 4 月 1 日开工,原计划到 2008 年 9 月 30 日完工。然而,在施工过程中,业主从未按施工进度拨款。北京城建集团认为业主是政府部门不会违约,坚持继续施工。当主体结构基本建造完成,装修材料及配套建筑材料大批从国内发货运往也门后,对方仍不按期付款,甚至将中国公司 3000 万美元的履约保函全部扣除,而业主总共只拨付了几百万美元的工程款,最后中国政府出面交涉也无济于事,对方甚至拿出合同对我方进行索赔。2014 年,北京城建向解决投资争端国际中心申请仲裁,指控被申请人也门共和国违反 1998 年中国与也门签订的双边投资协定,强制剥夺即征收了申请人在也门的合同与资产,但估计很难利用仲裁渠道挽回损失。

资料来源:中国工程承包企业海外经营风险——基于风险案例的分析.http://www.shandongbusiness.gov.cn/public/html/news/201607/376769.html.

二、国际直接投资新发展

（一）全球直接投资新发展的现状

从第二次世界大战到 2000 年前世界对外投资迅速发展，从 1980 年 551 亿美元上升到 1990 年的 2079 亿美元，10 年增加了 1.7 倍。20 世纪 90 年代前期，因世界经济衰退的影响，国际直接投资在 1991 年和 1992 年曾连续两年下降，直到 1993 年才又重新扩大。1990—1995 年，世界对外直接投资由 2337 亿美元增加到 3552 亿美元，增加了 51%。1996 年以后，国际直接投资的发展明显加快，投资规模也空前扩大。1999 年，世界直接投资首次突破了 1 万亿美元大关，2000 年又达到了 14097 亿美元。2000 年比 1990 年增加了 5.03 倍。2000 年后，因经济衰退影响，国际直接投资的增长速度明显下降，2001 年减少 51%，2003 年降到 5579 亿美元，2005 回升到 9163 亿美元，2006 年的全球外国直接投资总额超过 1.3 万亿美元，比 2005 年增长 38%，接近 2000 年创下的历史最高纪录 1.4 万亿美元。2007 年达 1.42 万亿美元，达第二历史高点，但增速仅 10%，明显放缓。2008 年下降 15%，2009 年下降 30%，2010 年全球对外直接投资恢复增长 13.2%，达 1.34 亿美元。2000—2010 年增长 0.95 倍，增长速度放缓。

（二）国际直接投资的特点

从国际直接投资规模看，由于世界经济发展的不平衡规律，全球各区域国际直接投资规模也是不平衡的。

1. 国际直接投资以发达国家为主导

从对外直接投资规模看，1990—2000 年，发达国家投资额由 2225 亿美元增加到 10463 亿美元，增加了 3.7 倍，略低于世界平均的 3.92 倍。美国、日本、欧盟国际直接投资也呈现出很大差异。其中，美国由 300 亿美元增加到 1524 亿美元，增加了 4.08 倍，占世界的比重由 12.8% 提高到了 13.3%；欧盟由 1321 亿美元增加到 9291 亿美元，增加了 6.03 倍，占世界的比重由 56.5% 提高到了 80.8%；日本由 505 亿美元减少为 315 亿美元，占世界的比重由 21.6% 下降到了 2.7%（在欧盟中，英国、法国和德国的投资额分别由 193 亿美元、348 亿美元和 242 亿美元增加到 2604 亿美元、1695 亿美元和 520 亿美元）。2000—2010 年发达经济体对外直接投资额由 10469 亿美元下降到 9695 亿美元，同比略有下降。但从区域来看，国际直接投资规模有很大不平衡。欧洲地区 5167 亿美元，其中欧盟由 9291 亿美元下降到 4500 亿美元，下降了 0.35 倍，欧洲占全球的比重由 80% 下降到 53.3%。美国仍是世界上最大的对外投资国，由 1524 亿美元上升到 3255 亿美元，增长 1.1 倍，占全球的比重由 13% 上升到 24.2%；日本由 315 亿美元增加到 567 亿美元，略有增加。

2. 发达国家间相互投资活跃

国际直接投资不仅是以发达国家为中心而展开的，而且发达国家间的相互投资还日趋活跃，如 1996—1999 年，美国与欧盟的相互投资由 892 亿美元增加到 3035 亿美元，增加了 2.4 倍，明显超过了同期国际直接投资增加的 1.57 倍；其中，美国对欧盟的投资由 362 亿美元增加到 684 亿美元，增加了 0.89 倍，欧盟对美国的投资由 531 亿美元增加到

2351 亿美元,增加了 3.43 倍。2000 年后这个特征更加明显。2008 年欧盟对外直接投资为 3540 亿欧元,其中对美国的直接投资为 1490 亿欧元,占欧盟对外直接投资的 42%。特别是 2008 年全球金融危机后,欧盟对美国的直接投资额从 2008 年的 1210 亿欧元下降至 2009 年的 690 亿欧元,但仍占欧盟对外直接投资的 64%。美国对欧盟直接投资额从 2008 年的 500 亿欧元增至 2009 年的 970 亿欧元,占欧盟对外直接投资总额的 45% 以上。

3. 区域内相互投资迅速增加

1996—2000 年,欧盟区域内的相互投资由 793 亿美元增加到 5534 亿美元,增加了 5.98 倍,明显超过了欧盟对外直接投资增加的 4.02 倍。结果区域内相互投资占同期欧盟对外直接投资的比重由 42.9% 提高到了 59.6%。1993—2000 年,美国对北美区域内的投资由 51 亿美元增加到 218 亿美元,其中对加拿大的投资由 36 亿美元增加到 183 亿美元,分别增加了 3.27 倍和 4.08 倍,都明显超过了其对外直接投资增加的 2.73 倍。

4. 跨国并购成为国际直接投资的主要内容和基本方式

20 世纪 80 年代后期,跨国并购曾出现过迅速发展的局面。20 世纪 90 年代中期以后,跨国并购又高潮迭起、迅猛发展。1995—2000 年,全球跨国并购由 1992 亿美元增加到 12209 亿美元,增加了 5.13 倍,大大超过了同期世界对外直接投资增加的 2.23 倍,占世界对外直接投资的比重也由 58.1% 提高到了 90%。2000—2010 年,世界对外直接投资由 1.4 亿美元减少到 1.34 亿美元,其中新建企业的投资减少了 61.3%,由此可见,如果不是跨国并购方式的国际直接投资的成倍增加,那么世界对外直接投资就会处于大大减少的状态。由于跨国并购在国际直接投资中的比重迅速提高,其迅速发展就不仅直接推动了国际直接投资的迅速发展,而且还使跨国并购成了当前国际直接投资的主要内容和基本方式。

5. 大型跨国公司继续成为国际直接投资的主角

在世界各国的对外直接投资中,大型跨国公司尤其是占全球跨国公司总数 1% 的 500 家最大跨国公司,一直是国际直接投资的主角。从 20 世纪 90 年代后期到 2010 年的情况看,投资额超过 10 亿美元的大型投资特别是并购额超过 100 亿美元的大型跨国并购,几乎都是由知名的大型跨国公司完成的。

6. 对外投资主要产业转向服务业

在 20 世纪 70 年代初期,服务业占世界对外直接投资存量的 25%,1990 年不到 50%,2002 年上升到 60%;制造业由 42% 下降到 34%;初级产品由 9% 下降到 14%。但 2008 年金融危机后,世界主要服务产业(商业服务、金融、公用事业、运输和通信)的 FDI 流量都在下降,虽然下降速度有所不同。其中,金融业直接外资流量跌幅最大,但服务业占世界对外直接投资存量 46% 以上,与此同时,进入制造业的外国投资份额有所增加,几乎占所有直接外资项目的一半。

7. 对外投资自由化成为主流

20 世纪 90 年代以来,贸易自由化、投资自由化、金融自由化和全球生产一体化成为世界经济发展的基本特征。随着经济全球化趋势的加强,各国经济联系和交往越来越密切,跨国公司主导的国际投资活动推动了市场关系的全球传播和生产全球化,而生产全球化的发展又促进了国际资本在世界范围内更大规模的流动。在这种不断深化和相互促进的过程中,经济全球化特别是投资自由化从根本上改变了国际资本流动的格局和特征。

三、中国企业对外直接投资的发展

改革开放以来,在国家"走出去"战略的引导下,中国积极应对经济全球化带来的挑战,参与国际化分工、开拓国际市场并吸收国外先进管理及生产技术,特别是中国对外直接投资在改革开放30多年来为中国经济做出了巨大的贡献,进入21世纪后中国的对外直接投资额更是发展迅猛。

(一)发展阶段划分

改革开放以来的30多年,中国对外直接投资的发展变化可以分成三个比较典型的发展阶段。

1. 起步阶段(1978—1992年)

1978年中国实行改革开放政策正式开启了中国企业向海外投资的大门。初期,中国对外直接投资的主要问题是对外投资的规模较小,中国企业对外直接投资累计总额仅为25300万美元,年平均对外直接投资仅为3275.8万美元,共办境外企业约300家。中国对外直接投资的结构不合理,偏重于初级和劳动密集型产业。

2. 发展阶段(1993—2002年)

1992年邓小平同志的南方讲话极大地推动了中国对外直接投资的水平和规模的不断发展。但这一阶段中国对外直接投资年流量仍然处于低值徘徊阶段,改革开放以来至2000年,中国对外直接投资的流量均在20亿美元左右(见图3-5)。

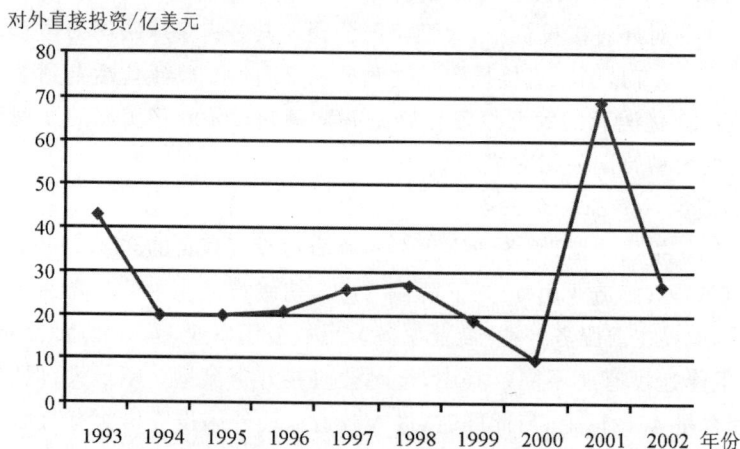

对外直接投资/亿美元

图3-5　1993—2002年中国对外直接投资存量趋势

数据来源：国家统计局。

对外直接投资的产业结构较不合理,其产业结构仍趋向寻求能源类、市场及要素驱动类。2002年采矿业对外直接投资占中国对外直接投资的比例约为16.3%,之后虽有所下降但依然在 15％ 左右。批发和零售业自 2002 年以来所占对外直接投资存量比重有所下降，但总体水平仍能达到 15％。农林牧渔、电力燃气及水的供应业、建筑业、餐饮业、科研技术服务业和居民服务业处于低份额行业，总体的市场投资份额不到 1％。

3. 高速发展阶段（2003 年以来）

2003 年以来，中国对外直接投资流量逐年上升，呈现出迅猛发展的态势。2003 年，中国对外直接投资流量只有不到 30 亿美元，但仅用了一年时间，就达到了 55 亿美元，2005 年又突破了百亿美元，其增长率为 122.9％，是近十年的最高值。之后的几年，中国对外直接投资均以非常快的增长率发展。由于 2008 年的金融危机导致世界市场需求低迷，直接影响中国对外投资的信心和流量。2010 年后中国对外直接投资开始稳步回升，2013 年中国对外直接投资流量突破了千亿美元，约为 1078.4 亿美元，是 2003 年的 37.8 倍。中国对外直接投资已经初具规模，在全球对外直接投资规模排名中紧随美国、日本、英国等发达国家之后（见图 3-6）。

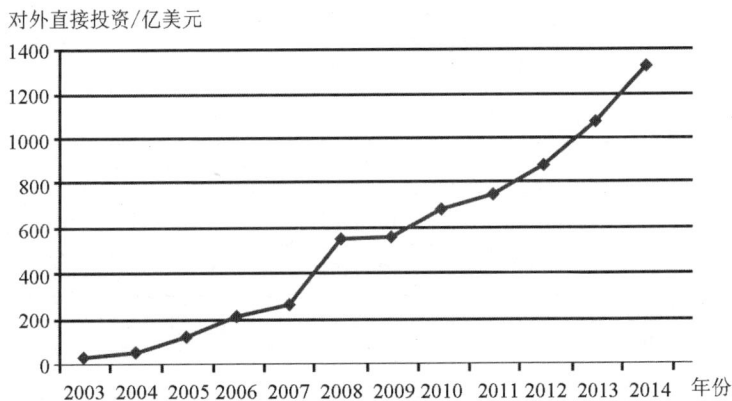

图 3-6　2003—2014 年中国对外直接投资存量趋势

数据来源：国家统计局。

同时，中国对外直接投资所涉及的行业范围趋广，涉及国民经济的各个行业，五大行业的集中度超过了八成。截至 2014 年年底，中国对外直接投资覆盖了国民经济所有行业类别，租赁和商务服务业、金融业、采矿业、批发和零售业、制造业累计投资存量达 5486 亿美元，占中国对外直接投资存量总额的 83％，当年流量占比也超过八成。表 3-2 反映了 2013—2014 年中国各行业对外直接投资净额及其占比情况，可以看到近几年中国制造业对外投资有减缓趋势，对外投资净额由 2013 年的 719715 万美元下降到 2014 年的 597629 万美元，下浮率约为 16.96％，其他下降的行业还包括电力燃气及水供应行业、住宿及餐饮行业、教育行业等。

截至 2014 年，中国对外直接投资覆盖的国家和地区更为广泛。中国 1.53 万家境内投资者在境外设立 2.54 万家对外直接投资企业，分布在全球 184 个国家和地区，中国对外直接投资累计净额达到 6604.8 亿美元。据商务部对外直接投资区域分布的最新数据显示，2013 年中国对亚洲、北美洲、大洋洲以及拉丁美洲的对外直接投资存量同比都出现增长,增长率分别为 22.77%、12.18%、25.82%、26.22%。2014 年中国对外直接投资除了在欧洲地区下降外,在世界其他地区表现出了不同程度的增长。

表 3-2　2013—2014 年中国分行业对外直接投资净额及其占比

行业分类	对外直接投资净额/万美元	对外直接投资净额/万美元	2014 年	2013 年
	2014 年	2013 年	占比/%	占比/%
农林牧渔	224955	181313	1.7	1.7
采　矿	4543972	280779	34.3	23.0
制　造	597629	719715	4.5	6.7
电力燃气及水供应	23923	68043	0.2	0.6
建　筑	586903	436430	4.4	4.0
交通运输及仓储邮政	366039	330723	2.8	3.1
信息传输及服务	158245	140088	1.2	1.3
批发零售	1644087	1464682	12.4	13.6
住宿及餐饮	4941	8216	0	0.1
金　融	2265657	1510532	17.1	14.0
房地产	774100	395251	5.8	3.7
租赁及商务服务	2737526	2705617	20.7	25.1
科学研究、技术服务	217248	17221	1.6	1.7
水利环境公共服务	62535	14489	0.5	0.1
居民服务	143199	112918	1.1	1.0
教　育	1237	3566	0	0
文化体育教育	49214	31085	0.4	0.3
卫生社保社会福利	5391	1703	0	0
总　额	13245784	10784371	1	1

数据来源：根据中国商务部《2012—2014 对外直接投资统计公告》计算得到。

　　虽然中国正在逐渐缩小与发达国家对外直接投资的规模差距,但中国企业国际竞争力较弱和海外经营能力不强使得这种国际化的直接投资为其带去了高风险和不确定市场因素。由于跨国经营主体单一、国际化程度低、品牌实力弱等因素,中国企业"走出去"受到了许多发达国家跨国公司的限制。另外,由于缺乏国际化的经营理念和对跨国文化的适应整合,中国企业应对国际环境风险的能力较弱,中国企业的国际化经营程度较低,海外经营的能力也有待提高。

（二）对外直接投资成为中国的新常态

2015 年 2 月，毕马威全球中国业务发展中心发布的《中国经济回顾与展望 2015》年度报告中预测指出，2015 年中国对外投资的增长们将维持在 10％或以上，而且中国对外直接投资超越外商直接投资的差距将会扩大，中国对外直接投资已经进入了一个"新常态"。中国继续在目前的高水平上保持平稳增长，通过向高端价值链产业投资，提高中国在技术、产品研发、品牌质量等方面的核心竞争力，推动中国经济向高质量、高效能方向发展，为经济转型做出贡献。

1. 中国对外直接投资保持稳定增长态势

2002 年，中国加入 WTO 后的第一年里，对外直接投资只有 27 亿美元。2014 年增至 1160 亿美元，12 年里增长了近 42 倍。连续三年位列全球三大对外投资国（见图 3-7）。在此期间，大批的中国企业成为全球成长最快的跨国公司群体。

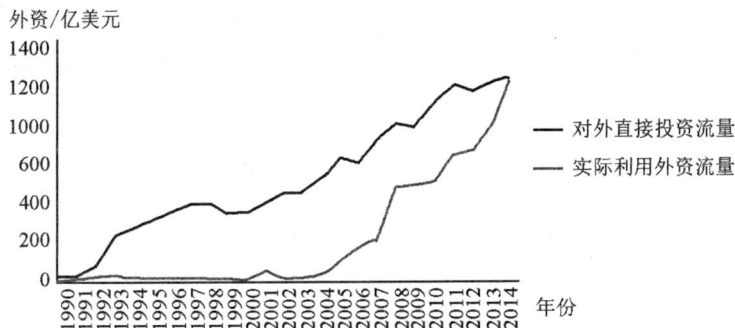

图 3-7　1990—2014 年中国企业对外直接投资和实际利用外资发展趋势

数据来源：国家统计局。

国家统计局发布的中国对外直接投资的数据中显示（见图 3-8），近几年来，中国对外直接投资呈稳定增长趋势。从 2007 年的 265 亿美元增加到 2014 年的 1230 亿美元，年增长率为 26.35％。受 2008 年国际金融危机影响，中国对外直接投资的增长较为缓慢。尽

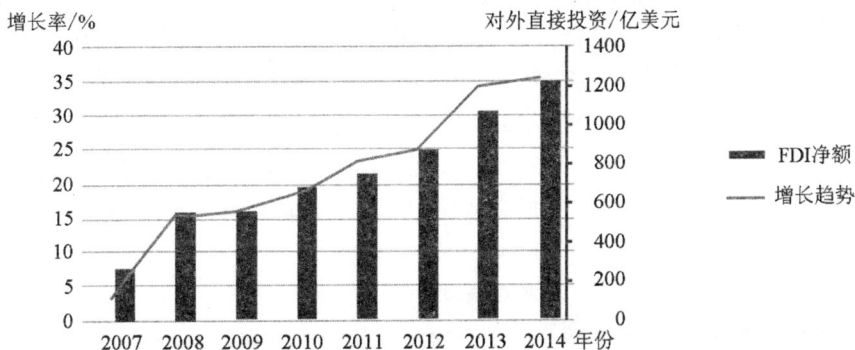

图 3-8　2007—2013 年中国对外直接投资净额及增长率

数据来源：中国商务部《2007—2014 对外直接投资统计公告》。

管如此，在新形势下，中国政府通过调整对外直接投资的结构比例、吸引具备高附加值的外商投资来提升中国对外直接投资的战略水平使得中国对外直接投资保持了稳步的增长。2013年，在全球外国直接投资流出流量较上年增长1.4%的背景下，中国对外直接投资流量创下1078.4亿美元的历史新高，增长33.8%，投资流量首次突破千亿美元大关，进入全球第三大对外投资国。2014年，中国对外直接投资净额以35.1%的增速稳定增长，达到1230亿美元。

2. 中国对外投资将超过利用外资水平

在2014年商务部党组扩大会议上，商务部部长高虎城表示，中国利用外资规模连续23年保持在发展中国家首位，非金融类对外直接投资保持快速增长，目前中国吸引外资和对外投资基本保持平衡，在未来的某个节点，后者将会超越前者，中国将会成为资本净输出国，中国也将改变过去20多年来作为全球主要外商直接投资（FDI）目的国的角色，变身为全球FDI的重要来源国，这将会成为中国对外投资的新格局、新常态。对比中国吸收外资和对外投资，2003—2014年，中国吸收外资年均增速为7.92%，与对外投资增长情况相比，对外直接投资（非金融类）规模扩张迅速，年均增速为45.42%，这一增速约为吸引外资的六倍。由此可见，两者的差距正在缩短，意味着中国成为资本净输出国指日可待。

3. "一带一路"助推中国对外直接投资

"一带一路"推动中国与沿线国家在基建、油气管道设备、旅游、金融贸易、电网设备等方面的投资合作。"一带一路"沿线多为新兴经济体及发展中国家，总人口约44亿，经济总量约为21万亿美元，分别占全球的63%和29%。这些经济体及国家的经济发展多为上升阶段，与其开展互利合作的前景较为广阔。

目前，"一带一路"建设已初具规模。截至2015年5月底，中国对"一带一路"64个国家和地区累计实现各类投资1612亿美元，约占中国对外直接投资总额的20%。"一带一路"沿线国家和地区正在成为中国企业对外投资的重点。2015年1—5月，中国企业共对"一带一路"沿线的48个国家和地区进行了直接投资，投资额合计48.6亿美元，同比增长3.7%。其中，在吸收外资方面，"一带一路"沿线国家和地区在华设立外商投资企业767家，同比增长14.31%；实际投入外资金额29.19亿美元，同比增长11.59%，占全国吸收外资总额的5.42%。在对外贸易方面，中国对沿线国家和地区出口增长2%，占中国出口总额的27.7%；中国自沿线国家和地区进口下降23.2%，占中国进口总额的23.3%。对外承包工程方面，中国企业在"一带一路"沿线的59个国家和地区承揽对外承包工程项目1105个，新签合同额占同期中国对外承包工程新签合同额的48.6%，同比增长19.1%；完成营业额占同期中国对外承包工程完成营业额的44%，同比增长4.5%。

4. 地方企业将为中国对外直接投资带来新价值

地方企业、非国有企业逐渐登上了中国对外直接投资加速的"快轨道"，改变了以前主要靠央企、国企"走出去"的局面。截至2013年，中国地方企业非金融类对外直接投资存量为1649亿美元，占比达到30.3%，在对外直接投资的流量上，地方企业非金融类对外直接投资流量达364.15亿美元，占中国非金融类对外直接投资流量的39.3%。

另一方面,非国有企业占中国对外直接投资的比重不断扩大,增强地方经济实力,为国家经济发展不断注入活力。2013 年,非金融类对外直接投资流量 927.4 亿美元,其中国有企业占 43.9%、有限责任公司占 42.2%、股份有限公司占 6.2%、股份合作企业占 2.2%、私营企业占 2%、外商投资企业占 1.3%、其他占 2.2%。

（三）新常态下中国企业对外直接投资的挑战与对策

在经济全球化潮流的推动下,全球范围内企业界发生了巨大的变化,其中最引人注目的是跨国公司广泛向全球公司的转型,以及企业经营环境和竞争规则的变化。在新的经济格局下,"走出去"的中国企业原有的发展战略、管理结构以及经营理念均面临挑战。

1. 强化全球责任,树立国际化品牌

中国企业在对外投资全球化道路上不仅需要为全球提供市场咨询、技术设备和创新服务,而且还应该树立中国企业为全球服务的价值观,提高中国企业的国际责任感,这样,中国企业才能在国际舞台上树立一个更健康、更负责的国际品牌形象。

通过全球公司在全球范围内整合价值链中的最优资源要素,全球生产要素的潜在价值被开发出来,从而全球生产力被极大地释放出来。通过根据当地市场条件,利用市场资源优势,在全球最适宜的地点设立采购中心、制造组装中心、研究开发中心、财务结算中心以及营销服务中心,完善全球产业链,提升产品和服务的价值,有助于中国企业树立良好的国际品牌形象。通过将价值链的若干环节进行外包,充分利用其他企业、其他国家的资源,与其他企业建立战略联盟或并购其他企业,有助于吸收和整合全球最优资源,打造全球产业链和完善全球产业系统,进而提升产品和服务质量和数量,利于中国企业打响国际化品牌形象。

2. 整合全球资源,参与国际化竞争

面对对外直接投资日益深入和全球化的加剧竞争,中国企业要以全球化的视野进行战略布局,通过整合全球市场资源与国际资本要素合作共荣,积极参与全球竞争。中国企业参与全球化资源整合的重要模式之一就是"共创"（co-creation）。"共创"是指与有共同利益的跨国公司进行内部和外部的市场资讯、研发技术、销售渠道等要素资源的合作和创新,是一种新型的国际合作模式。通过合作双方市场层面的深度可持续联盟,积极地整合全球市场资源,共同维护市场主体长期稳定的竞争环境和秩序。另外,整合全球资源不仅仅涉及与外部竞争对手的共创共赢,还需要全球化的人才布局——要及早地布局、盘点、计划投资的国家和并购企业的人才水平。

3. 创新产业布局,实现国际化战略

随着互联网信息技术的迅猛发展,以移动互联网主导的商业模式已经席卷产业发展的各个角落,如何完善互联网的产业发展,整合优化"全球化布局"和"区域化经营"的战略,实现战略、文化、人才等方面的创新发展是中国企业对外直接投资的重要挑战。对于新常态下的中国企业来说,应该顺应互联网发展趋势,建立以客户为导向的互联网销售渠道和模式,增强客户的购买体验。同时在境外宣传时,应该强化与当地主流媒体的合作,通过市场需求调查,找准东道国的客户需求点并加强营销投入。通过和各行业有实力的企业联盟,打造产业集群效应来提升自有品牌和国家形象。另外,通过全球化和区域化的战略布局实现不同市场的资源最优配置。根据不同市场的比较优势，将价值链上不同环节的职能部门安排在不同的地点，最终实现企业对外投资的利益最大化。最后，在海外投资中要结合当地市场的政策特点，建立风险管理和评估机制，借鉴当地团体组织和国际机构的经验来学习化解冲突的工作。

☞　**复习思考题**

1. 发达国家企业对外直接投资的理论是如何发展的？简要评述主要理论。

2. 发展中国家企业对外直接投资的理论主要包括哪些内容？其对发展中国家实际对外直接投资的解释性和应用指导性如何？

3. 对外直接投资的方式有哪些？简要评述其特点及优缺点。

4. 简述当前国际直接投资发展趋势及中国对外直接投资的发展状况及对策。

第四章

国际商务之环境视野

☞ **教学目标**

1. 掌握国际商务环境的内涵，了解国际商务环境的划分标准。
2. 认识国际商务在不同的法律体系下受到的影响。
3. 掌握国际商务环境评估的基本方法。

☞ **导入案例**

利比亚僵局令中国企业遭受五大损失

中国企业大规模的投资进入利比亚始于 2007 年。至 2011 年利比亚反对派与政府军大规模正式战乱之前，中国国有企业有 75 家在利比亚承建 50 个工程承包项目，项目涉及金额 188 亿美元。国资委披露的信息声称，目前 13 家央企在利比亚的项目已经全部暂停。中国企业海外项目叫停，从长期看，中国企业将会遭受三方面的主要经济损失：固定资产损失；未收回的应收账款损失；利比亚方恶意索赔损失。利比亚撒哈拉银行已向中国的葛洲坝集团、中国水利水电建设集团、宏福建工等公司针对预付款保函进行索赔，要求五天之内必须给银行方面答复。

资料来源：王金岩.利比亚僵局令中国企业遭受五大损失.华夏时报，2011-04-29.

第一节 国际商务环境概述

一、国际商务环境的概念

商务环境是跨国公司国际投资首先需要考察的因素之一。和谐发展、稳定增长的国际与国内环境是企业所盼望的理想投资条件。中国古代有"家和万事兴"的说法，"家和"是环境，"万事兴"是企业经营预期结果。因此，商务投资环境因素的分析与考察，是跨国公司经营活动所要进行的预判分析与抉择。

国际商务环境是指在国际贸易或国际投资过程中影响企业国际化经营活动的各种相互依赖、相互完善、相互制约的外部条件或因素的总和。国际商务环境有狭义和广义之分。狭义的国际商务环境是指国际投资的经济环境，即一国的经济发展水平、经济发展战略、经济体制、金融市场的完善程度、产业结构、外汇管制和货币稳定状况等。广义的国际商务环境是指除经济环境外，还包括自然、政治、法律、社会文化等在内的对投资发生影响的所有外部因素。

二、国际商务环境的划分标准

商务环境是一个由多种复合因素构成的系统。从不同的角度可以将其划分为不同的类别。

1. 按照对国际商务活动的影响方式来划分

（1）间接环境。间接环境也称一般环境、客观环境或社会环境（social environment）。它是国际企业在国际商务活动中不能回避，又无法控制的各种因素的总和。间接环境因素包括政治、经济、法律、社会文化和技术等。

（2）直接环境。直接环境又称作业环境或任务环境（task environment）。它是指对企业经营活动产生短期且快速影响的各种因素总和。这些因素包括市场环境（如产业、客户、竞争）和事物环境（如供应商、投资者、融资者）等（见图 4-1）。

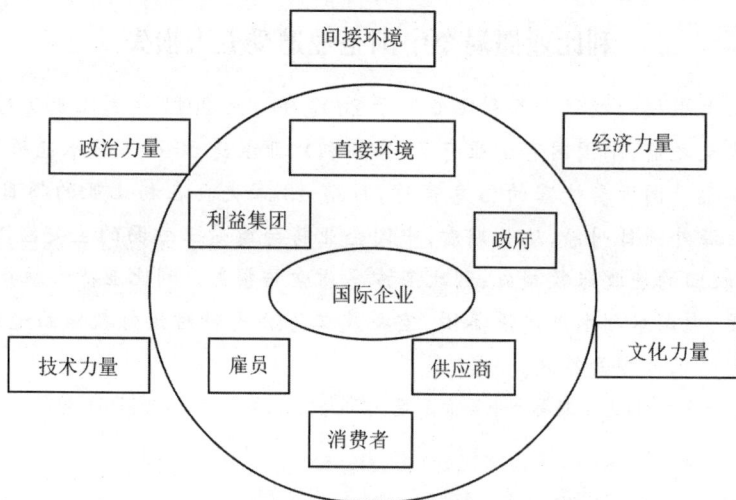

图 4-1 国际商务环境构成

2. 以跨国公司进行国际商务涉及的地理环境范围为基准来划分

（1）国别（内）环境。国别（内）环境又可细分成宗主国环境、东道国环境。宗主国环境是指对跨国公司所属国家内部的政策制度与环境、经济制度与政策、文化传统与习俗等各类母国因素的总和。东道国环境是指企业欲投资或商品贸易欲进入的目标国环境。东道国环境因素包括：目标国的经济发展水平及其发展趋势和经济体制与政策措施等其他投资环境因素的总和。例如，市场规模、基础设施建设、国民生产总值、工农业生产、对外贸易额、国际收支、宗教信仰、社会习俗、法律环境、科技水平等。

（2）国际环境。国际环境是由国别环境以及超越国别环境的跨国政治、法律、惯例和经济等因素组成。国际环境因素不仅对规范企业的国际商务活动有积极的意义,也为企业解决和协调经营过程中的各类矛盾冲突提供了主要依据和工具。

3. 按照国际商务环境之影响范围和层次上的差别划分

（1）宏观环境。宏观环境是制约商务活动发展,塑造国际商务形式的全球范围的政治格局变动与经济发展局势。例如,冷战时期,美苏对峙的两极政治格局曾经是制约全球贸易活动的主要外部政治因素;冷战结束后,经济全球化和一体化成为制约各国经济发展的总体外部因素。

（2）微观环境。微观环境因素是指从事国际商务活动的国别（内）因素。由于国家间在政治、经济体制、文化习俗、法律制度规范上的差别,商务活动的开展必须关注跨国间的国别差异,以及国别间的差异所导致的消费者需求上的差异和市场差异等具体的因素。本教材分析国际商务环境是参照第三种环境分类体系进行的。

第二节　国际商务宏观环境分析

一、全球化背景下的国际商务

（一）理解全球化内涵

处于信息社会的今日世界,全球化是无所不在的社会和经济现象。然而,对全球化的诠释却是角度各异。如,政治学家认为全球化是一个危害国家主权、涌现新型管理制度的过程;国际关系学家关注全球冲突和全球组织的出现;社会学家看重全球文化兴起;经济学家从全球生产和交易活动发生的角度,关注着经济全球化背景下国际贸易发生、资本流动以及跨国公司国际商务活动动向等问题。

考察全球化的角度各异,诠释的内涵也莫衷一是。当前,从经济学视角界定全球化定义的主要有以下人物及主张。

（1）托马斯·弗里德曼（T.L. Friedman）在《凌志汽车与橄榄树——理解全球化》（2012）中,将全球化界定为:资本、技术和信息通过形成单一全球市场并在某种程度上形成地球村的方式,实现跨越国家疆界的一体化。

（2）丹尼·罗德里克（D. Rodrik）在《全球化走得太远了吗》（1997）中对全球化的理解是:各种商品、服务和资本市场的国际一体化。

（3）国际商务学者查尔斯·希尔（C.W.L. Hill, 2012）将全球化视为更加整体化而又相互依赖的世界经济趋势。希尔利用美国人驾驶的汽车生产加工过程形象地说明了全球化下的经济一体化体系。他说,美国的汽车是在德国设计的,零部件是在日本生产的,组装是在墨西哥完成的;汽车的车身底盘使用的是韩国的钢铁,轮胎使用的是马来西亚的橡胶;汽车使用的汽油是由美国炼油厂提炼而成的,而原油是由法国石油公司在非洲海岸开采,并利用希腊航运公司的船舶运送到美国炼油厂的。希尔先生的示例,向我们描述了全球经济一体化生产的联动画面。当生产日趋联合的时候,国家的地理界限日益淡化消失,整个世界日趋变成单一的市场,阻碍商品、服务、资本和劳动力、信息流动的因素逐渐减弱,全球化为跨国企业的壮大提供了发展的外部宏观环境。

(二) 认识全球化的本质：全球化与反全球化

通过对全球化内涵的理解,我们可以发现全球化是一个认识多元化的思维进程,又是一个经济全球化的过程。经济全球化表现为金融全球化、生产全球化、贸易全球化乃至文化消费现象的部分趋同化的多种外在表现形式。趋同化是全球化的特征之一。在趋同化的同时,全球化还存在着另外一种反趋同趋势的反全球化的逆动趋势。这股反全球化的浪潮不可忽视。

反全球化的势力来自多个层面。有意识形态领域中的西方马克思主义理论工作者出于对制度缺陷与人性异化批判的主张论断;有出于维护主权国家和地区经济安全与利益考虑的国家主义者和地区经济一体化倡导者的断言;有出于产业利益与个体生产者利益的行业组织与产业劳动者的权利呼声;等等。也有学者在考察对比当今与过去的世界贸易与投资数据后认为,全球化并不是什么新鲜事物,仅就世界贸易与投资的现状来看,一个世纪前的情况与当今时代几乎没有任何区别。各国边境的开放程度也与一个世纪前大致相同。

(三) 全球化内在的矛盾与国际商务抉择

全球化本质的内在矛盾对国际商务带来了抉择上的影响。一方面,全球化意味着生产、市场上的一体化以及与一体化相对应的产品标准化、规模经济等生产决策;另一方面,在国际商务活动中,反全球化浪潮的存在,意味着国家与个体消费者对单一产品生产与消费模式的抵挡和拒绝。这种逆全球化浪潮的思维流向,迫使企业与生产经营者在企业战略决策过程中要顾及通过本土化生产来满足地区消费者的特性需求,尽力开发出符合国家或者地区消费者需求的个性化产品。

综上所述,全球化对于国际商务的影响首先是关乎企业战略决策上的影响,企业产品是标准化为先还是个性化为先,这是全球化本质中内在的矛盾对国际商务活动抉择的重要影响,由此还衍生出一系列的商务活动中的后续营销设计活动,以及企业组织安排上的战略思考。

二、世界经济局势与国际商务

世界经济发展现状是规定国际商务整体表现力的主要外在宏观因素之一。当世界经济整体处于全球性的经济衰退周期中时,跨国公司试图一枝独秀的发展目标规划变得不切实际,并且要比经济高涨时期艰难得多。因此,认识世界经济发展整体经济周期和世界经济格局安排有助于国际商务活动的顺利进行。构成世界经济运行的方面很多,从宏观层面,主要考察以下关乎世界经济局面发展的重点因素,如世界经济周期、世界经济格局、主导性国家的经济政策、政治局势以及主要经济地理区域的经济发展态势等。

(一) 全球经济发展周期与国际商务安排

1920 年,美国国家经济研究局(NBER)的经济学家将经济周期定义为一国经济活动总量的波动,而这些经济活动总量主要由工商企业的活动构成。一个周期包括扩张期和接下来的整体衰退与收缩,在这之后经济开始复苏并进入下一个经济周期的扩张期。这一系列变化周而复始,但持续时间不确定。经济周期有长有短,处于经济危机时期的社会需求减少,社会生产出现过剩,企业出现存货积压,消费者出现消费信心不足、流动性偏好等心理现象,等等。

对于处于危机中的企业商务活动,需要顺从经济周期的大趋势,或采取扩张性发展,或保持谨慎收敛的战略,要与所处的经济周期的步调一致。例如,日本的京瓷企业在处于经济危机时期,采取减产,将企业主要精力聚集在搞技术研发与技术创新上面,提高企业内部的核心竞争能力,在整体经济危机过后,利用危机时期培育的革新与技术研发,重新在全球市场上占有绝对的竞争优势。

(二) 全球经济格局变迁与国际商务发展

历史上,国际经济格局曾经是制约国际商务与国际贸易安排的主要外部国际因素。例如,冷战时期的两极经济格局曾经制约了国际贸易与商务活动在以美苏形成的两大对阵的社会主义阵营与资本主义阵营中开展。在两极格局之间的商务活动是少之又少的。这就是国际经济格局对国际商务的影响。

经济全球化的发展,消解了两极格局,使国际经济格局向多极化方向发展,一超多强的国际经济格局是当前全球经济格局的特征。一超多强是指美国、日本、欧盟多极势力共同发展的经济局面。美国的经济和军事实力是目前世界上最强大的国家,日本和德国的经济力量虽然大为增强,但在短期内不能取代美国的唯一超级大国地位(见图4-2)。

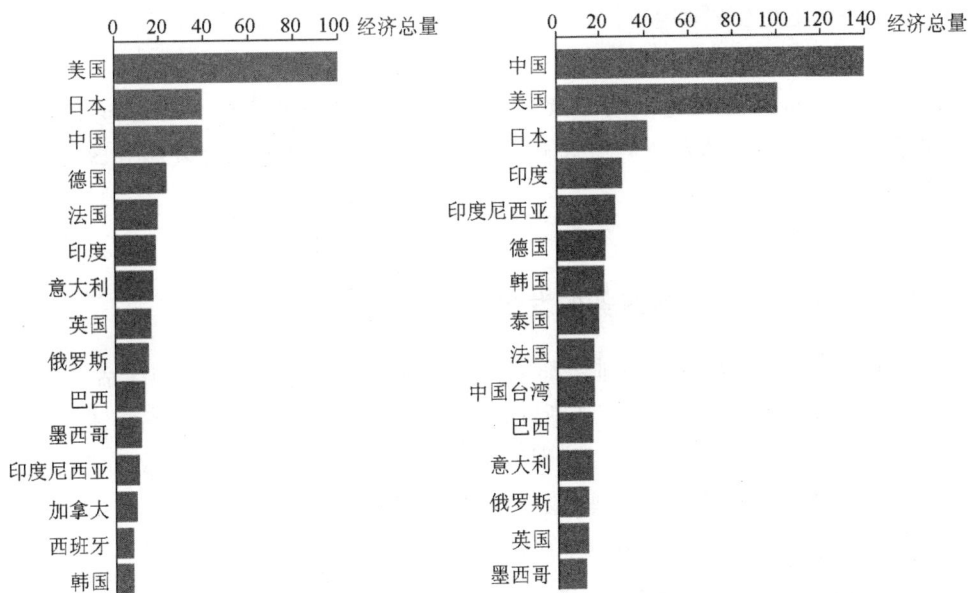

(a) 1992年,前15个最大的经济体,美国经济总量=100　(b) 2020年,前15个最大的经济体,美国经济总量=100

图 4-2　全球经济增长趋势 (1992—2020 年)

资料来源:S. Wall,S. Minocha & B. Rees.国际商务(英文版·第3版).北京:电子工业出版社,2013:4.

☞ **补充阅读**

未来五年世界经济的展望

国际货币基金组织在《2014世界经济展望》中对2014年以及未来五至十年的全球经济增长状况进行了预测，同时指出全球经济发展中的潜在风险。

2014—2019年，美国和其他发达经济体的前景依然比往年更加乐观，因为这些经济体仍然在缩小产出缺口。美国在2014—2019年的年平均经济增长率为2.4%，欧元区的年平均增长率为1.3%。

新兴市场和发展中经济体的增长趋势在2014—2019年会更加明显地放缓。随着中国、印度、巴西和其他国家将从快速、投资密集的"追赶"型成长向成熟的、更加平衡的增长模式转变，这些国家的经济增速会放缓。2014—2019年，新兴经济体的平均经济增速为4.3%。而2020—2025年，新兴经济体的平均经济增速将继续放缓，约为3.2%。

2014年，世界主要经济体仍将面临许多问题，例如结构性缺陷、投资的政策限制和生产增长率低等。全球经济增长中的不确定因素将加剧新兴经济体的风险。新兴市场在逐步减少对美元的依赖，加上本国内的经济结构问题或其他经济发展漏洞，两者结合可能会导致另一轮的全球经济调整。

此外，旧的风险依然存在。风险之一就是欧元区尚未完成的金融体系改革。在某些欧元区经济体中，不完善的货币政策传导机制，企业和政府债务过剩，以及与日本和美国等其他发达经济体相关的财政和金融风险等，这些因素依旧威胁着欧元区的经济健康。

资料来源：李静.2014世界经济展望.中国新时代，2014(1):16.

三、科技进步与国际商务的发展

历史上每一次重大的科技进步都不同程度地改变了人类的生产与生活方式，创造了新的交易活动领域范畴和新的商务活动局面。第二次世界大战以后，科技进步在信息技术上的突破与应用，创造了国际商务网络化的环境。电子商务的出现，改变了传统的贸易方式与流程，对社会的生产和管理、政府职能、政府法规、人们的生活和工作方式带来了巨大的影响，是推动国际商务发展的革命性力量。

（一）信息革命与电子商务

信息技术在商务活动中的应用催生了电子商务业态形式，电子商务以数字化、网络化和信息化为特征。电子商务经济是与传统经济有很多不同的新经济形式。其主要特点是：虚拟化与数字化结合，能够突破时空的限制，促进信息的流动与联动，提高交易速度，节约社会交易成本，提高经济效益。新经济改变了传统经济的资源稀缺要素，使稀缺性生产资源逐步转变成为以信息与知识要素为核心的新稀缺资源要素。

（二）电子商务与国际商务过程的虚拟化

电子商务出现后,电子商务在国际贸易中的运用,使国际贸易经过了从传统的手工商务到 20 世纪 70 年代末的基于 EDI 的电子商务,再到 20 世纪 90 年代后基于 Internet 的商务信息互换阶段。电子商务运用的过程大大改造了传统的国际贸易交易方式与流程,缩短了国际贸易流程,推动了传统的交易方式向虚拟化方向发展。

（三）网络经济下的价值链体系与企业管理创新

网络经济为全球价值链体系的建立创造了前提和依据。1985 年,哈佛商学院教授迈克尔·波特在其所著的《竞争优势》一书中首次提出了"价值链"的概念。他认为企业创造价值的过程可以分解为一系列互不相同但又相互关联的"增值活动",每一项增值活动就是价值链上的一个环节,其总和即构成企业的价值链。早期的价值链理论偏重于从单个企业的角度分析企业的价值活动与竞争优势,其研究的重心在企业内部。直到 20 世纪 90 年代,波特才开始把价值链研究的重心从企业内部转向企业外部,自此价值链的范围开始从单个企业层面向产业层面扩展,并开始研究价值链的空间分布。

价值链学术研究内容从企业内部转向外部,从单个企业转向企业整体的发展趋势,是现实中网络经济运用于企业组织管理的一种体现。价值链系统的出现改变了传统的企业组织竞争优势点：将之从过去的单个企业的组织优势间的点位竞争演变成全产业链上的企业集成优势竞争。并在企业的组织管理形式上,推动了企业的组织形式向全球网络式组织形式演进。

第三节 国际商务微观环境分析

国际商务的中观环境是国际企业欲投资目标国的国家投资环境。各国的经济发展水平、经济体制及经济政策上的差异,导致国别之间的投资机会和投资环境差别很大。准确地评估一国的商业吸引力并做出谨慎的投资和经营决策,需要管理者对一国的经济发展水平和经济潜力做出恰当的评估。当然尚不存在评价一国经济环境和经济潜力的通用方法,但是一些评估经济环境的传统方法被实践证明是有效的。

一、经济环境因素

经济环境包括经济发展水平、经济体制的选择以及体制完善程度等方面的内容,经济环境是影响企业投资活动的主要因素,关系到国际投资及商务运营的成败。

（一）经济体制

经济体制(economic system)是指一个经济体内国民经济的管理制度和运营模式,体现为经济资源的配置机制和经济成果的分配方式。一般而言,世界各国的经济体制被划分为计划经济、市场经济以及混合经济体制三种类型。

1. 市场经济体制

市场经济体制(market economy)发源于自由主义经济思想,由亚当·斯密在 1776 年出版的《国富论》中首次提出。它是以价格机制为资源配置方式的经济体制。主张一切生产资料都归私人所有。生产决策由市场引导,市场通过价格信号将供求信息传给生产者与消费者。在这种经济体制下,由于市场进入的堡垒相对较低,市场竞争也十分激烈。

(1)资本主义市场经济。在资本主义市场经济中,经济资源归私人所有,资源配置由市场主导完成。消费者需求决定了生产者的产出和产量。政府的职能是维护市场秩序和公共安全。通常对市场经济的规定有三项要求,即自由选择、自由经营和价格灵活性。自由选择给人提供了一个可以自由选择交易的机会。在市场经济中,消费者具有自主选择权,很少受到限制;自由经营给公司提供了决定生产哪些商品和服务或在哪些市场进行竞争的权力;价格灵活允许市场价格上下波动以反映供求的变化。

对于鉴定与衡量一个国家的市场经济标准,发达国家各有具体的规定。美国提出市场经济六项标准:货币可自由兑换;劳资双方可进行工资谈判;自由设立合资企业或外资企业;政府减少对生产的控制程度;政府减少对资源配置、企业生产和商品价格的干预;商业部认为合适的其他判断因素。

欧盟提出市场经济五项标准:企业在价格、成本和投入方面的决策没有明显受国家干预;企业有符合国际会计准则的基础会计账簿;产品成本和资本状况没有因为以前的计划经济体系、易货贸易和债务补偿、减免而受到不真实的影响;确保破产法及资产法适用于企业;汇率变化由市场供求决定。

(2)社会主义市场经济。社会主义市场经济是一种在整体资源国有的环境中采取市场配置的经济体制。在国有经济成为我国经济主体的同时,私有和民营经济不断扩大它们在总体经济中的份额。2010 年起,国务院两度出台了《关于鼓励和引导民间投资健康发展的若干意见》(简称"新 36 条"),鼓励民营资本进入传统的国营垄断行业。在对外经济政策领域,中国向民营企业大举下放了对外贸易自主经营权,依照加入世界贸易组织承诺的时间表,先后开放了金融、电信、建筑、分销、法律、旅游和交通等诸多服务领域。立法和行政部门连续制定、修订、废止了 3000 余部法律、行政法规和部门规章,加强了知识产权保护,并进一步完善了投资环境。

2. 计划经济体制

与市场经济体制不同,计划经济体制(command economy)下的社会生产、资源分配、产品消费都由政府或财团事先做出计划,几乎所有计划经济体制都依赖政府的指令性计划。因此,计划经济又称为"指令性经济"。计划经济曾经作为主要的经济制度广泛地被苏联、东欧以及部分社会主义国家采用,作为组织经济运行、配置资源的方式。在这种经济体制下,生产与消费主体缺乏自主性和灵活性,政府部门负责制订指令计划,国有企业负责执行经济计划,居民的消费依靠政府的计划配给。

20 世纪 80 年代后期,部分社会主义国家放弃了计划经济体制转向市场经济体制,成为转型中经济体制与制度实践。这部分国家的经济体制被看作是混合经济体制的一种外在表现形式。处于转型期的国家多采用了三项标准式的改革措施转变传统的经济体制,即放松政府管制、私有化和创建市场经济法律体系的过程。

3. 混合经济体制

混合经济体制(mixed economy)是介于计划经济和市场经济之间的经济体制。在混合经济中,一部分是私有制和自由市场机制,另一部分是国有制和政府计划机制。在混合经济中,政府的社会经济调节功能如下:通过税收、补贴或直接控制价格来调控商品和投入的相对价格;通过收入税、福利支出或直接控制工资、利润、房租等来调节相对收入;通过法律、直接提供产品与服务、税收、补贴或国有化调控生产和消费的类型;通过使用税收与政府开支,控制银行借贷与利息,直接控制价格与收入、汇率来调控失业、通货膨胀、经济增长和支出赤字的平衡等宏观经济问题。因为兼具市场经济与计划经济两种调节经济方式的优点,混合经济体制是现今被各国广泛采用的经济体制,如中国、法国、瑞典等。

☞ 补充阅读

经济自由度指数

经济自由度指数,是由《华尔街日报》和美国传统基金会发布的年度报告,涵盖全球155个国家和地区,是全球权威的经济自由度评价指标之一。所谓"经济自由度"主要包含三个要素:个人的自主、歧视的消除以及竞争的开放。该指数的评价体系包括四个大类、十个小项。

第一类是法律规范:产权、腐败状况;

第二类是政府管制:财政自由、政府支出;

第三类是管理效率:商业自由、劳工自由、货币自由;

第四类是开放市场:贸易自由、投资自由、财务自由。

各个国家与经济体的得分可划分为5个等级,分值越高则意味着经济越自由。其中80～100分意为高度自由,70～79.9分为比较自由,60～69.9分为中等自由,50～59.9分为比较不自由,0～49.9分为极度不自由。各个指标累加后的平均值可以计算出总体系数。美国传统基金会的观点是,具有较多经济自由度的国家或地区与那些具有较少经济自由度的国家或地区相比,会拥有较高的长期经济增长速度和更为繁荣。

2016年2月1日,《华尔街日报》和美国传统基金会公布了全球《经济自由度指数》(Index of Economic Freedom)报告。根据2016年经济自由度指数排名显示,中国香港已连续22年蝉联榜首。中国澳门和中国内地分别排在第37名及第144名。

资料来源:叶蓝,毕方圆.香港连续22年经济自由度全球第一 中国内地排第144名.环球时报,2016-02-03.

(二) 经济发展水平

世界各国经济的首要差别就是经济发展水平。经济发展水平主要涉及经济发展阶段、经济增长速度、经济发展稳定性与协调性、产业结构合理性等因素。在不同经济发展水平下,市场需求能力、消费偏好、预算约束和产业特征各不相同,对国际企业的吸引力和影响程度互有差别。例如,经济发展水平较低的国家,市场发育较差,竞争的规范性和激烈程度较低;商品需求更多地集中于生活必需品,且注重商品的耐用性和价格水平;投资需求更多地倾向于劳动密集型项目。与此相反,发达国家的市场较为完善,竞争也相当激烈;商品需求倾向于中高档产品,注重其款式、性能和特色;非价格竞争比价格竞争更为重要;在投资需求上,资本和知识密集型项目更受欢迎。

1. 经济发展水平的阶段

(1) 经济成长阶段论

美国发展经济学家沃尔特·罗斯托(W.W. Rostow)提出经济成长阶段理论(stages of economic growth theory),将世界各国的经济发展分成六个阶段:传统社会阶段、起飞准备阶段、起飞阶段、趋于成熟阶段、大众消费阶段和超越消费阶段。发展中国家处于前三个经济发展阶段,发达国家处于后三个经济发展阶段。

第一,传统社会阶段。处于传统社会阶段(the traditional society)的国家对物质世界的认识停留在牛顿时代,现代科学技术尚未产生,社会生产主要依靠手工劳动,因而农业居于首要地位。生产能力、消费水平、国民素质的低下严重制约着其社会结构的优化,家族和氏族关系在社会组织中发挥着巨大的作用。中国历史上的各个朝代、中东和地中海文明、中世纪的欧洲都属于传统社会阶段。

第二,起飞准备阶段。起飞准备阶段(the preconditions for take-off)是经济起飞阶段的过渡时期。在此阶段,近代的科学技术知识开始运用于工农业生产。75%以上的劳动力逐渐从农业转向工业、交通、商业和服务业,自给自足的社会开始转向日益开放的社会。出生率有所下降,同时投资增长速度明显高于人口增长水平。农业与采掘业以及社会间接资本投资业成为这一阶段的主导部门,而运输、通信、电力、教育和保健等公共事业也随之开始发展,只是规模有限。

第三,起飞阶段。处于起飞阶段(the take-off)的国家已大致具备了经济快速发展的雏形,各种社会设施与人力资源的运用足以维持经济的稳定发展,农业及各项产业也逐步走向现代化。罗斯托认为,一国经济的起飞需要具备三个条件:有效投资率与储蓄率提升至国民收入的10%以上,出现成长率较高的经济主导部门,具备适宜的政治制度与社会制度。这三个条件构成了一国经济持续发展的能力。

第四,趋于成熟阶段。在趋于成熟阶段(the drive to maturity),国家不仅能够维持经济的长足发展,而且能够把现代化的科学技术应用到大部分经济活动之中。国家产业越发多元,部门结构日趋优化,国际贸易呈现巨幅上涨,高附加值业务不断增多,投资重点逐渐从劳动密集型产业转向资本密集型产业,经济增长开始惠及整个社会。这为企业提供了更多参与国际商务的机会。

第五,大众消费阶段。在大众消费阶段(the age of high mass-consumption),企业的关注点逐渐由供给转向需求,耐用消费品工业逐渐成为主导的经济部门。人们的实际人均收入与可支配收入达到较高水平,奢侈品消费呈现上升趋势,生产者和消费者都开始大量享用高科技的成果。一般而言,处于这一阶段的国家大多有三个目标:一是追求国际地位,二是成为福利国家,三是提高消费水平。

第六,超越消费阶段。罗斯托并未对处于超越消费阶段(the beyond consumption)的社会做出详细的描述,但他认为该阶段的主要目标是提高生活质量。在这一阶段,主导部门将不再是耐用消费品工业,而是以服务业为代表的教育、保健、医疗、旅游、社会福利和文化娱乐等行业。人们将更多地追求时尚与个性,消费模式将变得更加多样与多变。人类社会也不再仅以物质产量的多少来定义社会成就的高低,而是从劳务形式、环境状况、自我实现等多个维度衡量生活质量的优劣。

罗斯托的经济发展六阶段理论对国际商务活动的开展具有一定的指导意义。在传统社会阶段,国家大多处于自给自足的状态,几乎没有进口的需求,生产力低下,少有剩余产品用于交换。在起飞准备阶段,经济发展速度提升,对先进设备与新型技术的进口需求激增,但由于出口的主要是资源和劳动密集型产品,外汇收入有限,往往难以满足进口需求。在起飞阶段,国家出口能力逐渐增强,国际交往范围日益扩大,主要进口资源或劳动密集型产品、资本或技术密集型产品。在大众消费阶段,一个国家的各种资源均得到了有效配置,进口需求与出口能力平稳而均衡地增长。在超越消费阶段,人们不仅关心产品的质量和价格,而且对环境保护、社会交往、精神满足等因素赋予极高的权重。

(2)经济发展阶段指标体系构建

世界经济论坛自2001年以来就在构建全球经济力指标体系,其在《2012—2013年全球竞争力报告》中特别指出,对于那些收入严重依赖矿产资源或廉价劳动力的国家来说,单纯的GDP总量衡量和人均收入还不能实际反映一国的经济发展水平,为此制定了一个综合考察经济发展阶段的指标体系(见表4-1)。

表4-1 经济发展阶段指标体系

	发展阶段				
	第一阶段: 要素驱动型	过渡阶段	第二阶段: 效率驱动型	过渡阶段	第三阶段: 创新驱动型
人均GDP/美元	<2000	2000~2999	3000~8999	9000~17000	>17000
基础条件	60%	45%~60%	40%	20%~40%	20%
增效条件	35%	35%~50%	50%	50%	50%
创新条件	5%	5%~10%	10%	10%~30%	30%

资料来源:世界经济论坛.2012—2013年全球竞争力报告,2013:9.

在经济发展第一阶段中,企业主要依靠开发本国的矿产资源、雇佣廉价劳动力获取竞争优势,其出口结构以大宗商品和初级制成品为主。该阶段行之有效的经济体制、健全的基础设施、稳定的宏观经济环境、健康并接受过基础教育的劳动力大军,构成了一国的核心竞争要素。

过渡阶段是随着生产力水平的提高,生产要素成本逐渐趋高,企业必须依靠改进生产工艺来提高产品质量和生产效率,这就促使企业迈入第二个发展阶段,即效率驱动型。此阶段的全球竞争力主要通过以下方式获得:加大教育和培训力度;提高商品市场流通效率；活跃劳动力市场；培育和完善金融市场；深化对现有技术的应用；扩大国内外市场规模。

当一国经济处于第三个发展阶段时，要素价格会急剧上涨，企业只有依靠独特的技术、新型的产品或服务模式获取竞争优势，市场、技术、品牌和管理等领域的创新构成了助推企业发展的核心驱动力。因此，该报告推出了决定此阶段全球竞争力的两个子项指标：企业的成熟程度和创新能力。

除此之外，美国营销学家菲利普·科特勒将世界各国区分为维持生存经济、原材料出口经济、工业化经济和工业经济四类不同经济发展程度的国家群。这些关于经济发展阶段的划分体系，虽然采用了不同的标准和服务于不同的对象，但是它们所揭示的经济发展阶段与经济结构、收入水平、市场特征的关系是相同的。

（3）按照人均 GNI 划分的国家发展程度类别

依据人均 GNI 划分国家发展水平，首先要区分以下基本概念。

第一，GNI 概念。国民总收入（gross national income，GNI）是一个国家（或地区）在一年内直接参与各种生产活动的生产要素收入的总和，是衡量和判断经济发展最常用的指标之一，也可衡量一国居民总的年收入水平。表 4-2 显示了 GNI 世界排名前十位的国家。GNI 数据统计包括国内生产和国外活动产生的收入，具体劳动者报酬、业主收入、公司利润、利息和租金等。

表 4-2　GNI 世界排名前十国家

排　名	国　家	GNI/亿美元	排　名	国　家	GNI/亿美元
1	美国	157346	6	英国	24185
2	中国	77489	7	巴西	23111
3	日本	61058	8	意大利	20613
4	德国	36039	9	印度	18904
5	法国	27429	10	俄罗斯	16227

资料来源：The World Bank. World Bank Development Indicators 2013. http://www.worldbank.org.

第二，GNI 人均量。GNI 绝对量能够反映一国经济发展的大致水平。但是做国家之间富裕程度的比较分析时，还需要参考人均 GNI 数据。例如，美国、德国和中国按照 GNI 计算排名位次都很靠前，但是人均 GNI 数据显示瑞士、卢森堡等国家的位次要高于上述 GNI 绝对量较大的国家。2013 年中国的经济总量跃居成为世界第二，俨然成了经济大国，然而按照人均 GNI 计算，根据世界银行发布的"全球人均 GNI"排行榜，中国在全世界的排名仅为 114 名（2011 年）、112 名（2012 年），深深陷入了"中等收入陷阱"。

作为反映人均经济效益程度的人均国民收入在计量方式上是以一国的国民总收入总量除以人口数量。在计算人均 GNI 时，应先把一国的 GNI 按照当前汇率转换成为标准货币（如美元），而后除以总人数。

第三，GNI 增长率。GNI 增长率是动态地描述经济潜力的主要指标，强调的是一国或地区可能出现的商机。如果 GNI 增长率超过人口增长率,说明生活水平在提高,反之则是降低。GNI 增长率预示着可能出现的商机。改革开放 30 年来的中国,是全球增长最快的经济体之一,2003—2011 年平均增长速度达到两位数。这种增长速度使中国摆脱贫困的速度和程度超过任何国家,因此吸引了大量外资。

2010 年世界银行根据各个经济体(国家或地区)的人均 GNI 水平,将经济体分为四大组:低收入经济体为 1005 美元或以下者;中等收入经济体在 1006~3975 美元;中高收入经济体在 3976~12275 美元;高收入经济体为 12276 美元或以上(见表 4-3)。

表 4-3 2010 年全球人均收入水平分组

人均收入水平/美元	收入组别	人均收入水平/美元	收入组别
≥12276	高收入经济体	1006~3975	中等收入经济体
3976~12275	中高收入经济体	≤1005	低收入经济体

根据这一划分标准,企业管理者将中低收入的国家称为发展中国家,这些国家的人均收入比较低,人民生活水平不高,获得的产品和服务也非常有限。根据世界银行的报告,世界上现有 151 个发展中国家,拥有全球近 55 亿的人口。发展中国家中比较富裕的国家,如中国、印度通常被称为新兴经济体(emerging economies)。虽然目前以美国、日本、欧盟为主的经济体依然是世界经济的重要引擎,但新兴和发展中经济体对世界经济增长的贡献率却是不断上升的。2008 年,以中国、巴西、俄罗斯和印度为代表的"金砖四国"对世界经济增长的贡献率超过 50%;由中国、阿根廷、澳大利亚等 11 个重要的新兴工业国家和八国集团以及欧盟构成的 G20,占据了全球国民生产总值近 90%、世界贸易的 80%。新兴经济体的发展已经成为国际社会一支不容忽视的重要力量。

(4) 人类发展指数(HDI)

人文环境包括人口规模、人口密度、地理分布、城乡差别、人口增长率、性别比例、年龄比例、家庭结构、人口流动性等。人文环境的好坏对国际商务投资决定的影响至关重要。人类发展指数(human development index,HDI)是衡量人文环境的主要参考依据。

HDI 包括对以下三项内容的衡量:寿命,以出生人口的平均寿命衡量;教育,以成人识字率和小学、中学、大学的毛入学率衡量;生活标准,以 PPP(Purchasing Power Parity,购买力平价)表示的人均 GNI 衡量,以美元为单位。

HDI 取值范围为 0~1,得分低于 0.5 的国家被联合国列为人类发展不足的国家,即生活质量低下;得分在 0.5~0.8 的国家被列为人类发展一般的国家;得分超过 0.8 的国家被列为人类发展充分的国家。

据联合国 2011 年公布的部分国家或地区人类发展状况显示,美国、日本、德国、中国香港等属于高度人类发展国家或地区,巴西、中国、俄罗斯、南非等属于中度人类发展国家,而巴基斯坦、坦桑尼亚、卢旺达等则属于低度人类发展国家。根据国际货币基金组织统计的 GDP(2010),中国按照国际汇率计算的 GDP 已经超过日本名列第二,相当于美国的 39.3%;按 PPP 计算的 GDP 已经达到美国的 69%;中国内地以国际汇率计算的人均

GDP 仍旧相当落后，低于世界平均值 8985 美元，位于所统计的 182 个国家中的第 95 位，为 4283 美元，中国香港以国际汇率计算的人均 GDP 与欧盟平均水平持平；同时，中国内地以 PPP 计算的人均 GDP 稍好，但仍旧落后，位于所统计的 182 个国家中的第 93 位，世界平均为 10725 美元，但是以国际汇率计算相比，更接近世界平均值，为 7518 美元，中国香港以 PPP 计算的人均 GDP 位居世界前列。

（5）绿色 GDP

GDP（gross domestic product）是指一个国家或地区在一定时期（通常是 1 年）内本国常住居民所生产的最终产品和劳务的市场价值总和。国内生产总值可以从整体上反映一个国家或地区总的经济发展水平、需求层次和市场容量的大小。

随着现代经济的不断繁荣，环境的污染和恶化日趋突出，已经成为制约社会发展和人类生存的重大因素，对世界生态的关注使人们开始号召绿色增长。绿色经济（green economics）理论认为，一个国家的经济是自然界的组成部分，并且依赖于其所处的自然环境。在考评 GNI、GNP 和 GDP 时如果仅仅局限于在经济上的表现，对一个市场活动的计量肯定会有所偏颇。因此，合理利用与测度自然资源和有效保护生态环境便成为 21 世纪人们必须面对的一个崭新而现实的课题，构建以绿色 GDP 为核心指标的国民经济核算指标体系是课题任务之一。于是，联合国经济和社会事务部统计出根据人类可持续发展理论，在修订国民账户体系 SNA（system of national accounts）时，提出了绿色 GDP 这一具有里程碑性质的统计核算新概念，其公式为：绿色 GDP＝GDP－自然资源耗减价值－环境污染损失价值，具体计算方法如下。

$$绿色\ GDP = GDP - 固定资产消耗 - Dc$$
$$= NDP - 环境耗减成本 - 环境恶化成本$$

（公式 4-1）

其中，NDP 为一国内生产净值；Dc 为环境资产消耗。

绿色 GDP 核算的目的是为了正确描述和客观反映人类真实的经济活动成果，刻画出人类的可持续发展进程，其优于传统核算指标的原因在于考虑了人类经济活动所带来的外部不经济性，即考虑了资源耗竭和环境污染。

2. 其他经济特征指标

（1）国际竞争力评估

国家竞争力（national competitiveness）是衡量一个国家的生产力水平高低的重要参考，表现为一个国家在国内外商品和服务领域的生产能力。国家竞争力是由软实力和硬实力共同决定的。一个国家的人力、自然、资本、技术等资源作为硬实力从根本上决定了其生产能力，而文化和制度作为软实力是硬实力乃至竞争力得以充分发挥的保障。这两大实力确立了一个国家的企业在国际商务中的竞争地位。

1979 年以来，总部设在瑞士日内瓦的世界经济论坛（World Economic Forum，WEF）每年发布一份全球竞争力报告。自 2006 年起，该论坛开始启用由哥伦比亚大学夏威尔·萨拉-伊-马丁（Xavier Sala-i-Martin）教授开发的全球竞争力指数（global competitiveness index，GCI），更为系统和全面地针对国家竞争力展开评估。该指数体系由 113 个变量组成，可以归类为 12 个大项，具体包括：① 体制；② 基础设施；③ 宏观经济的稳定性；④ 健康和基础教育;⑤ 高等教育和培训;⑥ 商品市场效率;⑦ 劳工市场效率;⑧ 金融市场成熟度;⑨ 技术成熟度;⑩ 市场规模;⑪ 商业成熟度;⑫ 创新。

2015 年 9 月 5 日,世界经济论坛发布了《2015—2016 年全球竞争力报告》,此份年度报告对全球 140 个经济体在促进生产力发展与社会繁荣方面的"全球竞争力指数"进行考量与排名。2015—2016 年度十强经济体是:瑞士连续第七年排名榜首,在全部 12 项指标上均取得优异得分,表现出强大的风险抵御能力,这也帮助该国成功渡过本次经济危机的冲击。新加坡和美国排在第 2 和第 3 位。德国上升一位至第 4 位。荷兰经历三年下滑后重回第 5 位。日本和中国香港表现稳定,分列第 6 和第 7 位。芬兰下降至第 8 位,是该国历年最差排名。紧随其后的瑞典和英国排在第 9 和第 10 位(见表 4-4)。

在亚洲排名上,新加坡、日本、中国香港排名未变,稳定在全球十强行列。中国排在第 28 位,与上一年持平,继续领跑金砖国家,仍是全球主要新兴市场中最具竞争力的经济体。报告建议,中国要想在全球排名中继续向上攀登,需进一步向可持续发展的经济模式转型。

表 4-4 2015—2016 年全球竞争力十强经济体

排　名	经济体
1	瑞士
2	新加坡
3	美国
4	德国
5	荷兰
6	日本
7	中国香港
8	芬兰
9	瑞典
10	英国

资料来源:世界经济论坛.2015—2016 年全球竞争力报告,2015:7.

(2) 公共债务

公共债务是政府金融债务的总和,是测量政府向本国人民、外国企业、外国政府和国际机构的借款。对于国际商务活动来说,一国债务越高,经济越动荡,公信力越低,投资风险也越大。当前受次贷危机的影响,西方国家采用的赤字财政的经济政策,全球经济出现了巨大的债务风险(见图 4-3)。公共债务分为两部分,国内债务(internal debt)和国外债务(external debt)。在国内债务增长时,政府面临调整政策的压力,往往采取通胀来抵减负债实际数量;对于消费者来说,内债增加预示着税收的增加;对投资者和企业来说,内债增加降低了经济增长率,一国经济的不确定性增加。外债是政府向国外债权人借款时产生的债务。国外的债务利息和债务本金须以货币形式支付,因此,债务国将可能将本国货币转化为债权国的货币,或出口商品到债权国以换取外国货币。一般说来,适度的外债规模可以加速一国的经济增长,而超出国力承受极限的外债则可能影响到一国的进出口和国际收支平衡表,甚至严重影响该国的经济增长。

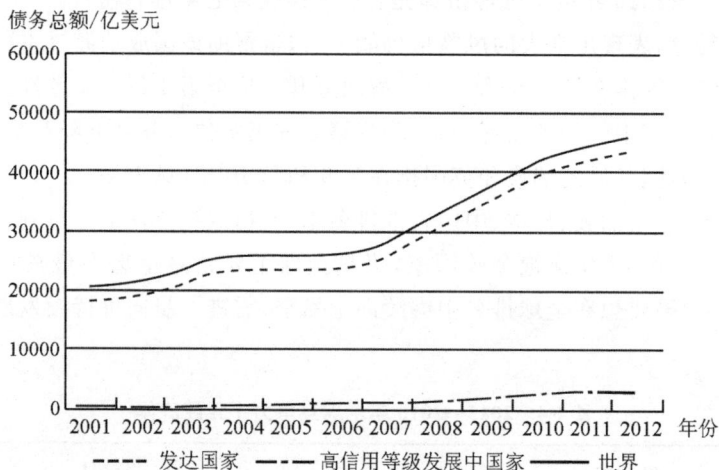

图 4-3　2001—2012 年世界不同国家政府债务总额走势

资料来源:罗蔚,赵凤.主权国家政府债务的分析方法和应用案例点评.债券,2012,11:64-68.

次贷危机发生后,中国政府的扩张性经济政策,造成中国内债增加。社会科学院2013 年发布的中国首份题名为《中国国家资产负债表 2013》的资产报告。报告指出:2012 年中央与地方政府加总债务接近 28 万亿元,占当年 GDP 的 53%,中国企业部门杠杆率已达到 113%,超过 OECD 国家 90% 的阀值。

☞ **知识拓展**

主权债务危机

　　主权债务,是指主权国家以自己的主权作担保,通过发行债券等方式向国际社会所借的款项。由于主权债务大多是以外币计值,向国际机构、外国政府或国际金融机构借款,因此,一旦债务国家的信誉评级被调低,就会引发主权债务危机。2009 年 12 月,全球三大评级公司标普、穆迪和惠誉下调希腊的主权债务评级,希腊的主权债务危机由此引发。此后欧洲多个国家也开始陷入危机,PIIGS(葡萄牙、意大利、爱尔兰、希腊、西班牙)的信用评级被调低,经济下滑,债台高筑,失业率持高不下,整个欧洲面临严峻考验。

　　主权债务危机除了会引发社会动荡,抑制社会消费以及严重打击市场信心,影响投资环境外,更为重要的是其对经济的影响将是长期的,并可能会严重损害一国经济的基础。因此,一个国家或地区一旦发生主权债务危机,可能意味着该国或地区短期内将不宜成为国际商务活动的目标市场。

（3）通货膨胀

通货膨胀是反映经济状况和金融政策的综合指标。通货膨胀对市场需求有较大的影响，理论上说，通货膨胀是由于货币供给大于货币实际需求，导致货币贬值，而引起的一段时间内整体物价水平持续而普遍的上涨现象。其实质是总需求速度超过总供给速度，因此，导致价格上涨速度超过收入增长速度。

从实际上说，通货膨胀可以影响利率、汇率、生活成本、公众经济信心，因此投资者应关注通货膨胀率。对消费者而言，通货膨胀能够刺激人们的消费心理，导致抢购风潮的发生。对企业而言，由于各国货币体系和经济政策差异，各国有不同的通货膨胀率，通胀率的差异可以影响企业产品和资金的国际转移，使企业的成本控制和定价决策变得更加复杂化。通货膨胀对不同阶层中社会群体的经济影响不同，通胀使低收入居民实际可支配收入减少，使得依靠固定薪金维持生活的职员、工人的福利受到侵害，唯有社会群体中的高收入人群可以凭借手中资产价格（土地、商品等）的上涨来抵御通货膨胀的损失，并可能在通货膨胀中获益（见图4-4）。

图 4-4　通货膨胀对不同收入群体的影响

图片来源：Inflation Discussed. Monty Pelerin's World. http://www.economicnoise.com/2011/02/07/inflation-discussed/.

☞ **知识拓展**

通货膨胀原因与衡量

西方经济学家对于通货膨胀的原因，提出了三种解释。一是货币数量论，认为通货膨胀是一种货币现象，货币供给数量大于客观需求量；二是市场供求决定论，从供需失衡的角度解释通货膨胀的原因；三是从经济结构因素变动的角度来说明通货膨胀的原因。如生产能力不足，技术停滞和竞争因素引起的成本上升、投资和消费预期发生变化等，带来通货膨胀问题的发生。

通货膨胀通常由消费价格指数（CPI）来衡量。价格指数是用来描述整个经济中的各种商品和劳务价格的总体平均数，即经济中的价格水平。消费价格指数可以表明：对于普通家庭的支出来说，购买有代表性的一组商品，在今天要比在过去某一时间多花费多少货币数量。需要注意的是，国际上公布的有关价格指数，其计量所用的公式和选择的因素是不尽相同的。在欧盟，通货膨胀的衡量指标是消费者价格调整指数（harmonized index of consumer prices，HICP）；在美国，通货膨胀的衡量指标是消费者价格指数（consumer price index，CPI）。两者的区别在于HICP包括了农村人口，但不包括业主自用房产。因此，企业决策者必须注意机构报告中的经济数据内涵。

（4）收入分配衡量指标

一是基尼系数（Gini index）。

基尼系数是国际上用来考察居民内部收入分配差异状况的重要分析指标。基尼系数是一个比例数值，取值在 0～1，基尼系数为 0 说明收入分配是完全平均的，表明所有家庭都平等地分享资源；基尼系数为 1 说明收入分配是完全不平均的，表明资源都被一个家庭占据。因此，基尼系数越接近 0，说明一个国家或地区的收入分配越接近于平均，收入分配越不平均，基尼系数就越高。

在发达国家当中，美国的贫富收入差距非常严重，根据美国国会预算局的报告显示，1979—2007 年，美国最高收入人群中有约 1％人口平均税后家庭收入上升了 275％。处于收入梯队最底层的人口平均税后家庭收入增长仅为 18％，美国基尼系数已经由 20 世纪 70 年代中期的 0.316 上升到 21 世纪初的 0.387。

二是中国的城乡经济结构与收入分配差别。

中国的城市与乡村的二元经济结构是导致收入差距的重要原因。中国现阶段反映收入分配差异的基尼系数为 0.46，收入分配相当不均，但是我们从城乡分别来看，城市的基尼系数是 0.34，农村的基尼系数是 0.37，城乡作为两个部分各自差距不是很大，但是把城乡综合在一起就达到 0.46，这说明主要是城乡差距造成了基尼系数的扩大。

☞ **补充阅读**

国际商务信息的来源渠道

跨国公司所需的经济环境信息可以从下述渠道中获得。

（1）政府机构。如本国政府在外国的官方办事机构（如商务处）获得各国的有关商务信息。

（2）国际组织。许多国际组织都定期或不定期地提供一些市场信息。例如，国际贸易中心（International Trade Centre，ITC）、联合国（United Nations）同其下属的粮食及农业组织（Food and Agriculture Organization，FAO）、经济合作与发展组织（Organization for Economic Cooperation and Development，OECD）、联合国贸易和发展会议（United Nations Conference on Trade and Development，UNCTAD）、联合国欧洲经济委员会（UN Economic Commission for Europe，UNECE）、国际货币基金组织（International Monetary Fund，IMF）。

（3）行业协会。许多国家都有行业协会，许多行业协会都会定期收集、整理、发布一些有关本行业的产销信息。行业协会经常发布和保存详细的有关行业销售情况、经营特点、增长模式及类似的信息资料。此外，它们也开展自己行业中针对各种有关因素的专门调研。

（4）专门调研机构。这里的调研机构主要指各国的咨询公司、市场调研公司。这些专门从事调研和咨询的机构经验丰富，收集的资料很有价值，但一般收费较高。

（5）联合服务公司。这是一种收费的信息来源。它们由许多公司联合协作,定期收发对营销活动有用的资料,并采用订购的方式向客户出售信息。

（6）大众传播媒介。电视、广播、报纸、互联网、期刊、书籍、论文和专利文献等类似的传播媒介,不仅含有技术情报,也含有丰富的经济信息,对预测市场、开发新产品、进行海外投资具有重要的参考价值。

（7）商会。商会通常能为国际营销调研人员提供的信息有:它们成员的名单、当地商业状况和贸易条例、有关成员的资信以及贸易习惯等内容。

（8）银行。银行尤其是国际性大银行的分行,一般能提供下列信息和服务:有关世界上大多数国家的经济趋势、政策及前景,重要产业及外贸发展等方面的信息;某一国外公司有关商业资信状况的报告;各国有关信贷期限、支付方式、外汇汇率等方面的最新情报;介绍外商并帮助安排访问。

（9）官方和民间信息机构。许多国家政府经常在本国商务代表的协助下提供贸易信息服务,答复某些特定的资料查询。另外,各国的一些大公司延伸自己的业务范围,把自己从事投资贸易等活动所获得的信息以各种方式提供给其他企业,如日本三井物产公司的"三井环球通信网"、日本贸易振兴会的"海外市场调查会"等(见表4-5)。

表 4-5　二手资料的来源渠道

国际贸易
《国际贸易统计年鉴》(联合国)
《出口百科全书》(邓白氏)
美国国家贸易数据库(NTDB)
国家信息
《行业统计年鉴》(联合国)
《统计年鉴》(联合国,每月通过《统计简报》更新)
《欧洲年鉴》
《经济合作与发展组织经济调查》
《国家报告》(经济情报中心)
《人口年鉴》(联合国)
《联合国教科文组织统计年鉴》
《世界事实录》(中央情报局)
国际营销
《欧洲营销资料与统计》(欧洲观察 www.euromonitor.com)
《国际营销资料与统计》(欧洲观察 www.euromonitor.com)
《欧洲消费者》(欧洲观察 www.euromonitor.com)
《国际商业手册》(霍沃思出版社)
外国公司名录
《国际进口商名录:欧洲》(Interdata)
《穆迪国际手册》(穆迪投资者服务中心)
《国际贸易要义》《世界营销名录》(Dun & Bradstreet)
《欧洲公司 15000 强》(ELC 出版社)

资料来源:改编自中国教学案例网。

二、法律环境因素

世界上比较常见的法律体系大致包括两类：以英美国家为代表的英美法系和起源于古罗马的大陆法系。法律体系（legal system）也称"法的体系"，是指由一国现行的全部法律规范，按照不同的法律部分分类组合而形成的一个呈体系化的有机联系的统一整体。目前，有代表性的世界法律体系有三种：英美法系、大陆法系和神权法系。

（一）英美法系（common law）

英美法系又称普通法系或海洋法系，该法系最早源于11世纪的英国，后也被英国殖民统治的国家或地区广泛采用，主要包括英国（苏格兰除外）、美国（路易斯安那州除外）、加拿大（魁北克省除外）、澳大利亚、新西兰、印度、巴基斯坦、新加坡、南非等国和中国香港。

普通法主要包括传统、判（或先）例、惯例三方面的法律制度。根据约翰·J.怀尔德（J. J. Wild）的解释，传统是一国的法制史；判例是法庭审判过的以往案例；惯例是在具体形式下适用的法律方式。普通法系本着"遵循先例"的原则（即基于先前习惯、惯例和裁决所确定的判例），其法律体系有很强的历史追溯性。审判中采取当事人主义和陪审团制度，注重司法程序；立法精神的宗旨是：除非某一项目的法例因为客观环境的需要，或为了解决争议需要以成文法制定，其他法案的裁决一律根据过去对于类似项目的习惯、判例进行审理判决。

通常普通法系国家的商务合同比较冗长，由于要考虑到许多可能发生的偶然性以及一旦发生纠纷所适用法律的各种可能的解释。公司要花费大量的时间和金钱来制定清晰的合同并取得法律方面的服务。

（二）大陆法系（civil law）

大陆法系又称罗马法系、成文法系、民法法系或罗马-日耳曼法系。该种法系起源于古罗马，是世界上最为广泛采用的法律制度之一。大陆法系形成于欧洲大陆，以法国和德国为代表，欧洲的意大利、瑞士、奥地利、比利时、荷兰、卢森堡、西班牙、葡萄牙等国家，整个拉丁美洲，非洲部分国家，亚洲的日本、伊朗、印度尼西亚、泰国、土耳其等国家以及美国的路易斯安那州，英国的苏格兰，加拿大的魁北克省都属于大陆法系。

大陆法系以一整套详细的法律条文和法规所组成的法典为基础，其特征是看重成文法（written law）又称制定法（statute law）的作用。大陆法在结构上强调系统化、条理化、法典化和逻辑性，运用几个大的法律范畴，把各种法律规则分门别类地归纳在一起。相对于英美法系而言，大陆法系的灵活性相对有限，法官只有使用法律的权力，不像英美法系，法官有解释法律的权力。大陆法系的对抗性比普通法系要小，因为相对来说它往往不太需要根据传统、判例和惯例来对法律进行解释。由于所有的法律条款都被编入法典，合同各方只需遵循法典中所涉及的具体规则即可。所有的义务、责任和特权都直接按照相关的法规来执行。因此，公司花在法律事务上的时间和金钱也较少。

（三）神权法系（religious or theocratic law system）

宗教法律体系又称神权法体系，是指以宗教教义为基础的一种法律制度。宗教法律体系的形成过程受到先知启示的强烈影响，最终形成了整套体系的宗教信仰、伦理规范、道德价值观。除基督教、佛教以外，世界上较有影响力的宗教体系有印度教、犹太教和伊斯兰教等。其中，伊斯兰教法是最为广泛传播的宗教法律体系。

在伊斯兰教盛行的国家中从事商业活动，要注意遵守伊斯兰教的宗教法规。伊斯兰教规定禁止商业银行和机构收取和给予资本投资的利息，这被看作是违法商业行为。因此，银行的盈利只能通过收取资金的行政管理费用或者通过购买公司的股票来分享利润或转移风险和损失。

第四节　国际商务环境评估方法

国际商务环境评估是对两个或多个商务投资环境近似的国家，进行投资决策前所要进行的微观量化性的分析与研究。通过对比国别间的具体微观环境变量，各类评估方法均试图给予环境因素一个客观的、可操作性的考量。以求帮助投资者做出更加明智、理性的投资决策。具体的国际商务评估方法很多，代表性的方法有以下几种。

一、冷热比较分析法

冷热比较分析法，也称冷热国对比法或冷热法。1968 年，美国学者伊西阿·利特法克（I.A. Litvak）和彼得·班廷（P. Banting）发表了《国际商业安排的概念构架》一文，提出通过七种因素对一国商务环境进行综合比较分析的方法，产生了商务环境的冷热比较分析法。所谓的七种因素分别是政治稳定性、市场机会、经济增长成就、文化一体化、法律阻碍、实体阻碍、地理文化差异。在上述七种环境因素中，前四种因素的程度高为热环境，后三种因素的程度高则为冷环境。评价结果为热国表示其商务环境优良，冷国则表示其商务环境欠佳（见表 4-6）。

表 4-6　冷热国对比分析

因　素	冷	热
政治稳定性	不稳定	稳定
市场机会	机会小	机会大
经济增长成就	发展速度慢、水平低	发展速度快、水平高
文化一体化	文化多元化	文化一体化
法律阻碍	法律复杂多变	法律稳定
实体阻碍	自然环境差	自然环境好
地理文化差异	文化差异大	文化差异小

为了更好地说明投资环境的评价方法，利特法克和班廷从美国商人的立场出发对加拿大、德国等八国的商务环境进行了冷热比较分析，建立了直观形式的冷热比较表（见表4-7）。冷热法是作为早期的一种投资环境评估方法，为日后国际商务环境评估方法的形成和完善奠定了基础。

表 4-7　世界多国冷热分析比较

国　别	因素 冷热度	政治 稳定性	市场机会	经济 增长成就	文化 一体化	法律阻碍	实体阻碍	地理 文化差异
加拿大	热或冷	大	大	大	中	小	中	小
德国	热或冷	大	中	中	大	小	小	小
英国	热或冷	大	大	大	大	中	小	中
日本	热或冷	大	大	大	大		中	
希腊	热或冷	小	中	中	中	大	大	大
西班牙	热或冷	小	中	中	中	小	中	大
巴西	热或冷	小	中	小	中	大	大	大
南非	热或冷	小	中	中	小	大	大	大

资料来源：贾建华，孙莹.国际商务教程.北京：首都经济贸易大学出版社，2006：35.

二、等级评分法

（一）罗氏多因素评分分析法

1. 方法的提出

国际商务环境等级评分法，又称为等级评分法或多因素分析法。1969 年，美国经济学家罗伯特·斯托伯（R.B. Stobaugh）在《哈佛商业评论》发表了《如何分析国外投资环境》一文提出等级评分法。这种方法从东道国对外国投资者的限制和鼓励政策的角度出发，列举了构成东道国投资环境的八大因素。具体包括币值稳定程度、近 5 年的通货膨胀率、资本外调、允许外国所有权比例、外国企业与本国企业之间的差别待遇与控制、政治稳定程度、当地资本的供应能力和给予关税保护的态度。根据这八个关键项目所起的作用和影响程度的不同，确定了不同的等级分数，又把每一大因素再分为若干个子因素，按有利或不利的程度给予不同的评分，最后把每个因素的等级得分加总作为对其商务环境的总体评价。总分越高，则投资环境越好。

2. 现实评价时应注意的问题

在实际操作中，东道国的投资环境综合评分制低于 70 分，就不能成为理想的投资环境国。此外，在使用这种方法时应该注意几个问题。

（1）影响国际商务环境的八个因素对不同企业的投资和贸易活动的影响程度是不同的。例如，有没有关税保护这一项，对以内销为主的企业至关重要，而对以外销为主的企业则没有多大关系。

（2）各项因素难以适当加权，而且有些因素可能具有决定性作用。例如，某国的商务环境评分为80分，但政治上极不稳定，那么该国的商务环境无论如何不能单纯用这个评分来说明并下结论。

（3）上列评分标准只适合于一般性的商务评估。如果投资产业对某种因素非常敏感，则需要参照其他标准进行评分。

（4）随着时间的推移，商务环境可能发生某些变化，因此，过去的评分结果不一定适用于现在和将来的商务环境分析（见表4-8）。

表4-8　投资环境等级评分表

序　号	考察因素	评分值
1	**币值稳定程度** 自由兑换货币 官价和黑市价之差不超过10% 10%～40% 40%～100% 超过100%	4～20 20 18 14 8 4
2	**近5年的通货膨胀率** 低于1% 1%～3% 3%～7% 7%～10% 10%～15% 15%～35% 超过35%	2～14 14 12 10 8 6 4 2
3	**资本外调** 无限制 有时限制 对资本外调有限制 对资本和利润收入有限制 严格限制 完全不准外调	0～12 12 8 6 4 2 0
4	**允许外国所有权比例** 允许占100%，并表示欢迎 允许占100%，有限度的欢迎 允许占多数股权 允许最多占50% 只允许占少数股权 只允许占30%以下 不准外商控制任何股权	0～12 12 10 8 6 4 2 0

续 表

序 号	考查因素	评分值
5	**外国企业与本国企业之间的差别待遇与控制**	0～12
	对外国企业与本地企业一视同仁	12
	对外国企业略有限制但无控制	10
	对外国企业不限制但有若干控制	8
	对外国企业有限制并有控制	6
	对外国企业有些限制且有严格限制	4
	严格限制与控制	2
	根本不准外国人投资	0
6	**政治稳定程度**	0～12
	长期稳定	12
	稳定,不过依赖某一重要人物	10
	稳定,但要依赖邻国的政策	8
	内部有纠纷,但政府有控制局面的能力	6
	来自国内与国外的强大压力对政策有影响	4
	有政变或发生根本变化的可能	2
	不稳定,极有可能发生政变	0
7	**当地资本的供应能力**	0～10
	发达的资本市场,公开的证券交易	10
	有部分本地资本,有投机性证券市场	8
	有限的资本市场,缺乏资本	6
	有短期资本	4
	对资本有严格限制	2
	资本纷纷外逃	0
8	**给予关税保护的态度**	2～8
	全力保护	8
	有相当保护	6
	有些保护	4
	非常少或无保护	2
总计		8～100

资料来源：赵永宁.国际经济合作.北京：机械工业出版社，2014：22-23.

(二) 闵氏多因素评估法

香港中文大学闵建蜀教授在斯托伯"等级评分法"的基础上提出了"闵氏多因素评估法"和"关键因素评估法"这两种既有密切联系又有一定区别的以国际直接投资为主的商务环境考察方法。"闵氏多因素评估法"将影响投资环境的因素分为 11 类,每一类因素又由一组子因素组成。

闵氏多因素评估法可分为三个步骤：第一步,对各类因素的子因素做出综合评价；第二步,对各因素做出优、良、中、及格、差的判断,按五级打分；第三步,按下列公式计算投资环境总分：

$$投资环境部分 = \sum_{i=1} W_i(5a_i + 4b_i + 3c_i + 2d_i + 1e_i) \qquad (公式 4-2)$$

公式 4-2 中,W_i 表示第 i 类因素的权重;a_i,b_i,c_i,d_i,e_i 表示第 i 类因素被评为优、良、中、及格、差的百分比。

三、风险评估法

(一)国际商务风险的类别

(1)政治风险。国际政治风险指国际格局的变化给国际商务的影响,也包括一国内部政治局势的变化给国际商务经济活动带来的影响。例如,以往冷战时期的两极对抗的国际政治大格局,曾经在第二次世界大战以后将国际商务范畴人为地划分成为社会主义阵营下的国际市场和资本主义阵营下的国际市场,两大阵营之间少有贸易往来与商品交换,这是国际政治格局对国际商务发展影响的现实事件之一。

就国家政治风险来说,它主要指东道国投资环境的变化给海外投资者带来的投资活动损失。东道国的政治风险包括政府行政干预与制裁、无故征用与没收财产、内乱和战争等问题(见表 4-9)。相比较而言,征用给外国企业带来的损失要比制裁和行政干预严重。政府的国有化举措在 20 世纪的 60—70 年代属于流行性的管理本国经济的方式。例如,利比亚于 1969 年接管了美国某跨国公司在其境内的油田,智利于 1971 年接管了所有外国人在其境内拥有的铜矿,伊朗政府于 1979 年国有化了大部分外国企业,瑞典政府于 1980 年国有化了一家外资造船厂,法国政府于 1981 年国有化了一大批外资企业。国有化的做法,我国的外资立法也有规定。1986 年颁布的《中华人民共和国外资企业法》第 5 条规定:"国家对外资企业不实行国有化和征收,在特殊情况下,根据社会公共利益的需要,对外资企业可以依照法律程序实行征收,并给予相应的补偿。"此外,东道国内部的政治内乱和战争,也会对外资企业带来投资上的风险损失。

表 4-9 政治风险因素

等级层次	因　素	表　现
1	总体不稳定性	内部革命、外部侵略
2	征用	国有化、合同废止
3	经营	进口限制、税收、出口规范
4	金融	汇出利润限制、汇率变动

资料来源:S.J. Kobrin. Political Risks: A Review and Reconsideration. *Journal of International Business Studies*, 1979,10(1): 67-80.

中国学者基于对中国企业海外投资活动中风险问题的研究,将我国企业海外经营所面临的风险划分为以下不同的类别。有关企业涉外投资活动中的风险,存在着争取做大而过度造名的风险、跨业经营的风险、异地发展的风险、轻视市场等风险;有企业在对外直接投资中面临外汇交易风险、会计风险等;有企业因突发性政治事件的发生和政府行为直接引起投资目的国投资环境的异动,对投资者的利润和战略目标的实现带来风险性影响。

此外，跨国并购活动中的文化差别引起的人力资源使用过程中的摩擦，也是跨国企业海外经营活动中所要面临的管理风险。

（2）市场风险。市场风险又称市场价格风险，是指由于市价的变化而导致亏损的风险。市场风险主要包括利率风险、汇率风险、商品价格风险和股票价格风险。

（3）环境风险。近年来，环境风险逐渐获得了企业的广泛关注，这主要源于全球性的环保主义思潮提高了公众的环保意识，并使其更加关心人类行为有意或无意造成的环境破坏。环境风险是指企业由于其自身或影响其业务的其他方造成的环境破坏而承担损失的风险。

环境风险不仅包括企业对环境造成的直接影响，还应包括企业与客户和供应商之间的联系而对环境造成的间接影响。项目过程可能并不会导致环境破坏，但产品本身却可能造成环境破坏。直接的环境影响通常比较明显，例如，石油泄漏或排放到河流造成的污染、废气排放产生的空气污染、垃圾处理场的废物倾倒等产生的环境破坏；而间接的环境影响就不太明显，例如，若公司的产品达到了其使用寿命，则产品的处理就会产生环境问题，比如核废弃物。

（4）行业风险。行业风险是指在特定行业中与经营相关的风险。行业风险主要体现在生命周期阶段、波动性和垄断程度等方面。行业风险涉及企业战略决策层面的决定。

① 生命周期阶段。企业生命周期包括起步期、成长期、成熟期及衰退期。生命周期不同，企业面临的市场机会不同，竞争激烈程度也不同，如处于成长期的行业相比处于成熟期或衰退期的行业生存压力要小。

② 波动性。波动性是与变化相关的一个指标。波动性行业是指成长性迅速变化，充满上下起伏的行业。波动性行业会涉及较大的不确定性，使计划和决策变得更为艰难。波动性行业包括电子业、软件业、房地产业和建筑业等行业。

③ 垄断程度。对企业来说，比较好的情况是在一个受保护的行业中处于垄断地位，就像某些国家公用事业公司或国家政府所管理的公司一样。但是，随着大多数国家经济的发展，国家企业私有化，关税壁垒降低，以及新兴行业与成熟公司的相互竞争，这些因素使得垄断地位已经被推翻，而且各行业变得更具竞争性。

（二）国家风险评估法

国家风险评估法是由日本公社债研究所提出的。这种环境评估法的重点是对国家风险的评级。该研究所指出：所谓国家风险，是指某国在吸收国外投资、融资和进行国际贸易过程中，由于政策和经济环境的变化而产生的不能偿还债务或投资者不能收回投资本息的风险。该方法重点研究投资对象国是否存在下列六种迹象：

（1）国际收支恶化，导致外汇短缺，从而实行严格的外汇管制，或不能向海外汇出投资资金、融资本息及分得红利，限制或暂缓到期债务的偿还。

（2）急剧的通货膨胀和汇率波动，导致投资资本大幅度贬值。

（3）当地政权的交替，导致新政府拒绝承担各种旧债务，或者实行国有化、征用、没收等措施，将国外投资商的投资、融资归为新政权所有。

（4）该国国家权力机关实行资本和经营的本国化,限制及禁止外国经营者就业,限制外方的可得利益,对企业实行差别税率和保税制度,实行变相的剥夺。

（5）国内内乱、暴动、入侵和战争,导致当地产业受到破坏。

（6）国际关系和国际形势的变化,导致投资环境发生变化。

目前,日本公社债研究所主要采用专家计分评估法,即专家们在对该国投资环境进行充分的研究后得出评估分数,以确定该国国家风险的级别。

（三）美国通用汽车公司对国际企业的风险评估法

该方法评估的投资风险因素主要有经济因素和政策变更因素。它分四个步骤进行:

（1）由进行投资的子公司对投资对象国做初步的环境评估,内容包括当地的政治、经济、法律、社会等各方面的动态和不稳定因素,以及对未来 10 年(重点放在 1～3 年)的预测,并向母公司总部提交评估报告。

（2）通用公司总部接到报告后,召开各有关职能部门负责人进行讨论,并对投资时投资对象国的环境做深入评估,同时,新投资项目规划开发部和潜在市场分析部经理在对投资对象国进行评估的过程中,若发现问题,有权随时调整种种方案。

（3）成立国际经济管理小组(国际经济管理小组通常是由公司聘请的美国经济专家和政治专家组成的,他们利用自己的社会关系,收集所要的信息),并由通用公司经理管理部门经理负责人,该小组的职能是在接到公司各有关部门呈送的有关投资对象国社会、经济、政治状况的分析报告后,赴投资对象国做实地调查与研究,再将调查结果写成书面报告送通用公司最高管理部门审批。

（4）作为通用公司最高管理部门的决策委员会和经营委员会,根据国际经济管理小组的报告,对投资的战略规划、公共关系和处理方法、劳资双方的交涉原则等做出最后的决策。

四、成本分析法

成本分析法是西方常用的一种评估方法。这一方法把投资环境的因素均折合为数字作为成本的构成,然后比较成本的大小,得出是否适合于投资的决策。英国经济学家拉格曼对此做了深入的研究,提出了"拉格曼(赫尔施)公式",具体如下:

$$利润＝销售收入－基本生产成本－特别生产成本 \qquad (公式 4-3)$$

其中,基本生产成本有两种:

C 为国际企业在本国的基本生产成本;

C' 为国际企业在东道国的基本生产成本。

特别生产成本指国际企业进入外国市场时产生的成本,包括:

M' 为出口销售成本(包括运输、保险和关税等)以及由于母国与东道国的社会文化差异而导致的东道国市场信息成本。

M 为进口销售成本,包括的内容同 M'。

A' 为国际经营成本,是指跨国公司在对外直接投资时由于母国与东道国的社会文化差异而产生的信息成本。

D' 为技术专利成本（包括泄露、仿制等）。指跨国公司在发放许可证后的技术优势损失成本。跨国公司为了保护其技术所有权和防止受证方利用许可证交易得到的技术来同跨国公司竞争而做的努力（如规定许可证协议有关条件）所导致的成本也可以看作是 D' 的一部分。

如果跨国公司的销售对象是外国市场，它就涉及 3 种成本组合：出口成本 $C+M'$、对外直接投资成本 $C'+A'$ 和许可证交易成本 $C'+D'$。跨国公司可以按照下列关系来做决策选择：

(1) 如果 $C+M'<C'+A'$ 且 $C+M'<C'+D'$，选择出口。因为出口比对外直接投资和转让技术专利都有利可图；

(2) 如果 $C'+A'<C+M'$ 且 $C'+A'<C'+D'$，则选择对外直接投资，因为对外投资比出口和转让技术专利有利；

(3) 如果 $C'+D'<C'+A'$ 且 $C'+D'<C+M'$，则选择转让技术专利，因为对外技术转让比对外直接投资和出口有利。

当跨国公司的销售对象是母国市场时，它也涉及 3 种成本组合：在母国的基本生产成本 C；在国外直接投资并进口其产品的成本 $C'+M+A'$；在国外发放许可证并进口其产品的成本 $C'+M+D'$。于是跨国公司可做出如下选择：

(1) 如果 $C<C'+M+A'$ 且 $C<C'+M+D'$，则选择在母国生产；

(2) 如果 $C'+M+A'<C$ 且 $C'+M+A'<C'+M+D'$，则选择国外生产以供进口；

(3) 如果 $C'+M+D'<C$ 且 $C'+M+D'<C'+M+A'$，则向外国企业发放许可证并进口其产品。

后来有学者指出，这种成本之间的比较，忽略了风险等因素。一般来说，对外直接投资的风险远高于出口。两者的差距越大，跨国公司越有可能选择出口方式，而不进行直接投资。因此，这种分析方法存在不足。

☞ **复习思考题**

1. 什么是国际商务环境？国际商务环境是如何划分的？

2. 国际商务宏观环境分析包括哪些方面的分析？分析宏观环境的意义何在？

3. 国际商务微观环境分析包括哪些方面的分析？

4. 国际商务环境评估的基本方法有哪些？

第五章

国际商务之文化视野

☞ **教学目标**

1. 了解文化的多元界定。
2. 掌握霍夫斯泰德跨文化分析模型。
3. 了解文化差异对进行国际商务活动的影响。
4. 掌握在国际商务活动中解决文化冲突的方法。

☞ **导入案例**

本土文化保护与商务战争

2013年5月，受法国文化部委托，皮埃尔·莱斯居尔提交了关于数字时代文化例外 (cultural exception)的报告，就保护和提升法国文化产业影响力建言献策。报告指出，智能手机和平板电脑的崛起，削弱了人们对购买音乐唱片和到电影院看电影的消费兴趣，从而阻碍了文化产业的发展。报告建议，对智能手机、平板电脑和其他用于互联网连接的设备征收1％的销售税，税款用于支持法国文化产业的发展。据称该建议得到奥朗德总统的支持，拟于2014年开始征收。但是，该建议遭到设备制造商的强烈反对和普通民众的抨击。9月，由于总统要求"新税收暂停"(pause fiscale)，法国文化部长菲莉佩蒂宣布智能手机税推迟到2015年。11月23日，菲莉佩蒂在出席阿维尼翁论坛闭幕式时表示，将不再坚持开征争议颇大的"智能手机税"。

法国通过税收来保护和支持文化产业的做法由来已久。2009年，巴黎一家法院就勒令谷歌停止将法国文化作品扫描到谷歌的数字图书馆里，时任总统萨科齐更是毫不客气地称谷歌的举动为"掠夺法国的文化遗产"。2010年初，法国文化部提议向互联网公司征收广告收入税，用以补贴深受非法下载影响的法国文化产业，并提出将所得税款补贴音乐家、作家，并支持在线文化产品交易，同时能让年轻人可以低价购买在线音乐产品。以上举措是法国文化政策的重要组成部分，反映了法国民族主义贯穿于法国文化政策的各个方面。为了保护本国的文化市场，法国政府大力扶持处于弱势的本国文化产业，抵御外来文化尤其是美国文化的侵蚀。

资料来源：丽娜·塞格.法国抵抗数字革命.金融时报，2013-06-06.

第一节　文化的内涵

国际商务活动中的国别差异除了经济水平因素以外，主要差异表现为文化上的迥然不同。文化不像物质形态方面的因素容易测度，它根深蒂固，不是短时间能够改变的因素。因此，文化因素是国际商务活动中企业非常重视的因素之一。美国学者戴维·A.利克斯指出，大凡跨国公司大的失败，几乎都仅仅是因为忽视了文化差异这一基本的或微妙的理解所招致的结果。国外管理学家的经验表明，大约有 35%～45% 的跨国企业是以失败而告终的，其中约有 30% 是技术、资金和政策方面的原因引起的，70% 是由于文化差异引起的。可见，文化问题是影响国际商务主体经营成功与否的重要因素。应当引起足够的重视与关注。

文化是影响个人行为的重要方式之一。文化一词历史久远，内涵模糊而抽象，词义演变复杂且多变。美国文化人类学家洛威尔认为，在这个世界上，没有别的东西比文化更难捉摸。我们不能分析它，因为它的成分无穷无尽；我们不能叙述它，因为它没有固定形状。……正像要把空气抓在手里似的，当我们去寻找文化的时候，除了不在我们手里以外，它无所不在。从词源上看，文化的词义起源于拉丁语 colere 一词。该词的词义包括：居住(inhabit)、栽种(cultivate)、保护(protect)、朝拜(worship)。英语中 culture 一词词义是耕作(husbandry)，或者对自然生长实施管理。德语中与文化近义的 Kultur 一词的词义等同于文明；在 19 世纪的法国人埃米尔·利特雷(E. Littré)编撰的词典中，文化被定义为与农业相联系的耕作与栽培活动。可见，早期的文化一词在英德法国家中的词义等同于农业生产技术与技能。

一、西方的界定

文化作为学术用语，对它的界定西方尚没有求同解。根据克罗伯(A.L. Kroeber)和克拉克洪(C. Kluckhohn)合著的《文化：概念和定义的批评考察》(1952)一书中的考证，从 1871 年到 1951 年，有关文化的定义多达 164 种。在该文献中，两人将文化定义为："文化是一些经由学习及传播而有的反应、习惯、技术、思想、价值，以及所引致的行为。由外显的和内隐的思维和行为模式构成，这种行为模式通过象征符号而获知和传递；文化代表了人类群体的显著成就，包括它们在人造器物中的体现，文化体系一方面可看作是活动的产物，另一方面则是进一步活动的决定因素。"

英国学者泰勒(Taylor)认为，文化是一个复合体，包括知识、信仰、艺术、道德、法规、习俗以及社会成员获得的习惯和能力的复合体。

克利福德·格尔茨则认为，文化是一幅地图、一张滤网和一个矩阵。文化乃是一些由人自己编织的意义之网。马克思·韦伯也认为，人是悬挂在由他自己编织的意义之网中的动物。因此，这里所指的文化是人类主观思想的产物。

威廉斯认为，文化具有三层意义：关于一般思想、精神与美学发展的过程；关于一种特殊的生活方式(关于一个民族、一个时期、一个群体或全体人类);关于知性的作品与活动,尤其是艺术方面的。第三个方面是现在最普遍的文化认识:culture 就是具体为音乐、文学、绘画与雕刻、戏剧与电影等的艺术形式。

1955 年,苏联哲学家编写的《简明哲学词典》(第四版)对文化概念的界定是:人类在社会历史实践过程中所创造的物质财富和精神财富的总和。文化具有广义和狭义两个方面的定义。其广义内涵为,文化是一种社会现象,反映社会发展在一定历史阶段上的技术进步、生产经验和人们劳动技能的状态,教育、科学、文化、艺术所达到的水平。其狭义内涵是,文化就是在一定的物质资料生产方式的基础上发生和发展的社会精神生活形式的总和。

霍夫斯泰德(Hofstede,1984)认为,文化是在一定环境中人们的集体心理程序,文化不是个体的特性,它包含着有特定指向的人群所受到的共同教育和生活经历。他对文化的界定包括两点:文化是特定社会中人们的精神所呈现的全部东西;文化是区分不同地域的群体与人群的思维程序集合。

《大英百科全书》这样界定文化:人类社会由野蛮到文明,其努力所得之成绩,表现于各方面的,如科学、艺术、宗教、道德、法律、学术、思想、风俗、习惯、器用、制度等,其综合体,则谓之文化。

现代人类学家克利福德·格尔兹(C. Geertz)把文化看作是犹如计算机程序一样的用以控制行为的一套控制机制。在他看来,人们正是依赖这样的文化控制机制来对行为发布命令。

西方关于文化界定的表述形式多样,总结归纳有以下共同之处:文化是人为的产物,是人类社会实践的产物;文化承载于人群的活动中,承载于器物、制度规范乃至文学艺术作品,也是人类思维的产物。

二、东方的解读

在中国,"文化"一词,古已有之。"文"的本义,系指各色交错的纹理,有文饰、文章之义。《说文解字》称:"文,错画也,象交文。"引申为包括语言文字在内的各种象征符号,以及文物典籍、礼仪制度等。"化"本义为变易、生成、造化,所谓万物化生,其引申义则为改造、教化、培育等。文与化并联使用,则最早见于《周易·贲卦》之"观乎天文,以察时变;观乎人文,以化成天下"。最先将"文化"合为一词而用的是西汉的刘向,他在《说苑·指武》中写道:"圣人之治天下也,先文德而后武力。凡武之兴,为不服也,文化不改,然后加诛。"晋束皙《补亡诗·由仪》称:"文化内辑,武功外悠。"南齐王融《三月三日曲水诗·序》中云:"设神理以景俗,敷文化以柔远。"中国古代的这些"文化"概念,基本上属于精神文明范畴,主要指封建王朝的"文治教化",往往与"武力""武功""野蛮"相对应,它本身包含着一种正面的理想主义色彩,体现了治国方略中"阴"和"柔"的一面,既有政治内容,又有伦理意义。其次,古代人在很大程度上是将此词作为一个动词在使用。它是一种治理社会的方法和主张,它既与武力征服相对立,又与之相联系,相辅相成,所谓"先礼后兵""文治武功"。

中国学者韦卓民认为,文化是指个人拥有的社会传统及经由个人一股心智精神将其表现于外的社会传统……它(文化)是将社会结合在一起的关联,是使人能与同胞交流的共同语言,是全体经验及社会价值储存、保全及传递的方法。

在《中国文化要义》开篇,梁漱溟就对"文化"进行了这样的界定:文化是吾人生活所依靠之一切。……文化是极其实在的东西,文化之本义,应在经济、政治,乃至一切无所不包。

三、不同文化界定之认识

(一) 对文化研究视角的归纳

中西方关于文化内涵的界定多样,内容丰富,角度繁多。归纳总结如下:

(1) 从文化的共享性和一般性特征来界定文化,文化可等同于人类的物质文明与精神文明。把文化看成是人类创造的总和,是取得多数人认同的一种界定。文化包括人类积累下来的有形的和无形的成果,人类共享的文化具有共享性和传承性。它的演进过程,犹如缓慢的、持续的、像冰河流动一样的、经过冰川时期的文化发展过程,以在其进化过程中发挥主要的指导性作用的方式改变了进化中的人类所承受的选择性压力的均衡。

(2) 从文化特殊性意义上来看文化。文化具有群体性、控制性和反映性的特点。群体性是指它是由个体组成的群体所呈现的共同思维或者行为模式,是一个社会与另一个社会区分开来的人们思维的集体化程序或思维软件。控制性是指文化借着对思维的影响来控制人们的生活方式和行为方式。反映性是指它是对特定的地域、制度、国别、制度、历史等特定的地理、制度、历史等因素的集中反映。

可见,文化是集广义性与特殊性于一体的具有精神属性和物质载体的范畴,可分为广义、狭义和专义三个层次。

(二) 文化内涵的层次性

(1) 广义的文化。广义的文化又称大文化,主张文化是涵盖人类的所有文明成果。大文化具有共享性与传承性。大文化把人类在改造与适应自然界的历史实践中形成的人类共同的物质与精神财富看作是文化。它包括一切历史上与现实中以各种方式呈现的与人类社会历史实践有关的知识与文化,人类历史文化遗产、历史古迹等古代的历史文明和现代的科技。在全球化的视野下,我们认为这是人类共同的文化财富。它具有代际间的传承性和同代人间的共享性。这是文化的普遍性的特征也是文化的广义层面。

《苏联大百科全书》中,广义的文化是"社会和人在历史上一定的发展水平,它表现为人们进行生活和活动的种种类型和形式,以及人们所创造的物质和精神财富"。

《大英百科全书》认为"一般性"的文化是总体的人类社会遗产。美国人类学家维斯拉认为,在历史以及社会科学中,把所有人们的种种生活方式称作文化。中国学者梁启超在《什么是文化》中指出:"文化者,人类心能所开释出来之有价值的共业也",它包括:认识(语言、科学、哲学、教育)、规范(道德、法律、信仰)、艺术(文学、美术、音乐、舞蹈、戏剧)、器用(生产工具、日用器皿和制造它们的技术)、社会(制度、组织、风俗习惯)等。著名学者钱穆在《文化与生活》中认为,文化即是人类生活的大整体,汇集起人类生活之全体。

(2) 狭义文化。狭义的文化又称小文化,主要指人类精神文化方面的创造性成果,它不包括物质生产及其器物性、实体性成果。例如,毛泽东说的"一定的文化是一定社会的政治和经济在观念形态上的反映"等就属于狭义文化。

(3) 专义文化。专义的文化是沿袭传统和现实生活中人们对文化的直观理解,即将文化理解为文学、艺术、音乐、戏剧、舞蹈等为主的艺术文化。例如,人们熟知的我国文化部门所管辖的范围。

狭义的文化与专义的文化包含文化的特殊性与地域性的一面,如通常我们所指的民族文化或地域文化。这种文化的形成往往与种族、民族或地域乃至不同的社会制度的独特性相联系。这一点认识与上述列举观点中的霍夫斯泰德的观点相近,它是区分不同民族与种族的符号与象征。

第二节　比较文化维度模型

文化维度是跨文化研究的基本概念。按照文化的差别性,文化可以分为价值观维度、国别文化维度、时空维度等多种研究视角。

一、跨文化研究中的时空维度

文化的时间维度是指历史的动态性赋予了文化的历史记录性特征。例如,中国古代的兵马俑就是中国古代历史赋予中国文化的一种印记和历史传承,有着鲜明的中国历史特征与文化的烙印。文化的空间维度是指文化携带或传承了地域差异的属性与特征。文化的时空线索通过作用于社会主体——人的自我意识,形成了基于文化构想上的行为模型。

(一) 时间维度

时间是人类在社会实践中自然而然形成的计量工具,是人类社会共有的认知概念和交际手段。不同文化背景下的群体,因群体所处的地理、历史、社会环境不同,思维方式不同,形成的时间观和安排使用时间的方法也各不相同。跨文化研究中关于时间问题的对比研究具体包括以下方面:

(1) 如何看待时间的属性。时间是线性的还是循环的?是有经济价值的还是有无限可获得性的自然之物?对以上问题的不同回答,是区别不同文化界面下群体意识差别的关键问题。

① 线性的时间观念。西方文化通常把时间看成一条直线,是一种线性的单向持续运动的时间观念。他们认为时间是通向未来的通道,可以被分成很多小段、小节。例如,小时、天、周等。时间在西方社会里是一种商品,是有价值的,可以买卖,可以节省、可以浪

费、可以度量。

② 循环的时间观念。东方文化支配下的亚洲人的时间观是连续的、循环的。以农耕为主的农业文化把人和自然界看成是相互联系、相互作用的有机联系的整体。由此产生东方社会天人合一的循环圆周式的时间观念。这种时间观中的时间变化与自然节律是相协调，是始终围绕自身做永恒周期性圆弧式或螺旋式运动的时间计量方式。例如，昼夜交替、季节往复、月份轮流、年龄更迭、植物周期生长、农时劳作更替都有圆周式去而复始的周期性循环运动。

总体而言，欧洲国家、美国、澳大利亚等西方国家是把时间看作是线性的、一去不复返的且有价值性的商品。东方文化视野下的时间是循环往复的自然的一部分，是充分的、大量可获得的事物。

（2）时间利用上的多元时间观（monochronism）和一元时间观（polychronism）。美国学者霍尔（Hall）根据自己的观察，将不同文化下的时间利用分成为两类：一元时间制（monochronic time system）和多元时间制（polychronic time system）。一元时间制对线性的时间进行了科学的分割与计划，在一段时间里只安排一件事，做事讲究效率。多元时间制则是传统农业社会的遗产，习惯于在同一时间内做不同的几件事情。两种时间观之间的对比分析见表 5-1。

表 5-1　一元时间观与多元时间观对比

一元时间观	多元时间观
特定时间只做一件事情	同时做多件事情
集中精力于手头的工作	易分心和受到干扰
对待计划和截止日期十分认真	将计划和截止日期置于次要地位
专心于工作和任务	专心于人和关系
严格遵循计划	经常改变计划
准时观念	准时性取决于关系、条件
习惯短期关系	偏爱长期关系

由表 5-1 可以得到如下的结论：① 一元时间观念的人群，遵守时间约定，视时间有经济价值，习惯对时间进行规划、分配和预先设置；② 多元时间观念的人群，对时间的使用缺少规划，时间使用上随意性很大，在同一时间往往做多个事情，对时间的经济价值意识模糊。

（3）时间导向观的价值取向。表现为对时间的历史记录（过去）、时间的当下事物（现在）、时间未来事物的不同关注。

① 过去时间导向下的文化行动者看重过去事物之于现在的意义，以过去来解读现在。过去时间导向的人群喜欢翻修古建筑，建设博物馆，在学校注重历史课内容的教育。

② 现时时间导向观念的人群注重现时的一切,这种价值观念认为未来不确定,过去已然结束,只有现在是最信实的存在。

③ 未来时间观念导向的文化价值取向为人类能够控制自然,未来是可以预知的。

④ 评论:第一,东方文化下的时间观,着眼于事物的长远和未来,未雨绸缪,始终为将来打算,被西方学者彭迈克称为是"儒家精神动力"的特质之一。它是儒家思想内涵的外化形式。具有长期导向性的文化倾向于面对未来,注重对未来的考虑,对待事物以动态的观点去考察;注重节约和储蓄,做任何事都留有余地。第二,基督教文化认为未来有很多的不确定性,着眼于短期和眼前的利益。认为最重要的是此时此刻。短期导向性的社会和文化,立足于现在,着眼于眼前的利益,注重承担社会责任。

(二) 空间维度

文化的空间维度是指文化的地理空间维度。通常意义上的空间是指三维空间,在三维空间内任何物体都是可以被准确定位的。空间的描述可以是具体的。例如,用国家、城镇等行政区划来对一群人进行空间定位。空间的描述也可以是抽象的,它可以用一组人群的共同特质来描述和描写。例如,教育、宗教和专业关联性特质等。

文化空间性研究始见于 20 世纪 50 年代的人文地理学研究。当时,人文地理学将文化作为问题的核心,将每个人文地理现象从空间、文化生态、文化整合、文化景观的角度进行了系统论述。20 世纪 70—80 年代,文化地理学转向空间层面的研究。文化是现实生活实际情景中可定位的具体现象,是文化地理学在 20 世纪 70-80 年代研究的浓缩。文化地理学不仅研究文化在不同地域空间分布的情况,同时也研究文化是如何赋予空间以意义的。基于上述宗旨,文化的空间维度主要研究以下问题。

(1) 文化布局的空间性。文化布局有空间的特征,布局的差异因空间所处位置的不同而相应的变化。地理学家将文化的区域性分为三类:形式文化区、功能文化区、乡土文化区。分别解释了文化因所处地域、政治和经济强弱因素的变化对文化布局的影响。

(2) 文化变迁的空间性。文化因空间场景内容的变化而出现历史性的改变。影响文化空间场景变化的主要因素是社会生产方式的改变。例如,资本主义文化的特征之一就是生产力进步带来的生产方式的改变,新的生产方式逐渐突破空间的障碍而获得更大的利润。而福特制生产方式的危机以及由此导致社会从现代主义到后现代主义的变迁,本质上是一种时间和空间形式的危机。在这种危机中,各种空间范畴处于支配了时间的范畴。

(3) 文化差异的空间性。文化的空间差异包括地理和空间差异两个方面。前者指不同的地域、区域文化的差异;后者是说文化有着内在的空间差异,不同的文化载体和主体,在创造传播和沿袭文化的过程中,在文化的消费和享用中,在文化的使用中,在文化发挥作用的过程中,形成了一种内在的精神性的空间差异,这种差异更多的是社会发展条件和背景导致的发展差异。

二、文化维度模型：霍夫斯泰德的文化维度论

霍夫斯泰德是荷兰籍学者，在跨文化问题研究上颇有建树。20 世纪 70 年代末就职于 IBM 公司的人力资源部，期间在对 IBM 公司分布在 40 个国家和地区的 11.6 万名员工进行了文化价值观调查和分析，在此基础上出版了 *Culture's Consequence：International Differences in Work-related Values* 一书。书中建构了文化差异的四个指标。

（一）权力距离

权力距离是指一个社会的成员对权威的态度，以及他们所能容忍的社会不平等现象与等级差异的程度。通常在社会公平度较高的社会中，社会组织成员之间的权力距离较小，而在等级社会中，社会组织成员之间的权力距离较大。权力距离指数差异对企业组织管理的影响也是显著的。在权力距离大的社会中，企业多是集权型的，组织结构层次较多，等级森严。在拉丁美洲、东部欧洲以及中东地区，不正式地称呼上级领导或者将上级领导与下属混合在一起都是不合适的。在权力距离大的社会中，大部分决策都是由高层执行官制定的，而后才会逐渐传达到低层次的下属。在这种环境下，首先与高层管理者打招呼就显得至关重要。如果在具有官僚等级结构的国家中开展业务，那么在正式开展业务之前在合作企业中找到对应的人员或者政府中管理这一活动的相关人员是很重要的。

在权力距离较小的文化中，下属对于上级不存在明显的依赖性，企业员工参与决策的程度较高，下属在一定范围享有自主权。例如，在著名的美国皮克斯动画工作室（Pixar Animation Studios），创作主管、导演们与其他工作人员之间没有森严的等级概念，所有动画项目的参与者都可以参与讨论，团队成员都是为了一个创造目标而努力（见表 5-2 和表 5-3）。

表 5-2　权力距离小和权力距离大的社会的关键性区别

权力距离小的社会	权利距离大的社会
较少集权	较多集权
人们之间的不公平应该被限制在最小范围内	人们之间的不公平已经被接受
组织结构扁平	组织结构垂直
下属不喜欢严密的监督	下属愿意接受严密的监督
组织中高层与低层的薪酬差距小	组织中高层与低层的薪酬差距大
特权与地位的象征不受欢迎	特权与地位的象征被人们接受
理想的上司有较少的独裁价值观	理想的上司是仁慈的独裁者

资料来源：G. Hofstede. *Culture's Consequences：International Differences in Work-related Values*. Thousand Oaks, CA：Sage Publishers Inc.，1984.

表 5-3　部分国家或地区权力距离指数排名

指数排序	国家或地区	指　数	指数排序	国家或地区	指　数
1	马来西亚	104	28	韩国	60
2	危地马拉	95	29	伊朗	58
3	巴拿马	94	29	中国台湾	58
3	菲律宾	94	31	西班牙	57
5	墨西哥	81	32	巴基斯坦	55
5	委内瑞拉	81	33	日本	54
7	阿拉伯国家	80	34	意大利	50
8	厄瓜多尔	78	35	阿根廷	49
10	印度尼西亚	78	35	南非	49
11	西部非洲	77	37	牙买加	45
12	南斯拉夫	76	38	美国	40
13	新加坡	74	39	加拿大	39
14	巴西	69	40	荷兰	38
15	法国	68	41	澳大利亚	36
15	中国香港	68	42	哥斯达黎加	35
17	哥伦比亚	67	42	德国	35
18	萨尔瓦多	66	42	英国	35
18	土耳其	66	45	瑞士	34
20	比利时	65	46	芬兰	33
21	东部非洲	64	47	挪威	31
21	秘鲁	64	47	瑞典	31
21	泰国	64	49	爱尔兰	28
24	智利	63	50	新西兰	22
24	葡萄牙	63	51	丹麦	18
26	乌拉圭	61	52	以色列	13
27	希腊	60	53	奥地利	11

资料来源：G. Hofstede. *Cultures and Organizations*. London：Harper Collins Publishers, 1994.

(二) 个人主义与集体主义

个人主义(individualism)是指国家中的个体更愿意以个体的形式、出于个人利益来采取行动。美国学者萨姆瓦认为,个人主义就是个人利益至高无上,一切价值、权利和义务都来源于个人。强调个人价值和个人利益,追求个人感受和私欲至上是个人主义的题中之意。西方学者认为，他们的个体性的观念起源于基督教文明。哈耶克在《通往奴役之路》中认为，由基督教与古典哲学提供基本原则的个人主义，在文艺复兴时代第一次得到充分的发展，此后逐渐成长和发展为西方文明的核心价值之一。

　　集体主义（collectivism）是指集体目标优先于个人目标的社会价值取向。在集体主义社会中，归属于集体、集体优先性是存续于社会个体意识中的思维程序。在集体主义社会中，人们把集体而非个体看成最基本的社会细胞。他们会努力追求社会和谐和相互依赖，会比西方文化更坚持互惠的原则。当社会奉行集体主义时，一个社会整体的需求通常要高于个人自由的需要。如果个人行为被认为与社会利益或者集体利益相违背时，个人行动的权益就会被限制。中国文化是一种集体主义为主的文化，与个人主义文化支配下的社会成员在思想意识上区别较大（见表5-4）。中国文化就其品格而言，是一种以群体特性去解释个人特性的整体主义（holism）文化，蕴含在其中的是一种团体或集体重于个人的运作方式和行为原则。不论集体与个人是否发生利益冲突，一个人都应该压抑、放弃乃至牺牲自我利益，以便更大地增进、保全集体利益。可以说，在集体主义文化中，个体作为具有独立性的利益实体是不存在的。

表 5-4　个人主义和集体主义的关键区别

个人主义	集体主义
每个人关心的只是自己以及自己的家庭	人们出生之后就进入家庭或小群体，并且通过交换忠诚来得到持续性的保护
身体是以个体为基础	身体以一个人所属的社会网络为基础
孩子们以"我"为主题学习和思考	孩子们以"我们"为主题学习和思考
教育的目的是教会人们如何去学习	教育的目的是教会人们如何去做
雇员和雇主的关系是以相互优势为基础的契约关系	雇员和雇主的关系是按照道德观念来理解的，如同家庭成员关系一样

　　资料来源：G. Hofstede. *Cultures and Organizations：Software of the Mind*. London：McGraw-Hill，1991.

　　根据霍夫斯泰德的调查，不同国家和地区在个体指数的大小上存在较大的差别，而且这种差别对于商业活动有不同的影响。其研究还表明：人均国民生产总值高的国家，个人主义的得分也高。美国是世界上个人主义指数最高的国家，美国、英国、澳大利亚等西方国家，强调个体通过自己的努力来实现个人目标和个人的生活方式，相比遵守社会规范，人们更愿意独自做出决策和采取行动。而危地马拉是个人主义指数最低的国家（见表5-5）。

表 5-5 主要国家或地区的个人主义指数

指数排序	国家或地区	指　数	指数排序	国家或地区	指　数
1	美国	91	28	土耳其	37
2	澳大利亚	90	29	乌拉圭	36
3	英国	89	30	希腊	35
4	加拿大	80	31	菲律宾	32
4	荷兰	80	32	墨西哥	30
6	新西兰	79	33	东部非洲	27
7	意大利	76	33	南斯拉夫	27
8	比利时	75	33	葡萄牙	27
9	丹麦	74	36	马来西亚	26
10	瑞典	71	37	中国香港	25
10	法国	71	38	智利	23
12	爱尔兰	70	39	西部非洲	20
13	挪威	69	39	新加坡	20
14	瑞士	68	39	泰国	20
15	德国	67	42	萨尔瓦多	19
16	南非	65	43	韩国	18
17	芬兰	63	44	中国台湾	17
18	奥地利	55	45	秘鲁	16
19	以色列	54	46	哥斯达黎加	15
20	西班牙	51	47	巴基斯坦	14
21	印度	48	47	印度尼西亚	14
22	日本	46	49	哥伦比亚	13
22	阿根廷	46	50	委内瑞拉	12
24	伊朗	41	51	巴拿马	11
25	牙买加	39	52	厄瓜多尔	8
26	巴西	38	53	危地马拉	6
26	阿拉伯国家	38			

资料来源：G. Hofstede. *Cultures and Organizations*. London：Harper Collins Publishers，1994.

(三) 男性化与女性化

男性度高的国家重视收入、社会成就、工作挑战等,男人的社会压力较大,男人的角色应当是果断、顽强,关注事业成功。女性度是指以关心别人、关心生活质量的观念占主导地位的价值国度，女性度高的国家重视员工合作、友好气氛以及员工安全，以人际关系和生活环境来衡量成就，工作压力较小。男性化社会追求的是事业成功的价值取向，女性化社会追求的是生活质量的价值取向（见表 5-6）。

表 5-6　男性化社会和女性化社会的关键性区别

男性化社会	女性化社会
有一些典型的男性职业和女性职业	较少根据不同性别划分职业
男人应该果断、勇敢和拥有雄心壮志	每个人都应该谦逊
女人应该谦逊温顺、注意关系	男、女都应该温顺、注意关系
同情强者	同情弱者
工作压力较大	工作压力较小
较多劳资冲突	较少劳资冲突
强调公平、竞争和成果	强调平等、团结和工作生活的质量
喜欢允许个人取得成就的工作	喜欢允许群体整合的工作
组织利益是干预人们私生活的理由	组织不应干预人们的私生活
相信两性不平等	相信两性平等

资料来源：G. Hofstede. *Culture's Consequences*：*International Differences in Work-related Values*. Thousand Oaks，CA：Sage Publishers Inc.，1984.

日本是世界上男性化程度最高的国家，而瑞典和挪威是男性化程度最低的国家（见表 5-7）。

表 5-7　男性化程度指数

指数排序	国家或地区	指　数	指数排序	国家或地区	指　数
1	日本	95	11	哥伦比亚	64
2	奥地利	79	13	南非	63
3	委内瑞拉	73	13	厄瓜多尔	63
4	意大利	70	15	美国	62
4	瑞士	70	16	澳大利亚	61
6	墨西哥	69	17	新西兰	58
7	爱尔兰	68	18	希腊	57
7	牙买加	68	18	中国香港	57
9	英国	66	20	阿根廷	56
9	德国	66	20	印度	56
11	菲律宾	64	22	比利时	54

续　表

指数排序	国家或地区	指　数	指数排序	国家或地区	指　数
23	阿拉伯国家	53	39	东部非洲	41
24	加拿大	52	40	萨尔瓦多	40
25	马来西亚	50	41	韩国	39
25	巴基斯坦	50	42	乌拉圭	38
27	巴西	49	43	危地巴拉	37
28	新加坡	48	44	泰国	34
29	以色列	47	45	葡萄牙	31
30	印度尼西亚	46	46	智利	28
30	西部非洲	46	47	芬兰	26
32	土耳其	45	48	南斯拉夫	21
32	中国台湾	45	48	哥斯达黎加	21
34	巴拿马	44	50	丹麦	16
35	伊朗	43	51	荷兰	14
35	法国	43	52	挪威	8
37	西班牙	42	53	瑞典	5
37	秘鲁	42			

资料来源：G. Hofstede. *Cultures and Organizations*. London：Harper Collins Publishers，1994.

（四）不确定性回避

不确定性回避是指一种文化中的成员对不确定或不了解的情景感觉到的威胁程度以及所采取的帮助其规避不确定性的信念、行为和潜意识。在不确定性回避程度高的国家中，人们对非结构性情景感到不舒服，重视雇佣安全，强烈地信任专家意见与知识，组织程序化规则与规范被非常严格的遵守。在不确定性回避程度低的国家中，人们喜欢接受与不确定性相联系的风险，冒险被认为是生活的一个部分，组织的结构化程度低，缺乏严格的规章制度。表 5-8 为不确定性回避指数排名前三位与最末三位的国家。

表 5-8　不确定性回避指数选择性排名

指数排序	国家或地区	指　数
1	希腊	112
2	葡萄牙	104
3	危地马拉	101
72	丹麦	23

续　表

指数排序	国家或地区	指　　数
73	牙买加	13
74	新加坡	8

资料来源：G. Hofstede.文化之重：价值、行为、体制和组织的跨国比较(第 2 版).上海：上海外语教育出版社,2008.

不确定性与商务活动表现之间有直接的关联性。例如,高不确定性回避可能会对顾客的重购意愿有最重要的影响。这是因为在高不确定性回避的文化中,顾客不愿意接受因变更服务提供者而带来的不确定性风险,因此,不论服务补救成功与否,顾客都会尽力降低不确定性风险,重购的意愿自然高于低不确定性文化中的顾客。研究还发现,在解决服务问题时,赔偿对北美人比对东亚人有更积极的满意效果,因为前人的研究表明有高度独立性的人群更倾向于关注个人得到了什么。相反,有高不确定性回避的东亚国家的人更倾向于关注避免失去什么,在出现服务失误时更愿意接受其他形式的弥补;东亚人对不确定性和模棱两可之事有较低的容忍度。所以,在纠正错误时,要不断地告诉顾客正在做什么来解决问题,让抱怨的顾客有问题可以控制的认同感,这一点是非常重要的。

☞ **案例阅读**

中国代表团的出国晚宴

一家加拿大的大银行邀请一个赴加拿大考察的中国代表团参加晚宴,而这家加拿大银行选择了和另外一家银行共同分担费用的方式邀请这些中国人共进晚餐。晚宴进行得并不成功,在整个宴会过程中,双方都很不自在。

整个晚宴,加拿大方面没有向中方人员致欢迎词,也没有礼节性的祝酒活动。最后,中国代表团站起来,客气地感谢了一下加方人员,就匆匆离开了现场回到酒店,并拒绝了加拿大方面的派车相送,现场的气氛略显尴尬。

加拿大方面对中方人员中途离开不明真意,加方认为他们已经很认真地准备了这场晚宴,包括精心安排了符合中国代表团口味的菜单、优秀的翻译人员,并竭力表示出了加方的诚意与礼貌。从中方的言行举动上,加方感受到中方人员的失望和不满。中方不满原因有：第一,两家银行共同承担晚宴的费用使得讲究等级的中国人感到惊讶;第二,在中国,年龄意味着经验与能力,但加拿大方面出席宴会的都是一些比较年轻的职员,这使得中方人员觉得自己不受重视;第三,在中国的传统上,肯定是先由主人在宴会开始前致欢迎词,然后是客人对主人的答谢。加拿大方面对中国社会等级观念较强的现实缺乏了解以及与中国人交流方式的不同,使得他们在与中国代表团的交流中充满了尴尬与不愉快。

☞ **思考与讨论**

1. 如何才能降低文化差异给国际商务活动进行带来的负面影响？

2. 对于权力距离差别较大的两个国家,怎样才能有效地避免或缓和权力距离差距对商务谈判沟通的不利影响？

第三节　比较文化与国际商务

一、文化冲突的根源与 SRC 行为准则

(一) 文化冲突的界定

文化之间有差异之别,但没有对错与好坏之分。但是文化差异确实是文化冲突的源头,文化冲突又是造成商务摩擦的根源之一。所谓"文化冲突"是指不同形态的文化要素之间相互对立、相互排斥的过程。它包含跨国公司在海外投资经营时与东道国价值观念不同而产生的冲突,也包括在一个企业内部由于员工分属不同文化背景的国家而产生的冲突。

(二) 文化冲突的分类

根据文化差异发生的根源,美国人类学家爱德华·赫尔将文化冲突分为正式性文化冲突、非正式性文化冲突和技术性文化冲突三种。

(1) 正式性文化冲突是指由于人们的价值观、宗教信仰等为核心的文化差异而引起的文化冲突。美国管理学家彼得斯和沃特曼指出,我们观察到的所有优秀公司都很清楚他们主张什么,并认真地建立以及形成了公司的价值标准。事实上,如果一个公司缺乏明确的价值准则或价值观念不明确,我们很怀疑他是否有可能获得经营上的成功。

(2) 非正式性文化冲突来自语言及风俗习惯的差异。语言的差异极大地影响着跨国公司与外部以及跨国公司内部的沟通,而沟通障碍会导致合作的失败。

(3) 技术性文化冲突是由于人们所接受的某一专业方面的教育内容不同而引起的工作方式的差异性。例如,不同文化背景的会计人员往往具有不同的工作方式。

(三) 文化冲突根源

文化冲突的类型多样,而产生文化冲突的根本原因是人们的行为存在一种被称为"自我参照准则"(self-reference criterion, SRC)的思维惯性。1966 年,美国营销学家詹姆斯·A.李在《海外经营的文化分析》一文中,界定了自我参考准则,并提出了解决文化冲突的实践原则。

1. SRC 的界定

所谓 SRC 是指国际商务人员在跨国经营活动中，一旦碰到经营中的具体问题，就下意识地参照自己的文化价值体系来作为理解和处理这种情况的依据和参照标准，并且对不同环境做出自己所在文化价值体系下的行为回应。例如，中国谈判人员见到外国商人总是习惯递上一支香烟，这实际上就是在使用 SRC 方式对待不同文化下的人际交往。

2. 克服 SRC 的步骤

李对于如何克服 SRC 现象所导致的失败提出了以下四个实践步骤：① 依照本国文化特性、习惯和规范明确商业问题或目标；② 依照外国文化特性、习惯和规范明确商业问题或目标，不做价值判断；③ 把 SRC 在该问题中的影响分离出来，对它进行审查，了解它如何使问题复杂化；④ 在没有 SRC 的影响下，重新明确业务问题，确定最适当的业务目标。

有效地理解运用 SRC 原则，可以帮助企业获得更好的商业运转。例如，我国长白山人参在过去的出口活动中，长期使用木箱装运，每箱重达 20 千克，并且包装十分简陋，这种装运方式是与我国传统的价值观相符合的。但因此长白山人参出口价格被外商人为地压低。后来经过研究才发现，在西方人的观念中，贵重的东西应当用讲究的包装。于是，长白山人参改为单支包装，配以精美的工艺盒，价格因此而上涨。由此看出，理解 SRC 可以帮助企业获得更多的利润。

☞ **案例阅读**

在乌克兰，中方的一家贸易公司与乌克兰一公司商谈有关我方出口电子产品事宜。几经谈判即将签约成交。谁知乌方总经理突然患病住院，我方代表团领导在征得医院同意后要去探望，命我方工作人员准备鲜花、水果和礼品。在去医院的汽车上，我方代表手捧一束鲜花，突然发现了 8 支花而大吃一惊，赶紧撤去一支。按俄罗斯、乌克兰等国习俗，送鲜花必须是单数，而我方工作人员是按中国习俗，双数吉利，8 是"发"的谐音，这一理念的安排反而犯了大忌。因为按当地习俗，丧事才送双数的花。为此，险些铸造大错，造成莫大的误会，影响双方的友谊与合作。

二、文化差异与国际商务摩擦

文化差异会带来商务上的摩擦，成为阻碍商务活动运行的要素之一。英国特许人事和发展协会（Chartered Institute of Personnel and Development）的一项调查研究表明，跨国公司之间 30％ 的绩效差异可以归因于文化差异。多达 75％ 的兼并和收购的失败主要是因为文化冲突。可见，文化差异给现实国际商务运作带来的影响是不可忽视的。

(一) 文化环境差异与商务活动

文化环境包括语言、宗教、文学艺术、伦理道德、风俗习惯等。这些细微的差异构成了文化整体之大相径庭。具体表现在如下方面。

1. 语言文字

语言分为口头语言、书面语言、肢体语言等。不同文化背景下，语言的传递解释与翻译理解不同，产生的语言效果不一。

（1）语言意译时产生的误解。美国一家航空公司在巴西做广告时，使用的词语是 Rendezvous Lounges，原意是说旅客可在休息室聊天或约谈，但在葡萄牙语中，Rendezvous 一词有"男女幽会场所"之意。再如，通用汽车公司在拉丁美洲生产的一种小轿车取名为 Nova，但在西班牙语中，这种发音却意为"不走"。再如，Pepsi Cola 在德国做广告时，英文原文为 Come alive with Pepsi，但是在德文中，Come alive 意为"从坟墓中出来"。

（2）肢体语言理解上的差别。许多非口头语言也是文化的集成，包括手势、眼神、面部表情、身体动作等，不懂得非口头语言交流的含义，可能导致交流的失败。例如，在美国用大拇指和食指作一圆圈表示友好，而该手势在希腊和土耳其则是粗俗的性挑逗表示；同样，大多数美国人和欧洲人用大拇指向上的手势表示"好"，而在希腊该手势具有"猥亵"之意。再如，德国人在商务活动中很少使用手势、面部表情等肢体语言，而法国人在交谈中习惯性地加入手势等肢体语言，使交流更有感染力。

进行语言交流时，身体距离的空间保留上，不同文化支配下的各国习惯也不相同。在美国，两人之间商务谈话的习惯距离是 1.5～2.5 米，在拉丁美洲是 1～1.5 米。许多北美人不习惯拉美人侵入他们的个人空间，对话时可以看见其逐步后退，而拉美人可能将这种逐步后退理解为冷淡，其结果使不同文化的两个商人间可能产生令人遗憾的隔阂。

在见面的握手环节中，德国人见面与离开的时候要行握手礼节，且目光要正视对方；在中东地区，人们习惯见面时轻击手掌代替握手；在日本，人们通过鞠躬代替握手，根据对象不同，行礼时身体前倾的角度也不同，对地位平等的人鞠躬 15°角，对长辈鞠躬 30°角表示尊敬，道歉时鞠躬 45°角以表示诚意和歉意。

2. 风俗习惯

风俗习惯是人类社会代代相传的思想和行为规范，是社会文化的重要组成部分。风俗习惯通过审美情趣、宗教文化以及社会习俗等渠道影响消费者的思维定式，形成消费需求上的差异。

（1）色彩。颜色常作为识别品牌、加强品牌特征和差异化的手段。在国际市场上，颜色的象征意义往往比在国内市场多一些。例如，黑色在美国和欧洲象征哀悼，而在日本和中东则用白色表示哀悼。黄色在欧美、阿拉伯地区成为禁忌，是绝望和死亡的象征；而在亚洲一些国家则是一种高贵的颜色，代表着智慧和财富。红色在非洲一些国家、阿拉伯地区不受欢迎，被认为有晦气之义；但在亚洲的中国、印度等国则是吉祥色，意味着喜气和幸福。另外，国际企业在设计装修时，必须考虑当地的审美品位。

（2）吉祥物。传统上中国人喜爱荷花，认为其"出淤泥而不染"，视为纯洁的象征，但日本人却认为荷花不吉利，代表祭奠；中国人忌讳乌龟，日本人却认为乌龟是长寿的象征；中国人视菊花为谦谦四君子之一，将中秋赏菊当作乐事，而欧洲人则忌用菊花图案。中国人认为蝙蝠图案隐喻福气之意,在欧美却意味着恐怖的吸血妖怪。

(3) 宗教与认知。宗教习俗对商务的影响也不容忽视。不同的国家也存在不同的宗教信仰,只有充分了解这些不同的宗教信仰,才能使投资更成功。例如,不同国家的居民对颜色的好恶有所不同:绿色在欧美被视为青春、生命、活力的象征,一些伊斯兰国家也崇尚绿色;但在马来西亚,虽然有很多居民信仰伊斯兰教,但其国人却忌讳绿色,把它与来自丛莽的祸患和疾病相联系。

3. 价值观与态度

价值观是共同的信念或群体内个体认同的规范,是不同社会之间、不同群体之间,乃至不同个人之间的根本区别所在。文化的差异最终集中反映在社会价值观念的差异上。不同的文化对时间、变革、物质财富、风险等都有不同的价值观和态度,从而影响人们的消费行为和消费方式。

例如,美国人把时间看得很重,对节约时间的产品格外青睐,如快餐、成衣、快速成像等。但有些国家则拒绝接受这类节约劳动、提高效率的产品。速溶咖啡在美国极其畅销,但在拉美一些国家,购买和消费这一产品则被认为是一种懒惰。在对待消费的态度上,西方国家追求现实消费,注重现实生活的享乐;东方人则讲求节俭、朴素,对未来生活的考虑重于对现实生活的安排,在收入相等的情况下,储蓄高于西方发达国家。

再如,美国西部牛仔的形象容易诱发人们联想大草原的自然风光和浪漫情调,对广告促销有积极作用;但在一些拉美国家,牛仔被视为一种辛苦卑贱的职业,因此在高档品的广告中采用牛仔图像会影响产品的品牌形象与等级。

4. 消费习俗

习俗通过价值观影响消费者习俗,企业在进行异国产品生产与市场开发时必须注意一些关于习俗的细节部分。访客送礼时,不同国家习俗也会影响到部分商务活动的结果。表 5-9 列举了部分国家赠送礼物的习俗。

表 5-9 部分国家送礼时的习俗

中 国	印 度	日 本	墨西哥
春节	排灯节	岁暮节	圣诞节
送含蓄的礼物,如咖啡用具、书、领带、笔等	送糖果、坚果和水果、大象雕刻品、烛台	送苏格兰酒、白兰地、美国纪念品、柠檬之类的圆形水果	送台钟、精美的圆珠笔、金质打火机
不送钟	不送皮革品、印有蛇图案的东西	不送4个或9个一套的礼物	不送纯银制的器物、食品篮

资料来源:津科特.国际市场营销学.曾伏娥,译.北京:电子工业出版社,2007.

(二) 文化冲突与商务谈判

国际商务谈判是一种跨文化的交流和沟通,是具有不同文化背景的主体为了一个目的而实现对彼此都有利的一种商务活动。把握文化差别并控制文化冲突的蔓延,是促进商务谈判成功的关键。为了更好地对待文化冲突现象,西方学者从文化语境上对不同文化影响下的国家进行了分析。

1. 霍尔的语境文化

1976 年,美国人类文化学教授爱德华·霍尔(E.T. Hall)在《超越文化》一书中,将文化划分为高语境文化(high-context culture,HCC)和低语境文化(low-context culture,LCC)。霍尔所说的语言情境,是指围绕一个特定事件所传递的暗示和其他信息,即不同时间、空间、事件、协议下的各种语言。

(1)高语境文化中的交际在很大程度上依赖于所谈话题的来龙去脉或肢体语言、特殊腔调和环境的细微差别,大部分信息不能通过语言部分直接获得,必须根据实情的前因后果以及自己的揣摩意会才能获得。高语境文化的代表性国家是中国和日本。

(2)在低语境文化中,大部分信息依靠明确的语言文字。典型的低语境文化国家是瑞士和德国。图 5-1 表明了不同国家的语境位次情况。通常人们认为,东方文化属于高语境文化,西方文化属于低语境文化。在东方文化中,以中国人为代表,人们在交际中重"意会""领会","尚象""尚言象互动",而西方人,尤其是美国人,在交际中,十分重视"言传",即"尚言"。

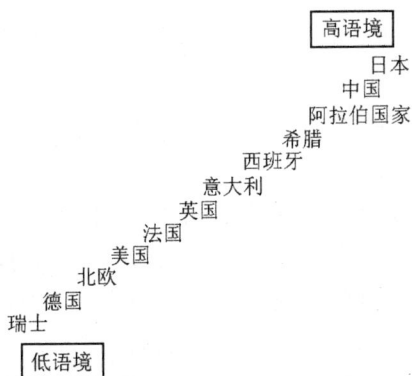

图 5-1 部分国家和地区的语境位次

资料来源:D.A. Victor. *International Business Communication*. New York,NY:Harper Collins Publishers,1992:143.

☞ **补充阅读**

你理解英国人在说什么吗?

就像中国人使用反语一样,外国人也会在对话中运用反语的说法。只有真正了解他们的语言习惯才能懂得他们真正的语义。表 5-10 列举了部分英国人语言表示习惯,字面的意思与内在的真正含义有很大的差距。这些语义上的差别,应当引起国际经营者的高度重视。

表 5-10　英国人的语言习惯

英国人说了什么	英国人的真实语义
不坏	好，或者是非常好
相当不错	有点失望
有趣的	这是有趣的，或者有趣的，只是你觉得很有趣而已，对我而言似乎相当无聊
哦，顺便说一下……	我要达到我们讨论的主要目的
我听到你所说的	我不同意也不希望任何进一步的讨论
对……最大的尊重	我认为你是错误的（或傻瓜）
或许我们可以考虑一下其他的意见	我不喜欢你的想法

　　资料来源：C. Brewster, P. R. Sparrow & G. Vernon. *International Human Resources Management*. London: Chartered Institute of Personnel and Development, 2007: 20.
　　转引自斯图尔特·沃尔, 索诺·米诺卡, 布朗温·里斯. 国际商务（第 3 版）. 赵玉焕, 等译. 北京：电子工业出版社, 2013: 165.

2. 不同语境文化与商务谈判沟通

　　不同语境文化中的交流方式是不同的。路斯迪格（M. W. Lustig）等学者将两种语境的交流特点概括如下。

　　高语境文化特点：① 内隐、含蓄；② 暗码信息；③ 较多的非言语编码；④ 反应很少外露；⑤ 圈内外有别；⑥ 人际关系紧密；⑦ 高承诺；⑧ 时间处理高度灵活。因此，高语境的国家不太重视语言交流，更多的时候表现为沉默，并且从对方的表情、行动以及环境的变化来捕捉信息，并且将这些部分加以综合，揣摩意会。例如，日本人和中国人都喜欢环顾左右而言他，表达的意思迂回婉转，听者必须揣测对方讲话的言外之意。

　　低语境文化特点是：① 外显、明了；② 明码信息；③ 较多的言语编码；④ 反应外露；⑤ 圈内外灵活；⑥ 人际关系不密切；⑦ 低承诺；⑧ 时间高度组织化。因此，明确的文字符号（口头或文字语言）在低语境的国家使用最为频繁，这些国家在国际商务中往往更专注于细节、精确的时间安排，而不是花费在语境的含义上。因此，低语境国家在商务活动上表现得较为直接，尤其是在商务谈判时会直接切入主题，而避免寒暄（见表 5-11）。

表 5-11　不同语境国家或地区的谈判风格

美　国	印　度	阿拉伯国家	瑞　典	意大利
出现僵局时能够接受妥协	依赖事实	为谈判各方留面子	直接进入谈论主题	戏剧性
有坚定的上、下底线	相信本能	避免对峙	避免对峙	情绪化
设定总纲、细则让下属去做	寻求妥协	试图以相关人员来让对方改变主意	时间意识强	能够对环境了解透彻
有最大的选择权	做好在任何时候改变立场的准备	寻求创造性的解决办法使各方都满意	极度谨慎	多疑

续 表

美 国	印 度	阿拉伯国家	瑞 典	意大利
尊重对方	依赖对手	通过会议来调节	不拘礼节	诡计多端
崇尚简短	尊重对方	能够保守秘密	容易变通	善于奉承
尽可能不暴露身份	向对方学习		对新主张反应迟缓	希望建立好印象
	避免使用秘密武器		安静、善于思考	没定数

资料来源：P. Casse & S. Deol. *Managing Intercultural Negotiations：Guidelines for Trainers and Negotiators*. Washington，DC：Sietar International，1985.

☞ 案例阅读

文化差别与商务谈判

迈克·伯吉斯(M. Burgess)是一位来自美国的业务经理，他负责在印度的一个多文化团队，而这个团队还包括一些生产控制方面的日本专家。在上午9点会议开始时，他惊讶地发现印尼团队中有三名成员在9：20才到达，而且他们每人还额外带了三位未受邀请的参与者。因而会议室座位不得不进行重组，还额外增加了9把椅子。日本团队的四名成员重新调整了他们的座位，这样他们就能坐在一起。会议本来安排的是印尼的高层成员布迪先生致正式开幕词，但是他上午9：45才到。到达后，他立即开始致开幕词，用了10分钟，但超过了分配给他的5分钟。这个会议在上午9：55终于拉开了序幕。

迈克提出了会议的议程，概述了会议的目标并诚邀大家提出问题。出乎他意料的是，没有人愿意提出第一个问题。后来他意识到，应该最先邀请作为高层成员的布迪先生做出评论。在他这样做之后，团队的其他成员才开始提问。会议进展得很顺利，但是迈克对印尼团队成员在旁边的交头接耳感到很懊恼——这是一个规则，他喜欢会议一直聚焦在实现最终结果和目标上。

会议进行到一半时，迈克和他的营销总监产生了分歧。这种公开的激烈争论让印尼团队和日本团队感到很吃惊。到了上午10：30，每个人都很恼火，所以迈克建议喝杯咖啡。但是在这一点上，印尼人对迈克没有提供任何点心而感到很惊讶。当会议重新开始时，迈克希望达成一个决议。所以他要求日本团队的高层成员山口先生同意表决。山口先生的答复是，需要一个礼拜时间征求总部东京的意见，这让迈克感到很挫败，因为他的项目又要因此推迟了。而山口先生觉得这是发泄自己困扰的一个好机会，于是他就质问在他楼上工作的迈克，为什么迈克没有直接回复他已发送的电子邮件。山口先生不明白，为什么迈克不能在私下与他面谈这些电子邮件中存在的一些问题。

资料来源：F. Elashmawi. Overcoming Multicultural Clashes in Global Joint Ventures. *European Business Review*，1998，98(4)：211-216.

三、跨文化冲突与国际商务开展方式

对文化冲突的干预和解决的尝试属于文化管理的范畴。跨文化管理的研究重点就是在跨文化条件下如何克服异质文化的冲突，进行卓有成效的管理。其目的在于，如何在不同形态的文化氛围中，设计出切实可行的组织机构和管理体制，最合理地配置资源，特别是最大限度地挖掘和利用企业的潜力和价值，从而最大化地提高企业的综合效益。西方国家十分重视跨文化管理的研究，并在实施中取得了很好的效果。加拿大管理学家南希·爱德勒提出了跨文化管理的三个攻略：凌驾、折中、融合。针对具体的文化冲突，跨文化管理常见的方法如下。

（一）跨文化冲突的管理方法

（1）识别文化差异。不同类型的文化差异可以采用不同的措施克服。前文所提到的正式性文化冲突来源于基本价值观、宗教信仰认识上的差别，这种文化冲突一经形成，不易改变。非正式的文化冲突可以通过长时间的文化交流加以克服。技术性的文化冲突可以通过人们技术知识的学习而获得，比较容易解决。

（2）强化跨文化理解。跨文化理解包括两方面的意义：一是理解自我文化。对自己的文化模式以及文化的优缺点加以理解，促使文化关联态度的形成。二是善于文化移情，理解其他文化。文化移情要求人们在某种程度上摆脱自身的本土文化，克服心理的认知类同，摆脱原来自身的文化约束，从另一个参照系反观原来的文化，同时又能对其他文化采取一种较为超然的立场，而不是盲目地落到另一种文化俗套中。

（3）培养跨文化沟通能力。跨文化沟通能力，简单地讲，就是能与来自不同文化背景的人有效交往的能力。跨国公司必须有意识地建立各种正式和非正式的、有形和无形的跨文化沟通组织与渠道，着力培养有较强跨文化沟通能力的高素质国际化人才。一些大型跨国公司，如宝洁、英特尔、摩托罗拉，都建立了跨文化培训机构，将不同企业文化背景下的经营管理人员和普通员工结合在一起进行多渠道、多形式的培训，从而加强每个员工对新文化的适应性。

（4）利用文化差异，实行多样化战略。利用文化差异的战略能够产生竞争优势。跨国公司应重视并利用员工的多样化，以提高他们的沟通能力、适应性和接受差异的水平，并把差异资本化，使之成为促进公司效益提高的主要手段。例如，惠普公司认为多样化是其经营战略的重要组成部分。公司的员工队伍多样化，并通过强力的多样化企业政策，鼓励跨文化理解和对文化差异的积极态度。

（5）建立共同的价值观和企业文化。经过识别文化差异和跨文化的培训，企业员工提高了对不同文化的鉴别和适应能力，在对事物理解沟通的基础上，应适时地建立起与公司跨国经营战略一致的企业文化。建立共同的价值观，提高员工的凝聚力和向心力，使企业处于不败之地。

（二）哈沃德·派蒙尔德的四种"中心论"

在国际商务管理实践中，有四种不同的基本思路用于处理由于不同文化引起的距离及

问题。美国沃顿商学院的哈沃德·派蒙尔德(H. Permulter)将之总结为四种"中心论"。

1. 本国中心论(Ethnocentrism)

信奉本国中心论的企业,多认为本企业是最优秀的,不但拥有最先进的科学技术,并且拥有最先进的管理方式,因而倾向于把本国的管理模式在国外照搬。在组织形式上,这类企业多表现为总部大,分部小,主要的职能部门都集中在公司的总部,总部高度集权,所有的决策都由总部发出,而分公司只是作为一个执行机构而存在。在信息的传递上,主要表现为单行式,即由总公司往下发出指令、计划和目标等,而分公司则向总部上报统计数据、请示等。在海外分公司的管理人员选择上,这类企业多选派本国人员,而很少使用当地人员。

2. 客国中心论(Polycentrism)

采取客国中心论观点的企业多认识到民族文化间的差异,意识到在不同文化的国家,仅仅靠先进的管理并不一定能成功。因此,这类企业在海外经营时,更倾向于入乡随俗。由于他们认为当地人对本地的文化会有更深刻的理解,因此总公司一般不向海外分公司派主管经理而是从当地人中选择。海外分公司的业务较为自由,只要达到总公司的主要业务指标如利润、销售等的要求时,总公司一般不会对分公司的具体业务和管理进行直接干预。从企业的组织形式上看,分公司基本上是一个完整的独立公司,除了某些关键技术外,其余部分均由分公司进行独立管理。

3. 全球中心论(Geocentrism)

采取全球中心论观点的企业认为,最好的管理方式、最优秀的管理人员是没有文化色彩的(culture-blind),因此在确定管理方式和挑选管理人员时,应该重点考察管理方式本身的优劣和管理人员自身的才能,而不应该只关注分公司是否具有独立性及管理人员是来自总公司所在国还是分公司所在国或其他国家。

4. 区域中心论(Regionalcentrism)

区域中心论可以被认为是全球中心论的初级阶段。从上面涉及的四种观点来看,全球中心论是最合理的,而本国中心论则最不合理。然而,在实际中问题并不是这么简单。在世界性文化真正建立起来以前采用上述四种方式中的任何一种在一定程度上都是一个利弊均衡。例如,全球中心论从理想化的角度看是比较有利的,但它的管理极其复杂,需要大量的信息及高昂的费用,而在某些时候,政策的可行性却十分低。对于一些国际商务活动比重比较小的企业,本国中心论的管理成本会相对低一些;反之,如果一个企业的海外业务量很大,需要各个分部之间高度协调时,则全球中心论或区域中心论就显得很有必要。

总的来说,跨文化的国际商务的开展是一项难度比较高的工作。其中一个难点就是国际商务的参与者都会带有自己的文化偏见。这种根深蒂固的文化偏见所带来的后果就是:

(1)人们心目中的自我形象与这个自我在其他文化的人眼中的形象,往往有着巨大的差别。

(2)在"适应他人"与"保持自我"之间不好掌握平衡。在进行目际商务时,一定程度的入乡随俗是值得肯定的,但如果全盘照搬则可能会造成严重的后果。想象一下,如果一个穿着阿拉伯服装、戴着面纱的日本女经理与一个阿拉伯人洽谈业务,那将会是一个多么不自在的情景。

（3）面对跨文化国际商务中所遇到的问题,首要做到的是尝试以东道国文化的角度去处理问题。

☞ **复习思考题**

1. 什么是文化？东西方对它是如何界定的？
2. 高语境文化与低语境文化有哪些差异？
3. 简述霍夫斯泰德的跨文化研究模型。
4. 如何降低自我参照标准思维与行为方式对国际商务活动的影响？
5. 文化的差异性对国际商务的影响体现在哪些方面？

第六章

国际商务之主体经营者视野

☞ 教学目标

1. 了解并掌握跨国公司的内涵、分类、特点。
2. 了解世界 500 强企业的定义、分布和排名变迁。
3. 了解并掌握跨国公司投资经营活动的主要特点。

☞ 导入案例

互联网革命让跨国公司不出国也能国际化

企业的国际化是一个很重要的问题,也是一个需要因着技术革命的发展而要不断更新意识的话题。对于中国而言,经过 30 多年改革开放的锤炼洗礼和互联网时代的全面接盘,中国企业需要走出中国制造"Made in China"时期的思维框架,在新形势下对国际化进行重新诠释和定位。

2013 年中国(深圳)IT 领袖峰会,阿里巴巴集团主席马云发表演讲,表示国际化的思想和国际化业务是两个完全不同的概念。有国际战略的企业未必有国际业务,有国际业务的企业未必有国际化思想。中国企业国际化是战略、思想、体制、人才、文化的国际化思想。

这种提法颠覆了以往中国企业国际化的逻辑——以前是有了海外业务就是国际化,现在变成有没有海外业务照样开始进行国际化。非常有趣的是我们可以看到 2007 年阿里巴巴 B2B 业务在香港上市前夕,马云对淘宝国际化的构想是"以后淘宝会有自己独立的淘宝城,且不仅在杭州有……在纽约也会有,在全世界都会有",这就是互联网时代赤裸裸的国际化思考。

第一节 跨国公司的内涵和划分标准

从商务运行主体的职能来看,国际商务参与者包括生产者、消费者、经销者等不同角色的运用主体,它们的经营过程涵盖了整个商务活动的始终。此外,在国际商务活动中,政府组织、非政府组织、国际组织、主权国家等通过它们的政策与组织决策与行为，间接地参与并影响了国际商务活动主体——国际企业的决策与经营活动。本章仅从跨国企业经营活动的视角来认识国际商务活动的主体及其经营活动。基于这种视角，跨国公司与天生国际化企业落入本章的分析视野。

一、跨国公司的定义和性质

英国著名学者邓宁认为，20 世纪资本主义经济制度所创造的最强有力的经济组织就是跨国公司。跨国公司的名称很多元，在西方的报刊中，把跨越国界从事经营活动的企业称为多国公司（multinational corporations or enterprises，简称 MNC 或 MNE）。此外，还有诸如国际公司或国际企业（international corporations）、跨国公司或跨国企业（transnational corporations or enterprises，简称 TNC 或 TNE）、全球公司和或全球企业（global corporations or enterprises）等的称谓。

跨国公司作为企业经营组织形式的载体，出现在 16、17 世纪的重商主义时期，从重商主义时代的特权贸易公司到现代跨国企业的组织形式，跨国公司发展历史久远，经营领域与方式多样，所及地理边界遍布世界各个角落。

正是由于跨国公司的历史久远，商业活动影响深刻，对跨国公司的认识与研究也颇多。研究角度不一，形成了不同的界定与表述。

（一）联合国对跨国公司的界定

联合国跨国公司中心在 1977 年起草，经数次修改并于 1986 年最终定稿的《跨国公司行为守则草案》中对跨国公司的定义是："本守则中使用的'跨国公司'一词是指由在两个或更多国家的实体所组成的公营、私营或混合所有制企业。不论这些实体的法律形式和活动领域如何，该企业在一个决策体系下运营，以便通过一个或更多决策中心制定协调的政策和共同的战略。该企业中各个实体通过所有权或其他方式结合在一起，从而其中一个或更多的实体能够对其他实体的活动施加有效的影响，特别是与其他实体分享知识、资源和责任。"

联合国关于跨国公司的定义有以下三个基本要素：

（1）包括两个或两个以上的国家实体，不管这些实体的法律形式和领域如何；

（2）在同一个决策体系中进行经营，能通过一个或几个决策中心采取一致对策和共同战略；

（3）各个实体通过股权或其他方式形成的联系，使其中的一个或几个实体有可能对别的实体施加重大影响，特别是同其他实体分享知识资源和分担责任。

（二）跨国公司的性质

企业性质决定企业的经营。发达国家的跨国公司就其性质而论，是资本主义私有制的垄断企业，为了争夺国外市场、掠夺海外资源、攫取高额垄断利润，是通过对外直接投资和在世界各地设立分支机构而形成的一个从国内到国外、从生产到销售无所不包的超国家的特殊企业经营体系。

在不同类型的国家,跨国公司的性质也有所差异。当前世界上有三种不同性质的跨国公司。

(1) 代表跨国公司主体的西方跨国公司是资本在国际规模上的集中和积聚的产物,也是垄断资本国际化和跨国化过程的产物。

(2) 发展中国家的企业走上国际化的道路,形成和发展了新型的跨国企业。这类跨国公司体现着民族资本主义的生产关系,它是民族资本发展外向型经济的必然结果,反映了发展中国家的民族资本已经国际化且成为国际分工中的一股重要力量。

(3) 在我国,跨国公司是在实行对外开放和外贸体制改革的过程中发展起来的。随着我国经济体制改革的深化,已经形成了许多具有一定实力的跨国集团企业。这些企业采用"请进来"或"走出去"的方式,沿着国际化、集团化和实业化的道路发展。我国跨国公司具有公有制的性质,在世界市场上按照资本主义市场经济体制进行运作。

二、跨国公司的划定标准

(一) 结构性标准

(1) 地区分布标准。该标准以跨国公司在国外进行投资或经营的国家数目作为划分的标准。欧共体在 1973 年认为,在两国以上拥有生产设施的跨国经营企业即称为跨国公司;而美国的一些学者则提出了另外的标准。例如,哈佛大学"美国多国公司研究项目"提出,必须在 6 个以上国家设有子公司或分支机构才算跨国公司。

(2) 所有权标准。"所有权"在西方文献中既指资产的所有权形式,又指企业的拥有者和公司高层主管的国籍。资产所有权形式是指国有、私有、合作制或公私合营以及合伙(partnership)股份公司等。联合国经社理事会认为:"……公司的法律组织形式并不重要,可以是私人资本的公司,也可以是国有或合作社所有的实体。"另外,经社组织的文件也认为,跨国公司的所有权形式可以是私有、国有或混合所有。但也有一些人认为跨国公司必定是国际垄断组织,是垄断资本主义的所有制。

(3) 股权比例标准。该标准以一个企业拥有国外企业的股份多少来划分企业是否属于跨国公司。美国法律规定一个企业拥有的国外企业股份或业务份额达 10%以上,才能算作子公司;而日本则规定要达到 25%以上,如果不足 25%,必须是采取非股权安排措施加以控制的公司才算作子公司。经济学家罗尔夫(Rolfe)在 1970 年发表的《多国公司展望》(转引自罗进,2001:3)中认为,一个国际公司可以定义为:有 25%或者更多的国外业务份额的一个公司。国外份额的意思是指国外销售、投资、生产或雇佣人数的比例。

(4) 生产或服务设施标准。原欧共体、联合国经社理事会以及 OECD 等国际组织并不要求跨国公司的机构必须分布在 6 个国家以上,而更强调必须在两个或两个以上国家拥有生产或服务设施。1973 年欧共体委员会公布的准则和 1976 年欧洲议会通过的守则都明确指出:凡在两个或两个以上国家有生产或服务设施的企业即构成跨国公司。

(二) 经营业绩标准

(1) 传统的经营业绩标准。按跨国公司在全球的经营业绩状况来界定跨国公司,主要是指企业的国外活动占整个公司的业务份额,包括销售收入、资产总额、盈利额或公司雇员人数等达到一定标准才算得上是跨国公司。例如,哈佛大学"美国多国公司研究项目"认为,跨国公司的标准是在 6 个以上的国家从事经营活动的企业,年销售额超过 1 亿美元的企业才能算是跨国公司;而联合国贸发会议 1993 年则认为营业额在 10 亿美元以上的企业可被视为跨国公司,即所谓的"10 亿美元俱乐部"(Billion Dollar Club)。

(2)国际化经营业绩指标体系。衡量一个企业是否是跨国公司,常用的指标体系有三个。

第一,比例指标体系。比例指标体系主要是应用比例方法来衡量和反映企业的国际化程度。具体的比例指标通常有五项:国际销售率、海外资产比率、国际管理指数、国际投资指数、海外公司比率。

第二,相对、绝对指标组合法。该方法包括海外销售总额、海外销售净额、海外资产比率、海外销售率、外贸依存度、投资结构水平、生产依存度七个指标。

第三,跨国指数。跨国指数是用来衡量跨国公司"国际参与程度"的一个平均数据,是"公司经营活动在国外配置程度的函数",由国外资产/总资产、国外销售额/销售总额、国外雇员人数/雇员总数三个比率的平均值构成。(见公式 6-1)

$$\text{跨国指数} = \frac{\dfrac{\text{国外资产}}{\text{总资产}} + \dfrac{\text{国外销售额}}{\text{销售总额}} + \dfrac{\text{国外雇员人数}}{\text{雇员总数}}}{3} \times 100\% \qquad (\text{公式 6-1})$$

联合国贸发会议于《1998 年世界投资报告》中指出,该指数……所依据的理论框架是以国外活动与本国活动的二分法为基础的,并有助于评估跨国公司的活动和利益介入本国或外国经济的程度。以上评价指标,均从不同的角度反映企业在经营业绩等方面所表现出来的跨国程度。

三、跨国公司的类型

目前,跨国公司的数量和种类已发展到了空前的程度,为了便于研究,现代跨国公司从不同的角度被划分成不同的类型。

(一) 按公司经营项目分类

按照跨国公司经营项目的性质,可以将跨国公司分为四种类型。

(1)加工制造型企业。从事产品的生产制造,并将其产品销往各地市场是该类跨国公司最基本的职能。制造型企业具备了加工制造的诸多要素才能生产出具有竞争力的产品。

(2)贸易型企业。它是以贸易为主,集贸易、投资和金融服务于一身的集团化、多元化和跨国化企业。最典型的代表是日本综合商社。

(3)资源型企业。资源型企业专注于采矿业、石油开采业和大型基础设施的开发工作。它在世界各地寻找资源、投资开发,为了防止资源东道国的国有化政策,目前这类企业更多地利用国际合资企业和非股权式的投资,以适当顾及当地企业的利益,减少民族主义的情绪。

(4)服务型企业。现代企业不仅进行货物贸易,也重视开展运输、保险、金融、会计、技术劳务等服务贸易,企业的货物贸易反映在海关统计上,服务贸易反映在国际收支平衡表上。

(二) 按公司经营结构分类

按照跨国公司的产品种类和经营结构,可以将跨国公司分为以下三种类型。

(1) 横向型企业。公司通过收购或并购同类企业,扩大生产规模。这类公司的母公司和子公司经营同类产品,做相似的业务,其优点是便于开展公司内部贸易,进行内部的产品、原材料、技术和服务的交流活动,扩大公司的规模效益。

(2) 垂直型企业。垂直型国际企业是指母公司和各分支机构之间实行纵向一体化专业分工的企业。纵向一体化专业分工分为两种具体形式:一是指母子公司生产和经营不同行业的相互关联产品。例如,自然资源的勘探、开发、提炼、加工制造与市场销售等;二是指母子公司生产和经营同行业不同加工程序和工艺阶段的产品。例如,专业化分工程度较高的汽车行业与电子行业等的关联产品。

(3) 混合型企业。混合型企业通过创建新的生产设施或并购其他企业,母公司和子公司生产经营不同产品、进行不同的业务。有的所进行的业务甚至没有任何有机联系,实为跨行业的业务,形成一种生产多种产品的综合体系。混合型企业实行多样化经营策略,使跨国企业具有开创力和应变力。

(三) 按照战略取向标准分类

战略取向标准又称行为特性标准,该标准以企业的经营战略和动机是否具有全球性特征来划分是否为跨国公司。该标准认为企业经营决策时的战略取向以全球为目标,实行全球中心战略的公司,才算是跨国公司。公司经营活动由一国走向多国,直至定位于全球化战略目标,经过以下三种类型的发展。

(1) "民族中心"取向(ethnocentric stage)。公司业务活动以母国为中心进行决策,优先考虑母国企业的利益,按照母国的处事方法来进行经营活动。

(2) "多元中心"取向(polycentric stage)。公司所有决策,既考虑母国的利益,也兼顾众多国外子公司的要求,这样可以充分地利用当地的资源优势和环境优势。

(3) "全球中心"取向(geocentric stage)。这一阶段公司的所有决策,均出于全球思维和全球心态,以全球利益为目标,母国企业和国外企业相互配合,协作经营。只有进入这一阶段的公司,才可以称作真正意义上的跨国公司。

☞ **拓展阅读**

跨国公司的典范:世界 500 强企业分析

世界 500 强,也称全球 500 强,是指美国《财富》杂志每年评出的全球 500 家最大的企业。《财富》杂志 1955 年起评选每年全美销售额最大的 500 家工商企业,从 1990 年起,开始分别评选每年世界 500 家最大工业企业和服务公司。从 1994 年起,工业企业和服务业开始混合排名,并在第二年 8 月刊登上一年度的排名。排名主要依据营业收入额,同时也比较公司的资产、净收入、销售额、职工人数、投资、股息等。这一排名被认为是衡量工商企业经济情况的权威资料和各国经济情况的晴雨表。表 6-1、表 6-2 分别是 2015、2016 年世界 500 强企业前 25 名的排名情况。

表 6-1　2015 年世界 500 强排名前 25 的企业

排　名	上年排名	公司名称	营业收入/百万美元	利润/百万美元	国　家
1	1	沃尔玛(WAL-MART STORES)	485651.0	16363.0	美国
2	3	中国石油化工集团公司(SINOPEC GROUP)	446811.0	5177.0	中国
3	2	荷兰皇家壳牌石油公司(ROYAL DUTCH SHELL)	431344.0	14874.0	荷兰
4	4	中国石油天然气集团公司(CHINA NATIONAL PETROLEUM)	428620.0	16359.5	中国
5	5	埃克森美孚(EXXON MOBIL)	382597.0	32520.0	美国
6	6	英国石油公司(BP)	358678.0	3780.0	英国
7	7	国家电网公司(STATE GRID)	339426.5	9796.2	中国
8	8	大众公司(VOLKSWAGEN)	268566.6	14571.9	德国
9	9	丰田汽车公司(TOYOTA MOTOR)	247702.9	19766.9	日本
10	10	嘉能可(GLENCORE)	221073.0	2308.0	瑞士
11	11	道达尔公司(TOTAL)	212018.0	4244.0	法国
12	12	雪佛龙(CHEVRON)	203784.0	19241.0	美国
13	13	三星电子(SAMSUNG ELECTRONICS)	195845.3	21922.7	韩国
14	14	伯克希尔-哈撒韦公司(BERKSHIRE HATHAWAY)	194673.0	19872.0	美国
15	15	苹果公司(APPLE)	182795.0	39510.0	美国
16	29	麦克森公司(MCKESSON)	181241.0	1476.0	美国
17	20	戴姆勒股份公司(DAIMLER)	172279.1	9235.3	德国
18	25	中国工商银行(INDUSTRIAL & COMMERCIAL BANK OF CHINA)	163174.9	44763.9	中国
19	24	EXOR 集团(EXOR GROUR)	162163.0	428.5	意大利
20	16	安盛(AXA)	161173.4	6664.5	法国
21	21	通用汽车公司(GENERAL MOTORS)	155929.0	3949.0	美国

续　表

排　名	上年排名	公司名称	营业收入/ 百万美元	利润/ 百万美元	国　家
22	18	意昂集团(E. ON)	151460.5	−4191.8	德国
23	19	Phillips 66 公司 (Phillips 66)	149434.0	4762.0	美国
24	27	通用电气公司 (GENERAL ELECTRIC)	148321.0	15233.0	美国
25	22	埃尼石油公司(ENI)	147175.8	1712.6	意大利

表 6-2　2016 年世界 500 强排名前 25 的企业

排　名	上年排名	公司名称	营业收入/ 百万美元	利润/ 百万美元	国　家
1	1	沃尔玛(WAL-MART STORES)	482130.0	14694.0	美国
2	7	国家电网公司(STATE GRID)	329601.3	10201.4	中国
3	4	中国石油天然气集团公司 (CHINA NATIONAL PETROLEUM)	299270.6	7090.6	中国
4	2	中国石油化工集团公司 (SINOPEC GROUP)	294344.4	3594.8	中国
5	3	荷兰皇家壳牌石油公司 (ROYAL DUTCH SHELL)	272156.0	1939.0	荷兰
6	5	埃克森美孚(EXXON MOBIL)	246204.0	16150.0	美国
7	8	大众公司(VOLKSWAGEN)	236599.8	−1519.7	德国
8	9	丰田汽车公司 (TOYOTA MOTOR)	236591.6	19264.2	日本
9	15	苹果公司(APPLE)	233715.0	53394.0	美国
10	6	英国石油公司(BP)	225982.0	−6482.0	英国
11	14	伯克希尔-哈撒韦公司 (BERKSHIRE HATHAWAY)	210821.0	24083.0	美国
12	16	麦克森公司(MCKESSON)	192487.0	2258.0	美国
13	13	三星电子 (SAMSUNG ELECTRONICS)	177440.2	16531.9	韩国
14	10	嘉能可(GLENCORE)	170497.0	−4964.0	瑞士
15	18	中国工商银行 (INDUSTRIAL & COMMERCIAL BANK OF CHINA)	167227.2	44098.2	中国

续　表

排　名	上年排名	公司名称	营业收入/ 百万美元	利润/ 百万美元	国　家
16	17	戴姆勒股份公司（DAIMLER）	165800.2	9344.5	德国
17	35	联合健康集团 （UNITED HEALTH GROUP）	157107.0	5813.0	美国
18	30	CVS Health 公司（CVS Health）	153290.0	5237.0	美国
19	19	EXOR 集团（EXOR GROUP）	152591.0	825.3	意大利
20	21	通用汽车公司 （GENERAL MOTORS）	152356.0	9687.0	美国
21	27	福特汽车公司（FORD MOTOR）	149558.0	7373.0	美国
22	29	中国建设银行（CHINA CONSTRUCTION BANK）	147910.2	36303.3	中国
23	33	美国电话电报公司（AT & T）	146801.0	13345.0	美国
24	11	道达尔公司（TOTAL）	143421.0	5087.0	法国
25	31	鸿海精密工业股份有限公司 （HON HAI PRECISION INDUSTRY）	141213.1	4627.1	中国

分析世界 500 强企业排名情况，能够给予我们如下的启示。

（1）排名变迁。沃尔玛连续两年排名第一，2016 年营业收入达 4821 亿美元，同比微降 0.7％。2016 年榜单中，前 5 位中有 3 家中国公司。各大石油公司的营业收入因油价暴跌而大幅下滑，令国家电网排名跃升至第 2 位，尽管其营业收入也下跌了 2.9％。中石油和中石化紧随其后，分列第 3 位和第 4 位。苹果首次进入前 10 位，排名第 9，2015 年营业收入大涨 27.9％，是前 10 位中唯一实现营收正增长的企业。

2016 年的世界 500 强公司榜单反映出，全球企业在 2016 年的经营状况不甚理想。世界 500 强公司的总营业收入为 27.634 万亿美元，比上年下降了 11.5％，净利润也下降了 11％左右。自 2009 年以来，全球 500 强公司的销售收入第一次出现两位数下降。世界 500 强公司上榜门槛也由 2015 年的 237.2 亿美元下降到 2016 年的 209.2 亿美元。在世界 500 强公司中，仅有 137 家企业在 2015 年度实现营业收入正增长，其他 363 家企业则出现负增长。大批企业出现负增长反映出全球企业经营陷入困境。

在全球企业经营状况普遍不佳的情况下，中国企业的上榜数量和排位稳步上升，2016 年共有 110 家企业上榜，数量创下历史新高，上榜企业数量仅次于美国，稳居第二位。日本企业近年来在 500 强排行榜中的数量逐年下滑，2016 年仅有 52 家。德国、英国、法国三个欧洲主要经济体共有 84 家企业上榜。

（2）行业分布。世界 500 强公司涉及 50 多个行业，但是行业分布相对集中，前十大行业为银行业(53 家)、汽车(34 家)、炼油(32 家)、人寿保险(24 家)、零售业(20 家)、采矿业(19 家)、公用设施(18 家)、电信业(17 家)、电子设备制造(17 家)、财产保险(16 家),占总数的一半左右,主要来源于金融业以及工业制造业。

(3) 地区分布。从图 6-1 中可以看出,世界 500 强企业主要地理区位是美国、中国、日本、西欧等国家和地区,这与当今世界的经济形势相符。上述地区都是经济发展水平相对较高或者增长速度相对较快的地区,既具备跨国公司诞生的原始条件,又对别国资本的进入有很强的吸引力。

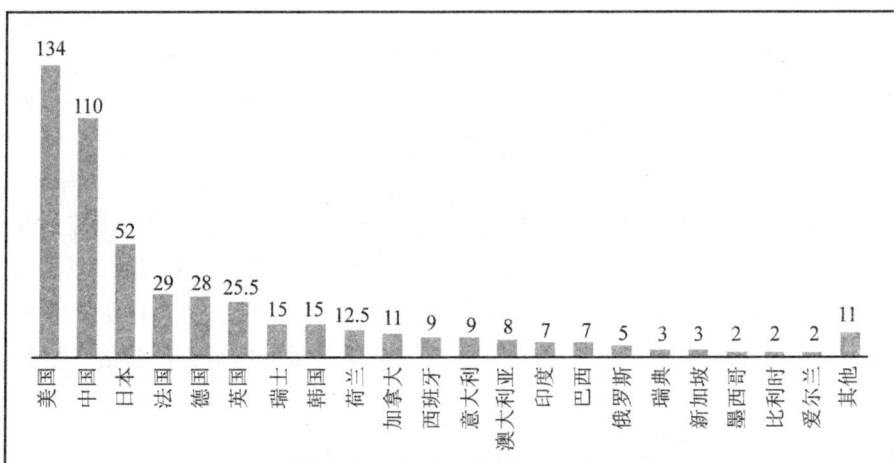

图 6-1　2016 年世界 500 强各国上榜企业数量

(4) 世界 500 强中的中国企业。2016 年中国上榜公司数量继续增长,达到了 110 家。13 家中国内地公司首次上榜,其中包括电子商务公司京东、家电巨头美的集团,以及三大房地产公司:万科、大连万达、恒大。在全球企业经营状况普遍不佳的情况下,中国企业的上榜数量创下历史新高,仅次于美国,稳居第二位。

但是认真分析中国上榜企业的类型和利润,不难发现中国企业还有进一步提升的空间。110 家中国上榜企业中有 7 家中国台湾企业,其余 103 家大陆与港澳上榜企业中共有 10 家银行,其总利润达到 1816 亿美元,占上榜 103 家企业总利润的 55%。也就是说,剩下 93 家企业的总利润仅为 1475 亿美元,每家非银行企业平均利润仅有不到 16 亿美元,这一赢利水平低于许多其他国家的企业。中国企业,尤其是钢铁、汽车生产等传统企业,还需进一步提升生产效率,转型升级,提高利润水平。

第二节　天生国际化企业（born-global firm）

天生国际化企业,又称国际新创企业,是科技进步与经济全球化发展在国际商务组织活动领域中的新产物。这种新型企业组织最早被麦肯锡这家国际著名管理咨询公司在澳大利亚发现,随后在世界各国不断涌现,引起了企业界和理论界的关注。天生国际化企业从成立初始就开始了国际化经营运作，有些甚至在国外市场上与成熟的企业展开竞争。众多事实证明，国际新创企业的产生和不断发展将是一种越来越普遍的现象。

一、天生国际化企业的界定

1994 年国际商务著名学者奥维亚特（B.M. Oviatt）和麦克杜格尔（P.P. McDougall）发表了《国际新创企业理论》一文，对国际新创企业（international new ventures），即天生国际化企业进行了界定，称其为成立之初就在超过一个国家进行产品销售和使用当地资源并以此来获得竞争能力的组织。

1996 年，奈特（Knight）提出，天生国际化企业是"一个从成立初始，就从国际市场的销售中获得一定量收入的企业"。对于判定这种企业的量化标准，不同的国家和地区数量标准尚不完全相同。美国的标准是在初创的三年内，出口销售额至少占总销售额的 25％ 的企业。在欧洲，2006 年芬兰的学者（Luostarinen & Gabrielsson）提出了一个更严格的标准，即以出口销售额占总销售额比例至少有一半以上必须是在企业所在地以外的国家里完成作为判定天生国际化企业的标准。对于这个概念的界定还有其他不同的观点，详见表 6-2。

如果舍去具体数据上的差别，对天生国际化企业的定义可以是：有别于传统国际化路径的，从创立之初就有全球化视野，并在短期内实现国际市场销售占总销售相当部分的企业。

表 6-2　天生国际化企业界定情况

作　者	观　点	从设立到开始出口的时间	出口与全球成长/年龄
奥维亚特和麦克杜格尔（1994）	从设立初就试图通过在多国运作资源和销售产品来获取巨大竞争优势的商业组织	—	—
麦肯锡咨询公司（1993）和伦尼（Rennie, 1993）	企业管理从一开始就把整个世界视为其市场	平均仅两年后就开始出口	14 年内通过出口的销售额占总销售额的比例平均达到 76％
奈特和卡瓦斯基尔（1996）	企业管理从一开始就把整个世界视为其市场	自建立的两年内开始出口一种或多种产品	倾向于出口至少 1/4 的总产品
切蒂和坎贝尔（Chetty & Campbell-Hunt, 2004）	—	自建立的两年内	80％ 的销售在母国以外，为全球市场
卢奥斯塔里宁和加布里埃尔尔松（Luostarinen & Gabrielsson, 2006）	全球视野或全球化增长路径	在初始就进入全球市场	50％ 的销售应在母国外完成，设立于 1985 年后
赛尔瓦伊斯等（Servais et al., 2007）	—	自建立的三年内	20％ 以上的国外销售比例或在母国外获取资源

资料来源：符正平.国际商务.北京：中国人民大学出版社，2013：285.

二、天生国际化企业的特征

(一)创业者的独特共性

企业家对企业战略的制定以及企业经营发展方向有着至关重要的作用。在天生国际化企业中,创业者的重要性显得更为重要。通过对新创国际化企业创业者的进行分析,可以发现以下特征。

(1)许多创业者具有丰富的海外工作、生活的经验。天生国际化企业的创业者们往往具有在海外学习和生活的经验,这些海外经历赋予他们充足的跨文化交流经验与能力,使他们能够与来自不同文化背景的人们沟通自如,同时也让创业者有机会观察和了解国外企业运营的细节,熟悉国际商务的基本知识和规则。

(2)创业者具有开拓海外市场的全球视野。奥维亚特和麦克杜格尔认为企业家以往的海外经历对新创企业的发展方向有极大的影响,企业家过去的经历结合其个人能力能够避免企业陷入国内发展的路径依赖。马德森(Madsen)和塞尔瓦伊斯(Servais)有着类似的观点,他们认为具有国际经验的创业者并不把地域隔离、文化差异等因素看成国际化的障碍,已有的知识和经验使他们对特定市场有较小的心理距离,并且有着更强的风险控制能力。

(3)创业者具有企业家的创新精神。在熊彼特的创新理论中,企业家精神是一种创新精神,意味着在现有资源条件下采取创新行动,而创业是一个"不断推出新的生产组合的过程"。谢恩和文卡塔拉曼(S. Shane & Venkataraman,2000)认为,企业家精神体现在市场机会的发现、评价和利用过程之中。创业者的角色不仅仅局限于商人和管理者,他们是生产要素的创新组合者、复杂环境中的决策者、创新风险的承担者,其本质特征是创新,即从塑造企业核心竞争力的要求出发,在资源条件的现实约束下,根据路径优化原则,对资源组合方式进行设计与选择(秦志华,2006)。

总之对于天生国际化企业而言,拥有企业家精神意味着创业者必须在现有条件下进行创新与变革,具有发现市场机会的主动性和准确性,拥有全球视野,并有将企业推向全球市场的决心和动力,且具有冒险精神,在不确定的环境中,敢于做出有冒险成分的决策,并且在企业发展过程中拥有学习与组织建构能力。

(二)企业成长的独特机遇

国际新创企业作为全球化时代的一种新型创业模式,其创立与成长具有明显的机会导向的特征,其机会来源主要有三种。

(1)新技术发明所带来的新产品及新信息。对于产品机会而言,创业者不但需要对所在行业有充分的了解,对市场需求变化、现有产品优缺点、行业发展方向有敏锐的观察,同时还要了解自身以及所处的社会关系网所具备的独特能力,才能够生产出符合市场需求的独特产品。

(2)信息不对称导致的市场低效率。对于市场机会,创业者需要紧跟全球市场动向,具备充分的市场知识和信息渠道,随时准备捕捉各区域的相对优势资源和不完全竞争市场机会，比如芯原股份创始人戴伟民正是发现了我国芯片市场的机遇，才放弃自己稳定的大学教授职位创立企业。

（3）政治因素引起的制度变动带来特定资源成本收益的变动。机会总是在不断产生以及消失，在信息全化时代，能否发现产品、市场及政策机会的关键在于创业者的个人判断与胆识。对于政策机会而言，创业者需要拥有基本的国际商务知识，同时建立快速有效的信息沟通渠道，随时关注目标市场的政策动向。总之，国际新创企业引入阶段起始于对国际创业机会的把握。

（三）获得资源的独特渠道

对于资源不足的天生国际化企业来说，国际化进程需要获得外部资源的帮助。主要渠道有两个。

（1）获得国内外风险资本的投资。天生国际化企业的全球扩张目标越远大，就越需要全球性的融资（M. Gabrielsson，V. Sasi & J. Darling，2004）。当前，私募股权基金涌现出对海外潜力企业的增加投资趋势，它们往往在投资后还会给目标企业带来管理、人力资源上的帮助，对企业的短期迅速成长非常有利，而它们在退出资金时常常采用海外上市的形式（如纳斯达克上市），能够大大提升企业国际知名度。因此，获取国际风险投资不仅能够解决国际新创企业资金短缺的问题，还有利于企业早期国际化的进程。百度公司在创立后4年即获得国外风险投资，并借此迅速在美国纳斯达克上市，成为纳斯达克第22只中国概念股。

（2）寻求社会渠道和网络形成跨国企业或跨界项目合作。由于天生国际化企业在创立初期面临着有形的物质资源短缺问题，如资金、人力、规模、设备等；但是企业往往凭借其广泛的社会关系网络形成的无形资源来补足物质资源上的相对缺乏。一般认为，天生国际化企业创业者们的国际社会关系网络，是带有信息和资源的机会结构，可以带给企业三种资本：财务资本、人力资本、社会资本。

☞ **案例阅读**

Helax 公司的成长路径

瑞典医疗器材供应商 Helax 公司的创始人在创立公司之前，就在乌普萨拉大学从事物理学方面的研究，并且接触到计算机物理研究领域的研究人员以及机构主管。1973年，乌普萨拉大学与德国西门子公司签署了一份合作协议，由该大学医院负责提供临床测试的场所和设备，Helax 创始人就是这个项目的负责人。Helax 成立后的第一年，公司就将第一批产品系统销售给位于瑞典斯德哥尔摩、马尔默和乌普萨拉的一些比较有名气的大学医院。因为 Helax 创始人在这之前就已经跟这些大学医院里的研究人员有密切的联系。不仅如此，Helax 创始人还与挪威医疗机构保持着良好的社会关系，凭借此关系企业成功地将产品卖给了挪威首都奥斯陆的一所著名的医院。依然是凭借与英国的西门子常务董事的社会关系,Helax 公司在英国建立了自己的子公司,雇用西门子的员工,聘请西门子的前常务董事作为新公司的常务董事,而该董事在英国有许多社会关系。通过这些社会关系,Helax 将产品销售给英国的几所医院。通过创始人广阔的社会网络,Helax 得以在成立初期迅速得到大量机遇。可见,创业者的社会关系网,以及网络中嵌入了高科技知识团体的资源要素帮助企业完成了初期的建立和发展期的业务拓展。

(四) 国际化发展的独特路径

与传统的跨国企业国际化发展道路不同,天生国际化企业的发展道路具有跳跃性,突破了传统企业国际化阶段式的发展路径,其国际化道路发展特征表现如下:

(1) 在国际化速度上呈现跳跃式发展现象,摒弃传统企业国际化积累经验、稳打稳扎、逐步拓展的成长模式,越过其中某些环节(如形成成熟的国内市场营销模式)。由于国际新创企业的创业者在创业之前就具有海外生活经历以及跨文化交流经验,帮助企业完成了跨文化经营中的文化和地区适应的问题,使得企业可以适当地跨越国际化发展的部分阶段,呈现跳跃式的发展特征。

(2) 在拓展海外市场的策略选择上,并没有从文化心理距离相近的市场入手,而是将目光瞄准全球有潜力的市场。在企业成立的最初几年,国际新创企业可能根本就没有国内业务。而传统的国际化企业的发展道路是从在企业所在国开展业务,逐步积累市场经验以及国际商务知识,再开始尝试拓展具有相似文化背景的海外市场。

(3) 在海外市场的选择上,天生国际化企业着眼于利基市场,有别于跨国公司的大市场着眼点。为了降低成本,跨国公司运用规模经济来降低生产成本和运营成本,所以大市场的标准化和规模化是企业的利好消息和战略政策的发力点。因此,为了避开与跨国公司的竞争,天生国际化企业不得不着眼于为一些较狭窄的全球利基市场提供产品(G.A. Knight & S.T. Cavusgil,1996)。由于一个单一国家的狭小利基市场难以满足其弥补成本的需要,这些国际化中小企业必须同时在多国寻找销售市场,使得其利基市场能够跨越国界,以获得足够大的市场空间。

☞ 案例阅读

青岛金王的国际化进程

青岛金王是一家蜡烛制造厂,创立于 1993 年,创始人陈索斌。创业之初,金王是一家生产工艺玻璃制品以供出口的小作坊,资产不足 2 万元。然而,在经营中陈索斌发现一个现象:客户在购买玻璃制品后,又从别的商家购买蜡烛。至此,陈索斌开始将精力、资金投入到蜡烛产品的研发中。经过多年的探索,一种与传统蜡烛完全不同的果冻蜡在金王研制成功,这种蜡高度透明、无味、无毒,而成本却与传统的蜡烛相同。在此之后,金王更是相继研制出多种全新的蜡烛,凭借独特的产品在蜡烛市场上备受关注。

金王的产品主要销往国际市场,面对国外同行业大型企业,金王的战略思路十分明确：回避与大型企业的正面冲突，开展"蚂蚁战"，借助国内人工、原材料便宜的优势，不停地研发新产品。小而灵活的战术使金王的产品很快占领市场，继而打入国际销售网络。现在，金王已经与世界 500 强前十位商业企业中的沃尔玛、麦德隆、家乐福等七家建立起合作关系，并成为中国第一家使用自己的品牌直接进入沃尔玛销售的公司。

　　与传统的企业国际化的路径不同，金王的路径是：先攻国外市场，后占国内市场。在国外市场取得成功后，金王开始面临企业成长的瓶颈阶段，这时陈索斌敏锐地意识到企业的发源地——中国仍然是一块未开发但是潜力巨大的市场。2001 年年底，金王相继在北京、上海、大连、青岛等地开设近 30 家专卖店，初步建立其国内的物流及零售网络系统。国内市场专卖模式的成功验证了陈索斌抢占国内市场的战略是正确的，陈索斌制定了下一阶段的目标：争取 5 年内开 500 家连锁店，国内销售实现 10 亿元。

　　资料来源：改编自叶飞，秦强.实施国际化战略研究——青岛金王的蜡烛王国.新西部，2011(12)：66，70.

☞ **讨论问题**

1. 大型跨国公司国际化的发展路径是怎样的？
2. 天生国际化企业的国际化路径是怎样的？
3. 试比较分析以上两种企业国际化发展的路径有哪些不同。

第三节　20世纪90年代以后跨国公司的商务活动

一、跨国公司的经营特征

　　跨国公司不同于单国公司之处在于其跨国性。跨国公司以母国为基地，将其实体分布于不同的国家或地区，在多国从事投资活动，由一国的某一大型企业作为其控制、管理和指挥中心。20 世纪 90 年代以后，随着跨国公司数量与规模的增加与扩大，跨国公司的发展步入新时期，其经营呈现以下特点。

（一）跨国并购成为主要的直接投资方式

　　20 世纪 90 年代以来，跨国公司之间的竞争异常激烈。跨国公司为了分摊创新成本，获取技术资产的所有权，提高企业国际竞争力，抢占全球市场份额和取得规模经济，在全球范围内掀起了新一轮的跨国并购浪潮，其发展速度之快和规模之大是前所未有的，主要表现在：

　　（1）跨国并购发展十分迅速。随着经济全球化的快速发展，全球并购（包括跨国并购和国内并购）发展十分迅速，1987—2008 年跨国并购数量以年均 12％的速度增长，1987年的跨国并购数量约为 1187 次，到 2008 年则增加到 9654 次。1987—2008 年的跨国并购总额年均增长率也达到 19％左右，从 1987 年的 972 亿美元增加到 2008 年的 12050 亿美元;跨国并购总额占世界 GDP 的比重从 1987 年的 5.84% 上升到 2007 年的 31%。

(2) 大型跨国并购日益突出。20 世纪 90 年代以来,随着科技创新的加快,对全球技术领先者(主要是跨国公司)的竞争压力日益增大,通过与其他跨国公司合并来提高企业的竞争力已经成为共识,因此并购的规模越来越大。并购金额超过 10 亿美元的并购称为大型跨国并购。1995 年大型跨国并购为 31 件,1996 年上升到 45 件,1997 年达 58 件,到 2008 年上升为 251 件,约占全年跨国并购总额的 68%。大型跨国并购主要以英国和美国为主,在 1998 年的 89 件大型跨国并购案中,英国和美国就占了 63 件。从地区跨国并购情况来看,欧盟、美国仍然是跨国并购集中的区域,2008 年欧盟和美国的跨国并购约占全球跨国并购总量的 2/3。

(3) 跨国并购的行业范围非常广泛。20 世纪 90 年代以来的跨国并购浪潮几乎席卷了所有行业,包括正在失去比较优势或生产能力过剩、需求不足的传统工业(如汽车、能源、钢铁、食品饮料、烟草等),研究费用较高、风险较大的高新技术产业(医药、生物化学、电信、计算机等)和高度发展的第三产业(如金融服务)。

(二) 跨国公司战略联盟成为企业发展的新趋势

20 世纪 80 年代中期以来,伴随着国际市场经营环境的变化,跨国公司为了更好地降低投资风险、增加竞争优势地位,开始选择股权或非股权的战略联盟形式。战略联盟(international strategic alliances)的概念是由美国 DEC 公司总裁简 · 霍普兰德(J. Hopland)和管理学家罗杰 · 奈格尔(R. Nigel)提出的。西方的教材中通常把战略联盟比作婚姻(marriage),每个联盟的伙伴具有吸引对方的独特优势。据统计,在世界 150 多家大型跨国公司中,以不同形式结成战略联盟的高达 90%。联盟与合作成为跨国公司组织创新的一种新趋势。

1. 战略联盟的界定

跨国公司战略联盟(strategic alliance of transnational corporation)是指不同国家间两个或两个以上的企业为了达到一个或者几个战略目标,通过签订长期或短期契约的方式而建立的局部性相互协作、相互补充的合伙、合作伙伴关系联盟,借以实现彼此各方的优势互补、共担风险、共享利润。战略联盟的实质是一种合作竞争,试图取得 $1+1>2$ 的合作结果。1996—1998 年期间,全球建立了大约 32000 个联盟关系,其中大约 70% 以上属于跨国性质。

2. 跨国战略联盟的三种主要类型

(1) 合并式联盟。这种联盟主要是指两个以上的跨国公司出于对整个世界市场的预期和公司自身总体经营目标的意愿,采取的一种长期性合作与联盟的经营行为方式。

(2) 互补式联盟。这种联盟通常是将各自优势的方面联合起来,既发挥各自的优势,又与联盟伙伴密切配合,共同以最佳服务来满足客户的需求。

(3) 项目式联盟。这种联盟通常是跨国公司为获取高附加值及高科技领域发展而采取单个项目或多个项目合作的形式。

3. 20 世纪 90 年代以来跨国公司战略联盟发展新趋势

(1) 战略联盟的合作是全方位的。战略联盟在组织形式上不断创新,一些大公司通过合资、承包、协议等形式，把多个中小跨国公司联合起来，以提高在全球范围内的竞争能力；还有一些企业采取公司群的形式，把相关跨国公司联合起来，互相利用优势，扩大业务活动，以合作求发展。

（2）跨国联盟主要集中在高新技术行业。许多跨国公司在生产、销售、研究与开发以及原材料供应等方面进行密切合作，广泛结成联盟，以求得更大的生存和发展空间。目前，战略联盟主要集中在汽车、航空、电子、石油等高技术密集型产业。

（3）知识联盟代替产品联盟成为跨国公司战略联盟的实质内容。20世纪90年代以来，企业间的竞争不单取决于生产成本和产品质量，更重要的是企业创新能力。因此，跨国公司的战略联盟更多地表现为技术开发和研究共享的知识型战略联盟。知识型联盟加强了跨国公司之间的技术交流，使它们能各自保持市场竞争优势，提高企业的核心竞争能力。

（4）战略联盟由简单粗放型向集约型发展。简单粗放型的战略联盟主要指跨国公司为了扩大企业规模和扩展企业生产价值链而进行的联盟，这种联盟主要发生在跨国公司的生产扩张阶段。20世纪90年代后，随着经济全球化的发展，特别是国际竞争的加剧，这种简单粗放型的战略联盟已经不适应世界生产力发展的需要。跨国公司为保持其核心竞争能力，把生产链上自己不具有核心竞争优势的环节外包给自己的联盟企业，于是就产生了以完善跨国公司生产链、提高各生产环节效率为主要目标的集约型战略联盟。

（三）跨国公司的技术是确保其竞争优势的原动力

技术是公司的立身和发展的根本。新技术的发展和应用可促进公司的技术进步和业绩的增长。企业推广新技术，首先是用机器设备替代活劳动，然后逐步发展到用电脑数控的机器设备替代原有的机器设备；其次是在竞争激烈的世界市场上，跨国公司若要保持优势，或从一种优势转向另一种优势，就必须在研究与开发新技术、新工艺、新产品中始终保持领先地位，否则，它将在激烈的国际竞争中败北。因此，跨国公司对外投资以开发新技术为其经营的主要武器，并且影响企业所在国有关的产业部门；反过来，科学技术的发展加强了国际分工和协作，促进了跨国公司的发展。

跨国公司欲保持技术优势，须仰赖巨额的研究开发投资及特有的技术战略。研究开发投资是新技术产生的摇篮。跨国公司把研究与开发视为明天的产品，投资研究开发就等于投资于未来，投资于市场竞争力。通常研究与开发费用占公司销售总额的5%～10%。同时，跨国公司始终牢牢控制新技术部门的生产和销售。据统计，最大的866家跨国公司其国外总产值中60%集中在先进技术部门，如石油部门为37%，化学和制药部门为12%，电子和电器产品部门为7%；22%集中在中等技术水平部门，如汽车业为9%；而简单的技术部门仅占18%，如食品加工业为9%。技术越先进，研发费用就越高。

（四）大型跨国公司综合型多种经营，能增强总体竞争力

跨国公司的经营范围十分广泛，已经由单一产品生产经营，向综合型、多元化方向发展，它不仅是商品的生产者，而且是技术的发明者和传播者，情报信息和财务管理的提供者，甚至还是企业文化和经营理念的沟通者。综合型多种经营促成母公司内部、母公司和

子公司各自生产不同种类的产品,甚至经营彼此毫不相干的不同行业。20世纪70年代以来,综合型多种经营的跨国公司迅猛发展,其业务经营范围形象地说,就是"从方便面到导弹",几乎无所不包。

综合型多种经营的特点是根据生产、销售过程中内在的需要,将有关联的生产联系起来,进而向其他行业渗透,形成生产多种产品的综合体系。综合型多种经营的优势是:① 增强跨国公司总的经济潜力,防止过剩资本的形成,确保公司顺利发展,有利于全球战略目标的实现;② 有利于资金合理流动与分配,提高生产要素和副产品的利用率;③ 便于分散风险,稳定企业经济收益;④ 可以充分利用生产余力,延长产品生命周期,增加利润;⑤ 能够节省共同费用,增加企业的机动性。

跨国公司多种经营的发展,表明一种新的竞争形式——结构竞争的出现,即通过控制多部门的生产结构,争夺销售市场,从而使其成为多目标生产经营综合体。这种企业多元化经营的结果,一是增强公司的总体竞争力,促进公司全球战略目标的实现;二是实现公司资源的最佳配置和利用,提高资源利用率;三是分散风险,确保公司获取稳定的经济利益。

(五)跨国公司努力开发核心主业,适度兼顾多元化

随着世界经济全球化的纵深发展,世界市场的竞争日趋激烈。跨国公司认识到只有培育公司的核心产业和产品,才能提高公司的竞争力。企业应当通过并购、外包、剥离、整合业务等方式,退出缺乏竞争力的领域,集中力量抓主业。

跨国公司突出主业,是要努力开发公司的"核心业务"。目前很多跨国公司推行"开发主业,剥离非主业"的经营理念。

核心主业是指公司所经营的业务中占据主导地位的业务,也就是公司的强项。通常衡量公司核心主业的标准有:① 公司核心业务销售额占企业总销售额的30%以上;② 该项业务占同行业的市场份额(market share)不低于25%;③ 在同行业中的排名为前几名。

(六)跨国公司借助"参与制",扩大公司规模

跨国公司借助"参与制",以少量自有资本采用直接投资的方式来控制他人的巨额资本。如今的跨国公司所支配的外部资本和外部利润表明,为控制一个公司所需要占有的股份为10%~25%。美国商务部研究报告证实,美国跨国公司国外分支机构的资产相当于其对外直接投资累计总额的5~6倍,跨国公司利用自己手中的金融资本,控制他人的巨额资本,把触角伸向世界市场的任何一个角落。

(七)跨国公司提高跨国化指数,实现公司战略全球化

跨国公司在多国从事经营活动的所有企业,其公司经营的明显特征是跨国化,这也是判断一家企业是否属于跨国公司的重要指标。联合国以及各国政府考察跨国公司在世界市场上的经营情况。采用跨国化指数(transnationality index,TNI)来衡量跨国化指数是以该跨国公司的海外资产占总资产的比率、海外销售额占总销售额的比率和海外雇员占总雇员人数的比率三项指标的平衡数计算出来的。1991—2000年,世界最大的100家大型跨国公司平均跨国指数由51%增长到56%。2004—2008年,这一指数由57%提高到

62%。跨国化要求跨国公司实行战略全球化和经营管理的集中性。

首先，跨国公司的战略以整个世界市场为目标，总公司对整个公司的投资计划、生产安排、价格体系、市场分布、利润分配、研制方向等重大的决策，实行高度集中统一的管理。跨国公司在做出经营决策时，所考虑的不是一时一地的局部得失，而是整个公司在全球的最大利润。公司最高决策机构是董事会，它对整个公司各个实体拥有高度集中的管理权。

其次，公司内部有极强的相互关联性。跨国公司内部各实体之间具有密切的联系，子公司根据母公司的全球战略制订各自的经营计划及措施。而母公司与子公司、子公司与子公司之间，采用合同、协议等形式相互联系起来，从而使公司内部的各个实体能与其他实体分享资源和分担责任。公司在海外设立的许多子公司受控于母公司，在分工协作的基础上，公司内部各单位的业务融为一体，相辅相成。

总之，跨国公司是跨国化经营的企业组织，它从全球利益目标出发，把"融资世界市场战略"、"核心产业和产品多样化战略"和"技术开发和转让战略"有机地结合起来，力图获得最大的经济利益。这就是跨国公司经营的主要特征，也是联合国和各国政府考察跨国公司经营活动的指标。

二、跨国公司投资经营案例

（一）海尔的全球制造业帝国

海尔集团是世界第四大白色家电制造商。海尔在全球建立了 29 个制造基地、8 个综合研发中心、19 个海外贸易公司，全球员工总数超过 5 万人，已发展成为大规模的跨国企业集团，2008 年海尔集团实现全球营业额 1220 亿元。海尔集团在首席执行官张瑞敏确立的名牌战略指导下，先后实施名牌战略、多元化战略和国际化战略，2009 年年底，海尔进入第四个战略阶段——全球化品牌战略阶段。创业 24 年的拼搏努力，使海尔品牌在世界范围的美誉度大幅提升。自 2002 年以来，海尔品牌价值连续 7 年蝉联"中国最有价值品牌"榜首。2008 年，海尔品牌价值高达 803 亿元。海尔品牌旗下冰箱、空调、洗衣机、电视机、热水器、电脑、手机、家居集成等 19 个产品被评为"中国名牌"，其中海尔冰箱、洗衣机还被国家质检总局评为首批"中国世界名牌"。2008 年 3 月，海尔第二次入选英国《金融时报》评选的"中国十大世界级品牌"。2008 年 6 月，在《福布斯》"全球最具声望大企业600 强"评选中，海尔排名第 13 位，是排名最靠前的中国企业。2008 年 7 月，在《亚洲华尔街日报》组织评选的"亚洲企业 200 强"中，海尔集团连续五年荣登"中国内地企业综合领导力"排行榜榜首。海尔已跻身世界级品牌行列，其影响力正随着全球市场的扩张而快速上升。据中国权威市场咨询机构中怡康统计：2008 年，海尔在中国家电市场的整体份额达到 26.2% 以上，依然保持第一；尤其在高端产品领域，海尔市场份额近 30%，其中，海尔在白色家电市场上仍然遥遥领先。在智能家居集成、网络家电、数字化、大规模集成电路、新材料等技术领域也处于世界领先水平。创新驱动型的海尔集团致力于向全球消费者提供满足需求的解决方案，实现企业与用户之间的双赢。在创新实践中，海尔探索实施的"OEC"管理模式、"市场链"管理及"人单合一"发展模式引起国际管理界高度关注。目前，已有美国的哈佛大学与南加州大学、瑞士的 IMD 国际管理学院、法国的欧洲管理学院、日本的神户大学等专门对此进行案例研究,海尔"市场链"管理还被纳入欧盟案例库。在工业和信息化部公布的"2009 电子信息百强企业"名单中,海尔集团以全球营业收入 1220 亿元的业绩,在家电行业中排名第一。张瑞敏说:"海尔是中国的,更是世界的。海尔的目标是一定要成为一个世界级品牌。海尔要把命运掌握在自己手里。"

1. 海尔的全球制造模式

海尔集团最初是通过海外投资办厂来实现国际化战略的,尤其在 20 世纪 90 年代多数中国企业还致力于本土竞争的时候,海尔开始在海外尤其是发达国家建立制造中心无疑是惊人的创举。90 年代后半期开始,海尔陆续在印度尼西亚、马来西亚、菲律宾等国建立生产厂。1999 年美国南卡来罗纳州的生产制造基地设立,标志着海尔集团第一个"三位一体本土化"的海外海尔诞生。其具体运作模式为:设计中心在洛杉矶,生产中心在南卡来罗纳州,而营销中心则设在纽约。

海尔秉持"国际化即本土化"的经营思路,实行当地设计、当地制造、当地销售。

2. "走出去、走进去、走上去":国际化的海尔

海尔集团把自己的国际化战略目标定位为"走出去、走进去、走上去",具体的指导方针为"五个全球化"和"三个国际化"。"五个全球化"涵盖设计、制造、营销、采购及资本运作。设计全球化:海尔集团在全球范围内共有 18 个设计中心,通过整合发达国家的优势资源,在激烈的国际竞争中占有一席之地。制造全球化:海尔集团在全球建有 15 个工业园,真正实现了海尔产品全球造,有效满足了海内外消费者对高质量海尔产品的需求,为海尔集团实现创世界名牌的目标提供了强有力的支持。营销全球化:海尔集团在海外有营销网点五千余个,服务网点一万余个,实现了营销的全球化;海尔集团在推行营销全球化时坚持三个原则——互动、发展、创新。即美国的一些好的销售经验可以被欧洲学习,欧洲的好的销售经验可以被中东采纳,通过召开这种互动会,可以使每个地区都发展起来。采购全球化:海尔集团通过互联网在全球范围内进行网上招标、网上采购,和全球最好的分供方建立战略联盟关系,让分供方不只是供货,还要参与产品的前端设计上来。资本运作全球化:海尔集团通过在产业领域创出的品牌信誉进入金融业,搭建了海尔的金融框架,包括入主青岛商业银行,控股长江证券,成立保险代理公司、人寿保险合资公司、财务公司,为海尔集团的日后发展搭建了更为广阔的舞台;通过资产注入在香港控股一家上市公司——海尔电器集团 50% 的股权,为海尔国际化运作搭建了资本运作平台。

"三个国际化"为:管理的国际化——创造员工忠诚度;服务的国际化——创造用户忠诚度;品牌的国际化——创造国际竞争力。

3. 海尔在全球

经过十多年的海外投资和跨国经营,海尔已经发展成为当之无愧的国际性企业,投资、经营足迹遍布全球。

(1)海尔在美国。1999 年,海尔在美国南卡来罗纳州建立了美国海尔工业园,园区占地 700 亩(约 0.46 平方千米),年产能力 50 万台。2000 年正式投产生产家电产品,并通过高质量和个性化设计逐渐打开市场。2002 年,海尔买下纽约中城格林尼治银行大厦作为

北美的总部。对海尔来说这是一个质的飞跃，代表着海尔要在美国扎根下去。2003 年荣获全美产品设计"金锤"奖。2004 年 7 月 1 日，美国 Target 连锁店与海尔联合在纽约创下了 7 小时内销售 7000 台空调的惊人纪录。目前，海尔产品已顺利入驻美国前十大连锁集团，并获得"最佳供货商""免检供货商资格"等荣誉。为表彰海尔对南卡来罗纳州投资和对当地发展所做的贡献，开姆顿市所在的 Kershaw 县政府将 2001 年的"社区贡献奖"颁发给了海尔；2002 年，南卡来罗纳州政府更授予海尔美国工厂"创造就业奖"，而且为了支持南卡来罗纳州海尔工厂更好更快地发展，南卡来罗纳州政府还给予海尔美国工厂优惠的工资税返还待遇，该项目被认为是贸易带动投资的典范；市政府无偿将市里的一条大路命名为"海尔大道"，这是美国国内第一条以中国企业命名的道路。

（2）海尔在欧洲。2001 年，海尔集团并购了意大利迈尼盖蒂冰箱工厂，加之海尔在法国里昂和荷兰阿姆斯特丹的设计中心及在意大利米兰的营销中心，海尔在欧洲真正实现了"三位一体"的本土化经营。海尔不但拥有欧洲的白色家电生产基地，而且具备了参与当地制造商组织并获取信息的条件，从而为实现在欧洲的"三融一创"（即融资、融智、融文化，创世界名牌）奠定了坚实的基础。2002 年，海尔 6 款冰箱产品率先达到欧洲 A$^+$ 能耗标准，在德国、荷兰、比利时、卢森堡四国，消费者每购买一台达到 A$^+$ 能耗标准的海尔冰箱，政府就奖励 100 欧元，海尔品牌竞争力得到大幅提升，销售额三年内增长 15 倍。在英国，海尔冰箱被 *Ethical Consumer* 杂志评为最畅销产品。在法国巴黎展上，法国海尔人在向法国客户介绍海尔产品时，构成海尔全球化品牌形象的画面里充满了本土化的元素，这是对海尔全球化品牌战略的生动诠释。

（3）海尔在亚太。海尔于 1999 年 4 月在巴基斯坦建立了全球第二个海外工业园，在孟加拉的工厂举行了开工仪式；于 2006 年成立了"巴基斯坦海尔–鲁巴经济区"，这是商务部批准的首个中国境外经济贸易合作区，也是巴基斯坦政府批准建设的"巴基斯坦中国经济特区"；2002 年 5 月，巴基斯坦海尔工业园第一台海尔洗衣机走下生产线。在印度，海尔已拥有近 3000 个销售网点、14 个展示厅。海尔产品已由包括冰箱、空调、洗衣机、洗碗机、微波炉等"白电"系列产品，迅速向电视机、DVD、手机等"黑电"产品扩张。2007 年，海尔通过并购的方式，成功地收购了当地一家冰箱工厂，从此海尔在印度有了自己的工厂。截至 2009 年，海尔已进入印度十大经销商的 8 家。海尔于 2007 年 4 月收购了原属于日本三洋的泰国冰箱厂，使原来属于进口商的海尔一下子变成泰国第二大冰箱制造商。在收购泰国工厂后，海尔已经能够因地制宜，根据泰国人的生活方式设计生产。此外，海尔还在马来西亚、印尼、孟加拉、越南等国建立了工厂，在新加坡设立了贸易公司。

（4）海尔在中东。1990 年，海尔产品首次出口中东，开始了向中东家电市场的进军，之后，在中东地区建立了约旦工业园。海尔约旦工业园建成后，充分利用了约旦与周边的阿拉伯国家之间签订的互免关税协议，使海尔在约旦工业园生产的产品得以迅速进入周边的阿拉伯国家。2002 年，海尔约旦工业园生产的产品顺利进入了伊拉克市场，建立了完善的产品销售网络和服务网络，并在伊拉克战争后，利用既有的网络及约旦工业园的产品又得以迅速抢得了战后的先机。几年来，海尔产品已通过约旦工业园进入了周边的叙利亚、黎巴嫩、埃及、巴勒斯坦等国。海尔的总体市场份额达到了 3%

以上,在约旦成为当地家电品牌的前三名,在叙利亚的波轮机市场份额达到了第一名,滚筒机成为前三名。

(5)海尔在非洲。2000 年,海尔与英国 PZ 集团签订合资协议,在尼日利亚成立合资工厂,进行联合品牌"Haier-Thermocool"冰箱、冷柜、空调的组装以及销售。从合资公司成立以来,HPZ 在尼日利亚市场取得了长足的发展,冰箱、冷柜产品市场份额持续保持第一位,成为尼日利亚当之无愧的第一制冷品牌。海尔同时也在尼日利亚推进发展空调、电视机、洗衣机、热水器以及小家电产品,年营业额超过 1 亿美元。2000 年,海尔与突尼斯 Hachicha 集团在突尼斯合资成立工厂 HHW,于 2001 年 11 月开始建设,2002 年 10 月投产。工厂占地面积 10000 平方米,建筑面积 6000 平方米。工厂每年可组装空调器 3 万台、冰箱 2.5 万台、洗衣机 5 万台。经过 7 年的发展,海尔品牌在非洲很多国家的消费者心中已经树立起了良好的品牌形象,市场份额不断提高,以海尔空调、洗衣机、冰箱为主的系列白色家电以高品质赢得了消费者的赞誉。

(6)海尔模式的争议。海尔通过在海外投资办厂实现国际化目标的这种模式,后来成为中国企业国际化的代表性模式之一,但同时也是一种有争议的模式。它的优点在于可以绕过当地政府反倾销的壁垒,而缺点在于运营的高成本。20 世纪 90 年代海尔在美国办厂时,国内就有很多反对的声音,业内人士认为,在欧美发达国家纷纷被廉价劳动力吸引到中国投资办厂的背景下,海尔——一个发展中国家的企业反而要到欧美国家去办厂,岂不是反其道而为之? 美国《商业周刊》也猜测:"海尔在国际上的现金流一定是负数,他们必须从中国的母公司抽调资金,但他们一定损失了市场份额。"

(7)海尔模式的成功之处。但不管存在什么样的争议,海尔全球化经营的成功的确是有目共睹的事实。从海尔的国际化到国际化的海尔,经营思路的创新是关键。首席执行官张瑞敏将海尔的海外经营管理理念概括为"思路全球化、行动本土化"。这一经营思路在海外人员管理、海外产品研发、海外品牌营销等各个环节都得到了体现。以海尔的海外广告为例,海尔在美国的广告语为"What the World Comes Home To",在欧洲的广告语为"Haier and Higher",充分体现了海尔海外经营的本土化思维方式。

☞ **问题与讨论**

1. 从海尔的全球战略中可以得到什么经验和启示?
2. 你认为应该如何评价这一模式?

(二)宝钢对巴西的投资:另辟蹊径 资源为先

宝钢集团有限公司是以宝山钢铁(集团)公司为主体,联合重组上海冶金控股(集团)公司和上海梅山(集团)公司,于 1998 年 11 月 17 日成立的特大型钢铁联合企业。

宝钢是中国最具竞争力的钢铁企业,年产钢能力约 2000 万吨,盈利水平居世界领先地位,产品畅销国内外。2006 年 12 月 14 日,标准普尔宣布将宝钢集团和宝钢股份长期信用等级从 BBB⁺ 提升至 A⁻。这是目前全球钢铁企业中的最高长期信用等级,也是中国制造业中的最高等级。在全球钢铁企业中，能够获得 A⁻ 评级的企业仅有宝钢和韩国浦项。在六家取得 A⁻ 及以上信用级别的中国企业中，宝钢是唯一一家制造业企业，在国内优秀企业中继续处于领先水平。

宝钢所需铁矿石，约有 96％ 依赖于进口，其中大约 2/3 来自澳大利亚，剩余部分来自巴西。因此，铁矿石价格对其业绩的影响明显要大于鞍钢等国内竞争对手。近年国际铁矿石价格不断攀升，给宝钢带来很大压力。

巴西铁矿砂资源极为丰富，占全球总储量的 6.5％，为世界第一大富铁矿生产国，巴西淡水河谷公司（CVRD）是世界第一大铁矿石生产和出口商，也是美洲最大的采矿业公司，被誉为巴西"皇冠上的宝石"和"亚马孙地区的引擎"。该公司成立于 1942 年 6 月 1 日，除经营铁矿砂外，还经营锰矿砂、铝矿、金矿等矿产品及纸浆、港口、铁路和能源。

宝钢欲在巴西进行投资，这件从 2004 年开始的海外投资案早已为众多财经媒体所关注，而且在报道、辟谣的过程中反复折腾了很长时间。到 2007 年，宝钢最终还是定下了与本来似乎应该是它在谈判桌上的敌人——巴西淡水河谷公司的合作。

宝钢集团和全球矿业巨头巴西淡水河谷公司合资成立的宝钢维多利亚钢铁公司，在巴西圣艾斯普里图州维多利亚市揭牌。

宝钢首个海外钢厂项目并非一帆风顺，谈判时间即达 3 年以上，也显示出宝钢在对外投资中的谨慎和务实态度。据了解，早在 2002 年宝钢与淡水河谷公司联合开矿时，就有过联合建立钢铁生产企业的设想。到 2004 年，宝钢曾对外透露过该项目的进展。但由于在土地、环境评估问题上进展不快，直到 2007 年宝钢维多利亚钢铁公司才揭牌。

在此之前，宝钢的对外投资主要集中在矿山领域，宝钢在巴西和澳大利亚都拥有大型矿山与开矿企业。宝钢首个海外钢厂项目是中国钢铁企业第一个大型海外钢厂项目，具有历史性的意义。这对宝钢在 2012 年实现产能达到 8000 万吨的目标，也是一个有力支持。

宝钢对巴西的投资，首先体现了资源的重要性。从 2004 年开始，中国对铁矿石的需求大增，但由于巴西、澳大利亚等国的 3 家全球性垄断铁矿石开采的公司连续提高铁矿石价格，3 年之内，铁矿石价格涨幅高达 122％。因此，宝钢着力于向海外拓展自己的产业，以现有资金向富产铁矿石的巴西进军，把产业放到巴西去，利用当地与中国差不多成本的劳动力生产钢材，符合企业利益。第二体现了跨国投资要多样化。以前宝钢的投资集中在矿山资源方面，现在对钢铁厂领域的投资，丰富了投资类型，削弱了力拓、淡水河谷、必和必拓在国际钢铁领域的强势地位，增强了宝钢在行业内的话语权。

☞ **问题与讨论**

结合当前整个钢铁行业步入低谷期而宝钢却一枝独秀的现状，你认为宝钢在巴西的投资活动给国内的其他同行提供了什么经验和启示？

（三）中海油并购优尼科的经验与反思

中国海洋石油总公司（CNOOC，简称中海油）是中国最大的国家石油公司之一，是中国最大的海上油气生产商，也是世界最大的独立油气勘探及生产集团之一。公司成立于1982年，注册资本949亿元，总部位于北京，现有员工5.7万人。成立以来，中海油保持了良好的发展态势，由一家单纯从事油气开采的上游公司，发展成为主业突出、产业链完整的综合型能源集团，形成了上游（油气勘探、开发、生产及销售）、中下游（天然气及发电、化工、炼化、化肥）、专业技术服务（油田服务、海油工程、综合服务）、金融服务以及新能源等产业板块。近年来，通过改革重组、资本运营、海外并购、上下游一体化等重大举措的成功实施，企业实现了跨越式发展，综合竞争实力不断增强。2008年，中海油全年实现营业收入1948亿元，利润总额678亿元，集团总资产4095亿元，净资产2059亿元，全年油气当量达4293万吨油当量。在美国《财富》杂志公布的2008年世界企业500强排行榜中，中国海洋石油总公司名列第409位，在英国《金融时报》2008年全球市值500强企业排行榜中，中国海洋石油有限公司位居第101位。

美国加州的优尼科公司（Unocal Corporation）是美国第九大石油公司，有一百多年的历史。其在北美洲的墨西哥湾、得克萨斯州，以及亚洲的印度尼西亚、泰国、缅甸和孟加拉国等地都有石油和天然气开采资产和项目，公司当时的市场价值是117亿美元。业内人士认为，优尼科连年亏损，并曾经向美国政府申请破产，因此处在一个非卖不可的境地。另外，优尼科也不具有壳牌、BP那样的品牌影响，因此早就被列为收购目标。而优尼科选择在国际油气价格偏高的时候出售油气资产，不失为一个良机。同时中海油看重了优尼科现有油气田的潜能、庞大的国外市场以及有助于完成其在美国的借壳上市。中银国际研究部提供的数据表明，截至2003年年底，优尼科石油和天然气总储量共计17.6亿桶油当量（石油占到38%左右），其中50%位于亚洲东部地区。产量方面，亚洲东部地区产量占到该公司2003年石油和天然气总量的46%，其他美国境外地区产量占比为8%。该公司还向泰国提供天然气进行发电，并在印度尼西亚、菲律宾以及泰国拥有热电厂。

2005年，中国海洋石油公司考虑对美国同业优尼科公司发出近185亿美元的收购要约，这起交易如成功，将成为当时中国企业规模最大、最重要的一宗海外收购。然而中海油的竞购计划却遭到了美国政府的阻挠，在经过数月的努力后，最终中海油发表声明，撤回对优尼科公司的收购要约。

当时的情况是：优尼科公司由于经营不善等原因导致连年亏损，并申请破产，挂牌出售。中海油对此表示了收购意愿，优尼科所拥有的已探明石油天然气资源约70%位于亚洲和里海地区，中海油认为优尼科的资源与其占有的市场相结合，将会产生巨大的经济效益。该提议了获得优尼科的友好回应，优尼科公司表示，愿意随时与中海油进行谈判。但收购还要通过美国政府这一关。美国能源部部长波德曼曾表示，中海油并购优尼科必须获得美国外国投资委员会（研究外国公司兼并是否会威胁到美国安全的专门委员会）的批准。该委员会是一个有影响力的跨部门机构，如果它认为某项收购威胁国家安全，它可以建议美国总统予以否决。几名美国政客从一开始就呼吁外国投资委员会（CFIUS）阻止中海油的收购企图，他们认为该交易将把美国石油资产交到由中国政府控制的公司手里，会威胁到美国的能源安全。美国能源部长也认为，这将引发美国政府复杂的审议。

其实，中海油也不是完全没有考虑政治方面的因素。2005 年 6 月 23 日，中海油宣布向优尼科公司发出要约，以每股优尼科股票 67 美元的价格，以总价 185 亿美元，全现金方式竞购优尼科。次日，中海油 CEO 傅成玉就竞购优尼科事宜发表公开声明，表示已经做好了接受美国外国投资委员会审查的准备，并愿意就能源安全和优尼科在美资产所有权等相关问题做出相应的保证。

然而，美国政界的强烈反应仍然让中方企业始料不及。同年 6 月 30 日，美国众议院以 333 票反对、92 票赞成的压倒性优势，否决了中海油收购优尼科公司的计划，这将阻止美国财政部建议政府批准中海油的收购。7 月 2 日，中海油向美国外国投资委员会提交通知书，以便于其展开对中海油并购优尼科公司提议的审查。

在此期间，中海油和优尼科一直在围绕着这次里程碑式的收购进行谈判，并且取得了共识。到 7 月初，优尼科已告知中海油，它将考虑撤回对雪佛龙 165 亿美元收购提议的支持，转而支持中海油 185 亿美元的收购要约。如果这次并购仅仅只限于经济领域的问题，那么至此基本可以确定双方的合作意向了。但问题是，此次并购不同于之前的联想收购 IBM 的 PC 业务，涉及石油这种战略资源，美国政府就变得格外紧张起来，阻止中海油竞购的声音也越来越大。美参众两院甚至分别在 7 月 28 日和 30 日通过了美国 2005 年能源法案。法案附带条款规定特意提到了针对中国经济成长、军备扩充、能源需求等情况，矛头已直指中国！ 在这种情况下，已经不可能把此次并购案当作单纯的商业问题了。

由于受阻于美国的政治原因，8 月 2 日，中海油宣布撤回对优尼科公司的收购要约。随后，优尼科与另一家竞购方——美国石油巨擘雪佛龙共同宣布一个修改过的并购协议，雪佛龙将以 40% 的现金、60% 的股票进行收购（此时中海油报价仍然超出雪佛龙公司约 10 亿美元）。优尼科董事会决定接受此协议，并推荐到在 8 月 10 日的股东大会进行表决。

这样的结果不仅使中方感到遗憾，同样不满的还有优尼科公司的股东们。中海油的报价高于雪佛龙，而且是以全现金方式收购，并且还承诺了不裁员等条件，综合条件明显优于雪佛龙。但由于美国政界的阻挠，优尼科失去了一个很好的竞购方，这对优尼科的股东及员工来说无疑是不利的。由于中海油已撤回 185 亿美元的并购要约，雪佛龙 7 月 19 日提出的以总市值 171 亿美元的股票和现金并购优尼科的方案就成了优尼科股东们在大会上唯一可选的方案。有股东在会上直言不讳地对优尼科董事长兼首席执行官查尔斯·威廉森说，由于中国人在这里受到了不公正的待遇，股东们每股少卖了 5 美元。

连包括美国媒体在内的西方主流媒体也普遍认为是美国的政治压力让中海油的收购功败垂成。《华尔街日报》的报道称：中海油的退出使这宗饱受美国政界反对的竞购画上了句号。它可能对中美经贸关系产生持续的影响。美国之音在一篇分析文章中引述了一位分析人士的观点：最近一段时间，美中贸易摩擦不断，中海油收购优尼科在这种大环境下以失败告终，等于是让美中贸易关系雪上加霜。英国 BBC 认为，美国政治确实是中海油收购优尼科最大的阻力。除纯粹价格考虑之外，中海油的收购其实早已在美国成为政治事件。中国企业赴美收购，应该了解到并购不是谁出价最高就卖给谁。法新社说，中海油即使提高竞价对于消弭华盛顿的政治敌意也毫无帮助，因此决定撤销收购。

实际上，一些有识之士对中海油与优尼科合作的经济效益是看好的。华盛顿国际经济研究所经济学家凯瑟琳·曼说，外国公司收购美国企业可以给美国市场带来资金并扩大市场机会，而中国公司收购美国企业将使中国更主动寻求改善与美国的经济关系。摩根士丹利公司首席经济学家斯蒂芬·罗奇说，这些收购将使中国公司"成为股东"。他认为，中国公司动用与美国贸易盈余产生的外汇收购美国公司，对美国经济来说，比中国政府持有美国政府债券更有好处，因为这种投资更加稳定。新加坡《联合早报》一篇社论也认为，中国企业收购美国优尼科公司是一个比较单纯的商业行为，并不意味着美国的安全利益和经济利益将受损，反而会对美国经济有利，它将导致大量资金从中国回流到美国，有助于美国产品在中国市场获得更大份额，将使中国更愿意与美国保持稳定和密切的经贸关系。

总之，中海油竞购优尼科失败超出了一般意义上的商业并购范畴，应该客观、全面地去分析和判断。

既然要出国同跨国巨头比拼，那么成功或失败也就在所难免。但在这类属于"一个愿买，一个愿卖"的交易中，也传出了一些不和谐声音，其中最刺耳的莫过于政治层面的声音。

1. 中海油收购缘何而败？

（1）"冷战思维"作祟。美国国内将原本单纯的商业操作"泛政治化"，非经济因素成为中海油竞购失利的关键。美国有些人从根本上反对和害怕中国，美国一些阶层与民众不愿意看到本土大公司被收购，而美国更不愿意看到另一个大国的崛起。因为崛起的巨龙令他们感到不安，认为自己世界霸主的地位在受到挑战，于是他们用"中国威胁论"来制造对立。马里兰大学的一位经济学教授指责说："中国人显然已经决定到美国投资。他们的目的是获取技术，扩大影响力并削弱反对他们的力量：他们是想腐蚀美国的政治制度。"美国的两位议员甚至提出，中国正在进行着一项"可理解的但充满野心的抢占能源的项目"。再加上国企的特殊性，商业投资也往往被其他国家当作是政府行为而染上了政治色彩。中海油的失败就是一个典型的例证，中海油是一家遵从市场规则的现代公司，却成了美国政界反华情绪的牺牲品，一个双赢的、简单的企业并购行为，就这样被无端地政治化了。

（2）西方国家的双重标准。在对待与中国有关的问题上西方国家常常玩弄双重标准，中海油的并购是按照美国人的规则进行的，但美国方面宁愿出台新的法规，改变政策及审批程序，也要阻止中国企业的投资。虽然西方国家标榜他们的自由经济、市场经济，但事实却非如此，发展中国家不能迷信西方国家实行的就是绝对的自由市场经济。

（3）地缘政治因素。中海油的失败，其实是败给了美国人赤裸裸的经济民族主义，因为中海油当时的竞争对手是美国的雪佛龙。这个案例给了中方这样一个教训：中国企业在收购外国企业的时候，地缘政治是必须要考虑的重要因素。

（4）对手的强大攻关。在这场竞购中，中海油的竞争对手——雪佛龙可谓使出了浑身解数,大打政治牌,发动美国 40 余位国会议员向布什总统递交公开信,以国家安全和能源安全的名义,要求政府对中海油的并购计划进行严格审查。甚至在中海油发出主动收购要约之前 6 天,加州共和党人理查德·庞博就写信给布什总统,担心中国企业集团对优尼科的收购企图会对美国的国家安全构成威胁。而知情人士指出:庞博与中海油的竞购对手——美国石油巨擘雪佛龙关系密切。相比之下,中国企业国际并购的经验还不丰富,在运用外交和国家力量促进交易过程中显得还不够老练。

此外,还有作为战略资源的能源问题的敏感性等因素的影响。

2. 中海油得到了什么?

宣布竞购之后,中海油的股票持续上涨,虽然最终中海油竞购失利,但股票不跌反升,退出竞购的消息在海内外资本市场上甚至得到积极反应。中海油股票当天在香港股市上从 4.175 港元涨到 5.55 港元,涨幅达 32.9%;其市值也从 1700 多亿港元增加到 2200 多亿港元。在纽约股市上也上涨了 4.15 美元,涨幅达 5.99%。经此一役,中海油的企业形象和国际知名度大大提高了。而且,经过这件并购案的沉思后,积累了经验教训,也树立了信心,中海油的海外投资之路走得更加坚决和稳健了。

☞ **问题与讨论**

你认为中海油收购优尼科失败的主要原因有哪些?从中可以为今后中国企业的收购活动总结出哪些经验教训?

☞ **复习思考题**

1. 什么是跨国公司?跨国公司有哪些分类标准和方式?

2. 什么是世界 500 强企业?他们具有什么共性和特点?

3. 跨国公司的投资经营活动有哪些特征?

4. 结合案例说明跨国公司在国际商务中应该注意哪些问题。

第七章

国际商务之战略视野

☞ **教学目标**

1. 了解企业经营的基本目标与企业发展战略,掌握跨国公司国际战略类型与特点。
2. 了解跨国公司组织结构设立的一般原则,掌握跨国公司组织结构的类型与特点。
3. 理解跨国公司组织结构选择的现实依据。

☞ **导入案例**

Zara 的全球生产与企业组织设计

Zara 是西班牙 Inditex 公司旗下的服装品牌,总部位于西班牙西北部的拉科鲁尼亚市。1975 年,Zara 开设了第一家店铺,2003 年,Zara 的销售达到 40 亿美元,仅次于 Gap(160 亿美元)和瑞典服装公司 H&M(约为 50 亿美元)。1996—2003 年销售额上涨了 400%,利润增加了 600%,达到 4000 万美元,投资回报率从 20% 上升到了 23%。国际收入占其总收入的将近一半。

Zara 的成功与公司的全球战略,以及价值链各个环节有机资源整合有密切的关系。Zara 通过整合设计、速度、生产、及时反馈、信息技术和电子商务模式,重新定义了信息技术和时尚,将高端的时尚和中等的价格相结合。Zara 将巴黎时装秀的最新时尚元素引进到纽约店铺的成衣中,过程只要两星期,而行业的标准期限为六个月。Zara 同时根据时尚季节性的变化创造新的设计,以满足时髦消费者的需求。Zara 的成功建立在对产业链各个环节(设计、生产、物流、配送、销售)的有机整合上。

(1) 在设计环节上的时尚元素的快速捕捉。Zara 有 300 名左右的设计师,他们时刻追踪着市场、时尚潮流和消费者设计偏好,每年研究各种产品超过 11000 项,设计者从多方面取得创作灵感,包括与店铺经理的交谈,关注于服装时尚杂志、电视、网络、电影、高校校园和夜总会的潮流。Zara 的设计者能迅速捕捉到服装秀照片中的时尚元素并将之变成大众市场的流行元素。Zara 并不专门为任何一个国家的消费者设计特别的服装。公司的管理层解释说,全球时尚和品位的趋同使其采用了设计标准化的策略。总的来说,85%~90% 的 Zara 产品在全球的连锁店里都是一样的。当然,Zara 的一些产品仍然会考虑具体国家消费者的生理、文化和气候差异等因素，而进行诸如尺寸等细节上的微调，比如日本的尺寸要稍小，阿拉伯国家女性服装有特别要求，南美洲有反季节性等。

（2）在采购环节上的全球采购与协调。Zara 通过设在北京、巴塞罗那和香港的采购办公室和总部工作人员从外部供货商处取得原材料。同时也从西班牙、印度、摩洛哥和亚洲东部地区采购布料、其他原材料和成衣。进入 Zara 采购网络后，供应商可以根据 Zara 的要求协调生产。一半的布料是未经染色的，所以可以根据新的设计很快做季节性的更新。

（3）在生产环节上的多层次性。Zara 的所属服装加工企业的规模和等级具有层次性。Zara 既有资本密集化的加工工厂，也有为了节约成本进行的服务外包业务。Zara 聘用 14000 名以上的员工在其所拥有的 20 多个工厂生产超过 40%的衣物。20 多个工厂中有 18 个在总部附近。Zara 自有的工厂自动化程度很高，属于资本密集化生产过程。对于工厂的管理采用了丰田汽车公司的 JIT(just-in-time)实时管理系统。

在现代化生产背后，Zara 还建立了劳动密集型的手工作坊网络加工生产单位。这些来料加工作坊大部分位于加利西亚省和葡萄牙北部交界处。这些作坊主要从事劳动密集型和规模密集型工作，将工厂分割好的衣服碎片缝起来。企业的规模都不大，平均有20～30 个雇员，也有超过 100 人的，这都是由生产的产品类型来决定的。他们的生意几乎全部来自 Zara，Zara 同时还提供给他们工具、技术、物流和资金支持，并且按照公允价格支付费用。其实就是 Zara 将特殊的布料剪裁好，然后将这些碎片运送到作坊中，再由作坊加工成完整的衣物。成衣运回 Zara 后，经过检验、熨烫、折叠、装袋、电子贴标等工序，然后被悬挂在轨道上，经过 200 千米长的地下运输通道到达物流中心。

（4）在物流环节上，高科技手段的运用，减少了库存。不论是内部生产还是通过合同外购的所有成衣，最终都送入位于拉科鲁尼亚的巨型配送中心，或者进入位于巴西和墨西哥的卫星配送中心。配送中心使用移动跟踪系统，可以将悬挂的衣物引入带编号的目的区域，之后传输机每小时能处理 45000 件叠好的衣物。Zara 商店每周会有两批新产品到达，所送的产品都根据当地商店电脑系统的统计即时派发，互联网将其信息及时地发送到总部。公司的物流主管认为，库房是使商品流动的地方，而不是储存商品的地方。她说，"大多数衣服只在这里待几个小时"，而且从未有任何一件超出三天。第三方投递服务根据程序化的信息将商品送到商店。Zara 的存货只占其年收入的 7%，而其同行们的水平一般都停留在 15%～19%。

（5）在企业的组织设计上，全球虚拟企业与实体店铺的完美结合。在总部，设计者建立虚拟店铺空间，尝试可行的主题、颜色、橱窗和店铺中商品和模特的展示。Zara 在各国的实体店铺，多位于引人瞩目的消费区，通常是该市场的主要购物中心，比如巴黎的香榭丽舍大街、伦敦的摄政街(也称丽晶街，Regent Street)，纽约的第五大道等。

Zara 的商店有两个主要使命：第一，向世界展示总公司的风采。第二，是大众市场调研的代理。Zara 在向世界展现自己最好的一面上花了很大工夫。当地的橱窗设计人员和内部装潢人员每隔三周就会走访每一个店铺，确保橱窗和内部装饰都向人们传递了正确的信息。这样的标准也适用于员工：雇员都穿着 Zara 的制服工作；店长每季两次从当季服装中选择制服,然后将选择报交总部批准。店长和店员决定增加哪些商品,下架哪些商品以及提出其他建议。Zara 为每位销售人员配备了无线手持通信仪,可以随时将时尚潮流、顾客评价和订单传输给总部。联网的 Zara 商店源源不断地将销售数据传输给总部的设计师、工厂和位于拉科鲁尼亚的物流中心。Zara 的 CEO 说,店长完成这些任务的能力好坏,是决定 Zara 全球扩张最重要的因素。

资料来源:约翰·D.丹尼尔斯,李·H.拉德巴赫,丹尼尔·P.沙利文.国际商务:环境与运作(英文版·原书第 1 版).石永恒,译.北京:机械工业出版社,2008:263.

第一节 企业目标与企业一般战略

一、企业基本经营目标下的战略

(一) 企业战略的界定

英语中,strategy 一词来源于希腊单词 stratagia,用于军事,是指导战争全局的计划和谋略。在古汉语中,"战略"一词是指"战争的方略"或"用兵的谋略"。按《辞海》的解释是:"泛指重大的、带有全局性和决定全局的计谋。"由此可以推演企业战略应是指企业在市场竞争条件下,通过分析企业内、外部环境的基础上,为求得生存和发展而做出的全局性、长远性的计谋。

钱德勒(A.D. Chandler)在《战略与结构:美国工业企业历史的若干篇章》(1962)一书中指出,战略是决定企业的基本长期目标,以及为实现这些目标采取的行动和分配资源。该界定被认为是将战略应用于经营领域的最早定义。

美国哈佛大学商学院教授安德鲁斯(K.R. Andrews)认为,战略是目标、意图或目的,以及为达到上述目的而制订的主要方针和计划的一种模式。这种模式界定了企业正在从事的或者应该从事的经营业务,界定了企业所属的或应该所属的经济类型。

美国哈佛大学教授迈克尔·波特(M.E. Porter)认为,战略是公司为之奋斗的一些终点与公司为达到它们而寻求的途径的结合物。波特的定义概括了 20 世纪 60—70 年代学术界对公司战略的普遍认识。

加拿大麦吉尔大学管理学院教授亨利·明茨伯格(H. Mintzberg)将企业战略的内容定义为 5p 模型,即计划(plan)、策略(ploy)、模式(pattern)、定位(position)、观念(perspective)。他认为,企业战略是一种事先的计划,是对未来行动方案的说明和要求;企业战略也是一种策略,目的是用智慧战略战胜竞争对手;企业战略是一种连续一致的决策模式,也是一种定位,是在组织和环境的匹配中找到最能充分利用组织有限资源并使其持续创造利润的方法;企业战略是一种观念或视野,反映的是组织成员共享的思维方式。

英国学者约翰逊(G. Johnson)和司格尔斯(K. Scholes)在 2002 年合著的《研究公司战略》中指出,战略是通过有效地整合企业内部资源,以在变化的环境中确定企业的发展方向和经营范围,从而获得竞争优势,满足市场的需求。他们将企业战略定义为:一个组织长期的发展方向和发展范畴,它是指通过部署相应的资源帮助企业在变化的环境中满足市场需求以获得竞争优势,实现组织的期望。

尽管以上界定多种多样,其实质是揭示企业根据市场状况,结合自身资源,通过分析、判断、预测等环节设立企业愿景目标,并对实现目标进行总体性、指导性的谋划。无论怎样变化,企业的战略设计最终要服务于企业的基本经营的盈利目标。

(二) 企业的基本经营目标

企业作为营利性的自主经营组织机构,其基本经营目标(或者说组织愿望)就是实现更大的经济价值创造。而企业进行的经济价值创造的大小由企业生产成本与消费者剩余之间的价值差额来度量。

由图 7-1 可见,企业的价值创造(value creation)取决于 V 与 C 之间的差额。因此,要增加价值创造的面积,可以通过提高顾客对产品的预期价值(V),或者降低产品单位成本(C)来实现。

基于上述逻辑,迈克尔·波特认为实现和扩大企业的价值创造,可以通过低成本战略和差异化战略来实现上述目标。降低成本则可以通过规模经济、学习效应、区位经济等手段来帮助实现;差异化战略则可以通过提高顾客对产品的预期价值(V)来实现。具体来说,企业可以通过改进设计、功能、包装等方式提高产品的差异性,间接影响消费者对产品的心理定价,扩大消费者剩余面积,使企业可以以较高的定价获得更大的市场和更多的顾客。

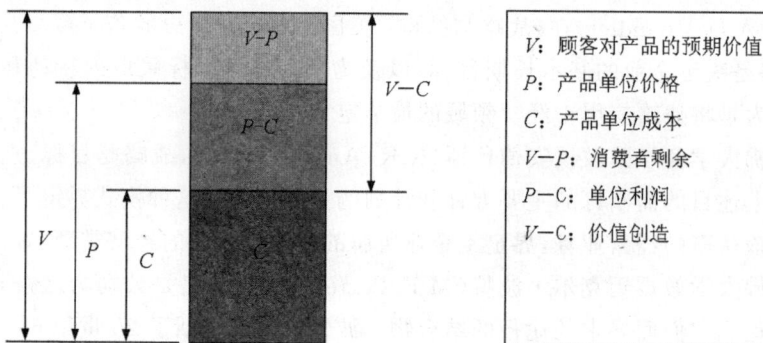

图 7-1　企业的价值创造分解

V：顾客对产品的预期价值
P：产品单位价格
C：产品单位成本
$V-P$：消费者剩余
$P-C$：单位利润
$V-C$：价值创造

现实中,企业价值创造的量化评估指标有两个:企业的收益率(profitability)和利润增长(profit growth)。企业的收益率是企业所投入资本的回报率,计算方法是用企业的净利润率除以总投资资本。利润增长由净利润增长的百分比计量。一般来说,较高的收益率和较高的利润增长率会增加企业的价值,从而增加企业所有人、股东所获得的回报。收益率的提高可以通过降低成本和增加企业产品价值来实现;而利润增长可以通过增加原有市场销售量和扩大市场规模来完成(见图 7-2)。

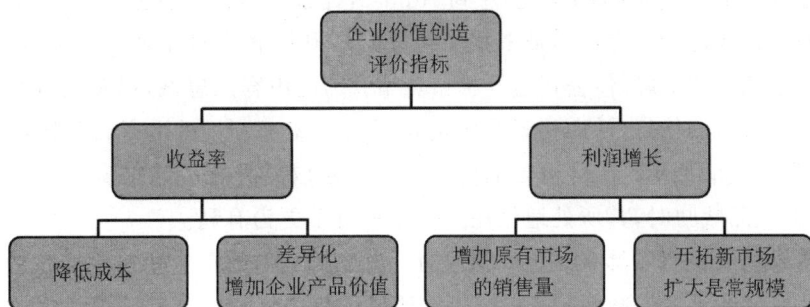

图 7-2　企业价值的决定因素

二、企业的基本战略

迈克尔·波特在《竞争战略》一书中指出,现实中企业为了创造和获取更多的商业价值往往采取以下三种基本战略。

(一) 差异化战略

差别化战略(strategy of differentiation)是指企业或经营性组织以差别化为企业组织的战略目标,通过对具有不同偏好消费者的满足来获取市场,实现企业的战略目标。在差别化战略指导下,企业力求选择被产业内许多客户视为必要的一种或多种特征,并为其选择一种独特的地位,以满足客户的要求并以此获得溢价报酬。差别化经营赖以建立的基础是产品本身的属性、销售交货体系、营销渠道等因素,即差异化的形成可以是多方面的:既可以是管理层面上的,又可以是制造工艺上的;既可以是有形的,也可以是无形的。

成功的差别化经营企业,需要能够创造并保持产品溢价超过企业为形成产品特性而形成的附加成本。这样,企业才能成为行业中盈利高于平均水平的佼佼者。例如,苹果公司的智能手机 iPhone 就是凭借差异化战略,赢得了行业竞争的优势地位并获得了丰厚的溢价报酬的。iPhone 智能手机以多点触摸屏取代传统手动键盘是对手机性能上的重大改进,电池 300 小时的待机性能、6 小时的连续通话时间都是其在性能上的突破;在产品配置上,iPhone 优越于诺基亚 2007 年推出的智能机王 N 类别产品,同年推出的 iPhone 手机的内存、专用图形芯片和储存空间,使 iPhone 成为一台超小型电脑;在操作系统方面,iPhone 采用经过界面优化的桌面电脑操作系统 MAC OS X,使得其运转迅速、界面华丽、操作简便,并附有功能完整的 E-mail 软件和网络浏览器。这些产品差异性使得 iPhone 在推出 8 个月后就占据了超过 70％的移动网络浏览器市场,并超过 20％的美国智能手机市场,大于诺基亚、三星、摩托罗拉的总和,仅次于 RIM 公司。

采取差异化战略需要企业具备一定的能力。该战略要求企业拥有强大的研发与创新能力、独特的产品工艺设计能力及质量上的领先;同时要求企业的市场营销部门有灵敏的市场嗅觉,能够对消费者的需求做出快速反应,且能对研发与营销进行有效的协调。那些拥有特殊要素国家的企业有可能会用国际差别化战略。大多数跨国公司主要通过广告建立的品牌来实现差别化,增加企业产品的市场辨识度。例如,在全球鞋业品牌中,提起篮球鞋就会想到 Nike,提起足球鞋就会想到 Adidas,提起帆布鞋就会想到 Converse,等等。

实现差异化战略可以为公司带来很多利益：① 利用客户对品牌的忠诚,以及由此产生的对价格敏感度的下降,使公司避开价格竞争；② 运用客户忠诚,以及竞争对手要战胜这种独特性所付出的代价,从而构筑强大的市场进入壁垒；③ 运用产品差异化所带来的较高收益可以缓解供应方在价格方面的压力；④ 采取差异化战略而赢得顾客忠诚的公司,在面对替代品威胁时,其所处地位比其他竞争对手更为有利。

实施差异化战略同样具有一定的风险性,可能表现在：① 竞争对手的仿效；② 差别化基础对消费者的重要性减弱；③ 相对成本地位的丧失；④ 目标市场被竞争对手进一步细分,且竞争对手由此获得更大的差别化优势。

（二）成本领先战略

成本领先战略（overall cost leadership）,又称低成本战略（strategy of low-cost leadership）。它是以谋求在某一行业中最低成本为企业的战略宗旨,以低成本优势吸引众多对价格敏感的消费者,扩大市场份额,谋求更大收益的经营战略。获得成本领先优势的手段有多种,可以是规模经济、专有技术、优惠的原材料及其他因素。在不同时代也各有侧重。如,在 20 世纪的大部分时期,批量生产、大规模分销是企业以低价获取竞争优势的主要手段；在 20 世纪 90 年代以后,企业通过重构、削减规模以获得动态的竞争优势。

在该战略的指导下,企业的目标是要成为行业中的最低成本生产厂商。它只要将价格控制在产业平均水平或接近平均水平上就能够获取优于平均水平的经营业绩。推行成本领先战略的企业,可以选择按照行业平均价格出售产品,从而获得更高利润率；或是以低于行业平均水平的价格出售,以扩大销售量,提高市场占有率。

成本领先从形式上看是产品的市场价格低于其他的同类产品。因此,人们容易将成本领先战略混同于价格战略。但这两者有本质上的区别。以削价为特征的价格战略往往是以牺牲企业利益为代价的战略形式,可能会造成在一定时期内的企业亏本运营；成本领先战略则是试图通过科学化管理或者技术创新等手段来降低单位产品的成本,并在行业内获得长久的竞争优势。

成本领先战略可以帮助企业获得高于行业平均水平的利润,使得企业拥有更多的战略选择权和主动权,可以有效抵御竞争对手的竞争,增加企业与供应商议价的能力。例如,京东商城作为中国最大的自营式电商企业,有突破 1 亿的注册用户（其中 4740 万为活跃用户）以及超过 100 万平方米的仓储面积,后者不仅为京东商城削减运营成本和物流成本提供了可能,又给潜在进入者制造了巨大的进入壁垒。

成本领先战略有其一定的适用条件。从企业的内部条件上看,需要具备：① 拥有充足的资本、持续的资本投入以及稳定的资本来源；② 具有完善的生产加工工艺；③ 具有低于行业平均成本的分销系统。从企业的外部条件上看,所需条件是：① 行业内的产品标准化或者同质化程度很高；② 顾客使用产品的方式基本相同；③ 实现产品差异化的方式较少；④ 行业内的价格竞争十分激烈；⑤ 顾客的转换成本很低,并具有很强的议价能力。

成本领先战略存在一定的风险,表现在：① 竞争对手的模仿；② 技术变革；③ 成本领先的其他基础受到侵蚀;④ 相对差别化地位的丧失;⑤ 专一企业从中获得更低的成本优势等。

对于上述两种企业竞争战略是否有兼容性的问题,波特认为,在战略选择上徘徊不决(stuck in middle)的企业注定将是低利润的结果。犹豫不决可能使企业错过最佳的机会,导致企业一无是处。两种战略的区别见表 7-1。

表 7-1　差别战略与成本领先战略对比

	差别战略 (创造顾客认知差别)	成本领先战略 (形成低成本差别)
竞争核心	以产品或服务别具一格、与众不同带来的利润补偿因追求差异化而增加的成本	以低成本取得领先地位
技术与资源	强大的生产营销能力;产品加工;对创造性的鉴别能力;很强的基础研究能力;在质量或技术上领先的声誉;悠久的传统或独特的技能	大规模高效的生产设施;持续的资本投资和良好的融资能力;工艺加工技能;对工人严格监督;所设计产品易于制造,标准化、通用化、系列化;低成本的分销系统
组织要求	在研究开发、产品开发和市场营销部门间的密切配合;重视主观评价与激励,而不是定量指标;有轻松愉快的气氛,以吸引高技能工人、科学家和创造性人才	结构分明的组织与责任;以满足严格定量目标为基础的激励;严格的成本控制;经常、详细的控制报告

(三) 集中战略

集中战略(focus strategy)又称专一化战略,是指企业把经营范围集中在某个目标市场,为特定的地区或特定的购买群体提供特定产品或服务的一种战略。由于集中战略的目标明确且集中,可以使企业深入钻研有关专门技术和业务,了解产品市场、用户以及同业竞争情况,实现生产高度专业化,增加收益,降低成本。

集中化战略实施方法包括单纯集中化、成本集中化、差别集中化和业务集中化等。单纯集中化是企业在不过多考虑成本和差异化的情况下,选择或创造一种产品、技术和服务为某一特定顾客群体创造价值,并使企业获得稳定可观的收入。成本集中化是企业采用低成本的方法为某一特定顾客群提供服务。通过低成本集中化战略可以在市场上获得比领先者更强的竞争优势。差别集中化是企业在集中化的基础上突出自己的产品、技术和服务的特色。企业如果选择差别集中化,那么差别集中化战略的主要措施都应该用到集中化战略中来。业务集中化是企业在不过多考虑成本的情况下,按照某一特定客户群的要求,集中企业中的某一项较好的业务,如物流企业可选择准时制配送、流通加工、仓储等。业务集中化可使企业某项业务的竞争力增强。

然而,实施集中化战略是存在风险的。风险包括:

(1) 由于细分后的目标市场狭小,难以支撑必需的生产规模,可能会带来高成本,从而导致在较宽范围内经营的竞争对手与采取集中战略的企业在成本上差距扩大,抵消了企业在目标市场上的成本优势或差异化优势。

(2) 以较宽的市场为目标的竞争对手也采取相同的集中战略,或者竞争对手从企业的目标市场中找到了可以再细分的目标市场，并以此实施集中战略，从而使原来实施集中战略的企业失去竞争优势。

（3）由于技术进步、替代品的出现、价值观的更新、消费者偏好的变化等原因，使得细分的目标市场与总市场之间在产品或服务的需求方面差别变小，从而企业采用集中战略赖以生存的基础丧失。

（4）竞争对手认识到集中战略的有效性，对企业已经细分的目标市场进行再细分并且采取集中战略。

☞ **案例阅读**

沃尔玛的成本领先战略

沃尔玛是世界最大的连锁零售商，总部位于美国阿肯色州的本顿维尔，控股人为沃尔顿家族，截至 2017 年，该企业已经连续四年在美国《财富》杂志评选的世界 500 强企业中居首。沃尔玛的成功在很大程度上依赖于长期实行的成本领先战略，沃尔玛的低成本战略是一个全方位的系统构建，集生产、物流、营销为一体。具体的措施如下。

1. 采用最新的信息技术管理企业

沃尔玛的信息系统是全美最大的民用系统，甚至超过了电信业的巨头美国电话电报公司。沃尔玛在 1960 年最早使用计算机系统跟踪存货，在 1974 年全面实现 SKU(stock keeping unit)单品级库存控制。1980 年最早使用条形码，1983 年启动卫星通信系统，1984 年最早使用 CM 品类管理软件，1985 年最早使用 EDI 系统，1988 年最早使用无极扫描枪，最早与宝洁公司等大的供应商实现 VMI-ECR 产销合作，2004 年与全球数据仓库解决方案的领导者 NCR Teradata 合作以扩大其数据库。这些措施都使沃尔玛的成本得到了显著降低，从而大幅提高了资本回报率和劳动生产率。

2. 建立完善的物流配送体系

沃尔玛并不直接将货物送到商店，而是先将货物运到离商店最近的配送中心，然后再进行转运。这样便减少了配送的次数，极大限度地降低了成本，加快了存货的周转。早在 1996 年，沃尔玛就已拥有了 30 个配送中心，所售商品 85% 都是通过其配送中心运输。沃尔玛的车队采用小数量、多频度和准时制的运送方式，利用卫星通信、全球卫星定位系统(GPS)和数字式电子地图建立最佳的车辆调配体系。卫星通信网络系统使沃尔玛的供应商和分店在每一个销售点都能形成作业连线，在短短数小时之内完成"填妥订单—各分店订单汇总—送出订单"的流程，降低了库存，节约了成本。

3. 形成对供应商的议价能力

沃尔玛一直把"天天低价"视为其最大的竞争优势，而采购环节是沃尔玛低价策略得以施行的关键因素。沃尔玛通常越过中间商直接向制造企业订货，从而节省了大量佣金。同时，沃尔玛向供应商提出降价 2%～6% 的要求，如果供货商不予合作，沃尔玛就会终止与其业务往来。即使是美国最大的日用洗涤、护肤品制造商宝洁公司也不得不对沃尔玛做出适度的让步。

沃尔玛还对供应商建立了准入制、会员制和定期评价体系,通过计算机互联网和电子数据交换系统与供应商分享信息,建立合作伙伴关系。供应商可以通过这个系统随时了解其商品在沃尔玛各分店的销售和库存情况,以便进行生产和发货调整,从而提高效率和降低成本。事实上,大多数供应商都选择在沃尔玛的总部派驻长期代表,这样无须中间商便可以直接和沃尔玛协调公司的生产、发货和订货事宜。

资料来源:① 汤向东.沃尔玛的竞争战略分析.价格月刊,2012(3):29-32.
② 王孜.沃尔玛在华本土化过程中的战略分析.知识经济,2009(14):108-109.

☞ **讨论问题**

1. 在互联网销售日益壮大的中国,实体商店进一步发展受到电商平台业务拓展的制约和冲击,你认为沃尔玛的成本领先战略在中国未来的发展前景如何?为什么?

2. 据称沃尔玛的卫星系统在中国北京这样人口密集的国际化大都市,也会遇到因交通运输上的拥堵问题而导致的最先进的卫星通信系统也无法解决的物流难题,致使 JIS(Just in Time)方式在中国一度失灵瘫痪,你认为沃尔玛如何才能克服其在中国发展过程的水土不服的问题?

第二节　企业一般目标引导下的跨国公司战略

将企业的价值创造作为跨国企业的经营目标,把实现企业的收益率提高和利润增长作为实现目标的现实手段,跨国公司的国际战略决策上需要考虑两个看似矛盾的决策性问题:是采取产品的标准化战略,还是产品的差异化战略。前者可以较好地满足降低成本,规模化经营的目标;而后者增加了产品的特性来满足特定市场上差异性的消费者心理诉求,提高了顾客感知价值,也能帮助企业通过走高价策略实现跨国公司的正常企业盈利。

跨国公司提出的多国本土化与全球标准化战略是基于国际市场上企业竞争环境下的两种压力(成本降低和地区适应性)的需要。根据跨国公司对两种压力回应程度的不同,将跨国公司的战略分成四种:国际战略、全球战略、本土化战略、跨国战略(见图7-3)。

一、国际战略

国际战略(international strategy)是指向国外市场转让当地竞争者缺少的技能和产品,利用母国的创新来提高海外子公司的竞争地位。国际战略是一种以本国为中心的战略,这种战略的核心内容是确定母公司在技术创新和开发能力上有怎样的竞争优势以及在产品生命周期的哪个阶段可以跨国经营。因此,跨国公司拥有创新技术实力是采用这种战略的前提条件。

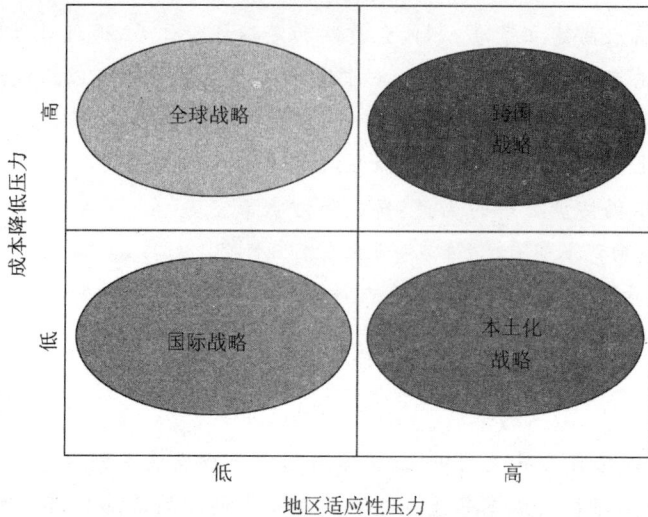

图 7-3　跨国公司基本战略类别

资料来源：查尔斯·W.L.希尔，威廉·埃尔南德斯-雷克霍.现代国际商务（英文原书第 7 版）.北京：机械工业出版社，2013：265.

　　国际战略适用于技术垄断性跨国企业，企业面对的成本压力和本土化压力都较低，跨国公司在国际市场上尚没有很强大的竞争者，企业的产品是国际市场所需要的产品和服务。美国的跨国公司早期一般都采用国际战略。例如，美国的施乐公司在 20 世纪 60 年代受到复印技术专利的保护，曾经在全球没有竞争对手，处于市场的垄断者地位，所以施乐公司可以在全球高价销售一种基本型号的产品，并对产品收取较高的价格。

　　国际战略的优点是集中管理，规模化效应，可以节约大量的成本。缺点是产品对东道国当地市场需求适应能力较差。总之，选择这种战略需要跨国公司具备核心竞争力，同时企业面临本土化和降低成本的压力都较低。

二、全球战略

　　全球标准化战略，简称全球战略（global strategy）。它是指跨国公司从全球角度出发，利用不同国家和地区的区位比较优势，把价值链的各个环节和职能加以分散和配置，有机地结合，实现综合一体化的经营，努力降低成本，获得长期利益。因此，全球战略企业强调的是增加盈利的能力。

　　采取全球战略的企业强调通过规模经济、学习效应以及区位经济实现成本的降低，以提高盈利能力和盈利的增长。其实质是全球范围的低成本战略。这种战略适合全球整合压力很大，而当地响应压力不大的企业。

　　全球战略存在的问题可能是：全球化需要增强协调、加强报告甚至增加员工，这将会明显引发管理成本；公司决策上过度集中化可能会损害当地公司的动力和士气；产品标准化可能会导致某个产品不能满足当地客户需求；商务活动集中化可能会降低对本土的反应速度和灵活性。

三、本土化战略

本土化战略(localization strategy)，又称多国战略(multi-domestic strategy)。该种战略是根据不同国家的市场需求，提供能满足当地市场需要的产品和服务，战略适用于企业应对本地化反应压力较大的情形。

本土战略把重点放在最大限度地顾及东道国的差异上，以广泛地改造其提供的产品和营销策略以适应不同国别条件。战略的核心内容是确定各个东道国市场的需求特征，即生产什么样的产品才能满足东道国市场的需求，这样就能从组织结构、决策机构、人力资源、经营方式等方面提高子公司对东道国经营环境的适应能力。

本土战略的利益在于跨国公司对东道国的市场需求适应能力强，市场反应速度快，可以弹性地适应当地消费者需求和竞争等方面的要求，容易被当地社会所接纳。

本土战略有其无法克服的弱点：多国市场造成资源利用分散，带来了成本上升；子公司自主决策性强，可能会影响各子公司在价值活动方面的协同，影响它们之间的知识共享，可能会损害形象的统一性。

对于本土化战略所产生的问题，一些跨国企业都在顾及本土化的同时，也尽可能地提高本土范围的规模经济效应、学习效应和区位经济。例如，许多汽车企业不得不随着当地市场的需求改变一些产品的供应：为美国消费者生产大型载货卡车，为欧洲和日本消费者生产小型节能汽车。同时，这些跨国公司试图在不同车型中使用统一的汽车平台和零件，由处于最优区位的厂商制造那些平台和零件，这些厂商规模较大，还可能因巨大的全球产量而获得一定的规模经济。通过这样的方法设计产品，企业能够使其供应的产品本土化，同时也能获得一定程度的规模经济、学习效应和区位经济。

四、跨国战略

跨国战略(transnational strategy)是上述三种战略目标中的兼顾性质的经营战略，该战略兼顾降低成本和本土适应性两种目标战略。通过区位经济、规模经济和学习效应获得低成本；通过为不同市场提供差异化产品来应对当地差异；在公司的全球营运网络中，通过子公司之间的创新流动来实现核心能力的转移。

理论上说，跨国战略是最佳的理想选择，但是实践中却难以实施。一些跨国企业在跨国战略上进行过很多有益的尝试。以建筑设备生产商卡特彼勒公司为例，由于在国际市场上要面对诸如日本小松公司这样的低成本竞争对手的竞争压力，又要面对各国建筑方式不同和政府条令上的差异，因此，降低成本和适应多国的本土需求是这家大公司的战略着眼点。

为了应付成本压力，卡特彼勒公司重新设计了产品，使它们能用许多同样的零配件，并投资兴建了几个坐落在有利地区的大型配件生产厂，以满足全球需求和实现规模经济，此外，该企业还将其设在每个主要全球市场的装配厂扩大成了配件的集中生产。在这些工厂，卡特彼勒公司增加了当地产品的性能，按照当地的需求修改最终产品。通过采用这种战略，卡特彼勒公司获得了全球生产的许多好处，同时又通过使其产品在各国市场有所不同对地区适应性的压力做出了回应。卡特彼勒公司是在 1979 年开始采用这一战略的，到 1997 年，它成功地使每名员工的产量平均增长了一倍，显著地降低了总体成本结构。与此同时，小松公司和日立公司仍然执着于以日本为中心的全球战略，它们看着自己的成本优势消失，而且正在逐步地把市场份额让给卡特彼勒公司。

以上介绍了跨国公司经常采用的典型性的四种经营战略，对于四种战略之间的各自优势与劣势的归纳总结见表 7-2。

表 7-2　跨国公司四种战略特点总结

战　略	优　势	劣　势
国际战略	① 核心竞争力转移至国外市场； ② 在核心市场实现规模经济。	① 本土化程度不高； ② 保留"核心架构"，可实现的区位经济较少； ③ 随着核心竞争力的转移，产生较少的全球性学习效应。
全球战略	① 标准化产品，成本竞争优势高； ② 规模经济； ③ 注重本国核心竞争力。	① 对本地市场反应不够； ② 如果消费者本土化消费行为特征明显，则不利于市场开拓； ③ 全球性学习的机会少。
本土化战略	① 个性化的生产和销售，强调本地化； ② 适合需要高度本土化的跨国公司。	① 区位经济（价值链在地理空间分散）损失； ② 当核心竞争力没有在国外公司之间转移时，不会产生全球性学习效应； ③ 公司缺乏凝聚力。
跨国战略	① 通过地理上分散的价值链实现区位经济； ② 源于共享核心能力的全球化学习； ③ 产品差异化生产和适应本土化市场需求。	① 实施战略需要复杂的协调； ② 成本竞争力和本地化能力之间可能存在冲突。

资料来源：查尔斯·W.L.希尔，威廉·埃尔南德斯-雷克霍.现代国际商务（英文原书第 7 版）.北京：机械工业出版社，2013：219.

☞ **补充阅读**

跨国公司企业战略演化趋势

跨国公司战略是静态的也是动态的，既有一定时期的稳定特征，又有随同不断环境变化的特点。因此，上述的各种战略也有变动发展的趋势和时代性特质。战略演变的助推力量是竞争环境的压力和成本降低的压力。国际战略随着竞争对手的进入和市场抢夺，推动了跨国企业向节约成本的全球战略或者向兼顾成本降低与本土差异的双重目标的跨国战略转移。本土化战略亦是如此,高本土适应性带来高成本状况长期持续就会带来市场竞争力下降的问题。总之,从高成本向降低成本的战略转移是跨国企业战略发展总体趋势(见图 7-4)。

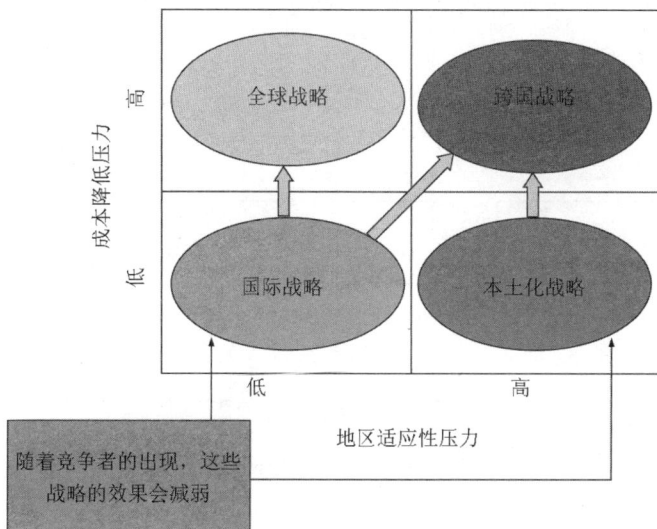

图 7-4　跨国公司战略演变趋势

资料来源:查尔斯·W.L.希尔,威廉·埃尔南德斯-雷克霍.现代国际商务(英文原书第 7 版).北京:机械工业出版社,2013:268.

第三节　跨国公司的组织结构

跨国公司在国际商务活动中的战略选择对企业的组织结构设计有深远的影响。两者之间是相辅相成的关系。统一的两者关系给跨国公司的跨国商务活动带来成功与扩展。跨国公司的组织结构设计是动态的,应当随着外部环境以及内部战略的调整,做全方位的调整与改进。

一、组织结构

(一)组织结构的内涵

企业的组织结构是组织架构的组成部分。组织架构(organizational architecture)是指企业的组织整体,包括组织结构、控制系统和奖励、组织文化、流程和人员(见图 7-5)。它是企业为达到某种战略目标而从结构上设计的协调与控制机制,也就是企业正式的报告机制、程序机制、监督和治理机制以及授权和决策过程,所以,对跨国公司来说,组织架构的选择在很大程度上取决于战略的选择,此外还取决于外部的环境和公司内部的资源与条件。

组织结构（organizational structure）是指组织中的角色、责任和关系的正式安排。组织结构安排包含三方面内容：第一，把组织正式划分为各子单位，如产品分部、在各国的子公司以及职能部门；第二，协调各子单位的活动，使其相互保持一致并与组织目标相一致；第三，配置决策权，采取集权或分权的形式。

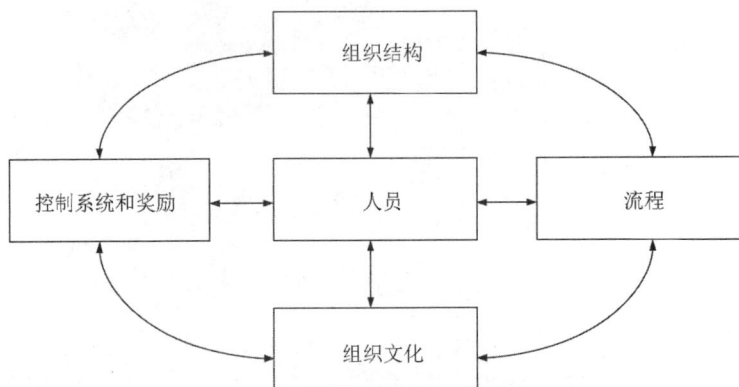

图 7-5　企业的组织架构

资料来源：王炜瀚.国际商务（第 2 版）.北京：机械工业出版社，2015：135.

（二）组织结构设立的基本原则：集权与分权

总体而言，企业组织结构设计上的增减要服务于外部环境变化对企业总部与子公司分部之间就决策权的集中与分散的决定，以及企业内部职能部门之间的分工合作的要求。当前，跨国公司普遍面临的问题就是如何平衡全球整合与地区回应关系的问题，由此衍生出一系列的组织管理层面中的决策问题。例如，中国劳动力成本不断上升，应该是由总部还是地方公司决定关闭中国的工厂或者在其他国家新开一家工厂，不同国家的广告、促销等营销策略将由谁来决定，地方公司有多大的人事权力，地方公司应该以怎样的方式、频率来向总公司汇报，等等。

对于实行全球化战略的跨国公司而言，主要的决策权力集中在总部，各地方公司更多扮演的是执行决策的角色。实行多国战略的跨国公司，更多地将决策权力下放给地方公司，从而使公司能够更加贴合当地的市场环境。现实中，极端的分权与集权的组织管理模式对现代跨国公司的组织管理都是不利的。大部分跨国公司将关系到公司核心竞争优势或者可以获取规模经济的财务、研发、生产和采购等职能活动，集中在总部或者由总部统一进行规划，而将分销、定价以及促销等与终端市场密切相关的营销活动决策权力授予地方公司。比如，全球最大的金融集团之一瑞士信贷银行，在全球市场实行产品分部式的管理结构，各分部拥有比较自主的管理决策权力，但是关系到瑞士信贷核心利益的财务、风险、信息技术、运营和法律等职能活动，则由瑞士总部集中管理，以保持总部对各分部以及分支机构的整体控制能力。

二、组织结构的类型

(一)出口部结构

出口部结构(export structure),是企业在国内职能组织结构的基础上,在销售部下设立一个独立的出口部,或是设立一个与销售部平级的出口部,全面负责企业的出口业务(见图7-6)。

图7-6　出口部结构

出口部组织结构的适用情况为:企业以国内经营为主,而国际业务主要为出口方式;企业的产品线比较长,需要出口部协调海外销售。

该组织结构的优点是由一个出口部门协调有关出口业务,例如,产品销售、促销、运输、报关纳税等;可以集中专门人才进行出口管理,提高工作效率;通过与海外消费者接触,能够及时得到国际市场的信息和消费者的反馈。其缺点是出口部门权力有限,横向协调困难,常与本国市场销售发生冲突,难以开展非出口的其他国际经营活动。

(二)国际业务部结构

随着公司海外销售规模的扩大和在其他国家开展生产经营活动,出口部通常逐渐发展为国际业务部。20世纪30年代,美国通用汽车公司就在出口集团的基础上成立了国际部。20世纪60年代时,国际部结构已经成为美国大型跨国公司主要的组织形式,例如,大型零售商沃尔玛。

国际业务部结构(international division structure)与出口部结构相比,产生了一个单独的负责处理国际事务的运营部门(见图7-7)。跨国公司新成立的国际业务部是与其他职能部门并行的机构,专门用于处理协调公司海外经营活动。通过集中国际化知识的人才,专注于国际市场业务,这种结构为公司降低了运营成本,扩大了海外市场。国际业务部通常由一名副总裁兼任主管代表总部管理,协调国外业务。

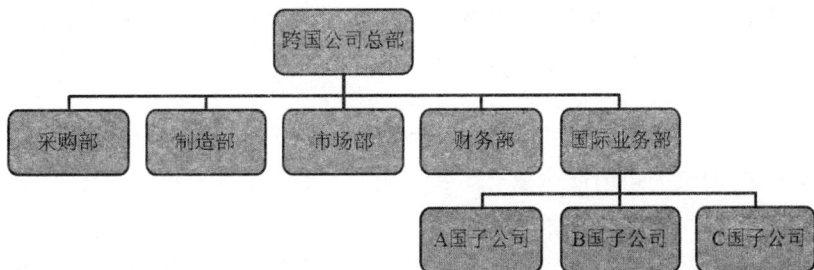

图7-7　国际业务部结构

国际业务部结构存在一定的局限性。一是，早期采用这种组织结构的公司将其产品开发部门设在国内，导致新产品不能及时满足国外市场的需求。现在这一情况得到改善，一般国际业务部都设有专门针对国外市场设计的研发部门。二是，存在着国内与国外经营间的潜在冲突与协调问题。

由于国际业务部组织结构存在上述的冲突协调问题，大多数跨国公司都摒弃了这一组织结构，而采取了以下几种常见的全球范围内的组织结构。其中，有的跨国公司采取地区事业部结构，有的采取产品部结构，有的采取矩阵结构。选择组织结构中的哪一种，取决于各跨国公司的产品、外部环境、战略目标等因素。

（三）地区事业部结构

地区事业部结构（regional organization structure），又称全球地区结构。它是指跨国公司根据自身生产经营活动的地理区域为基础，将全球按地域差别划分为若干个地区事业部，地区分部在很大程度上是独立自治的实体，并拥有各自的价值创造活动，地区分部之间在组织级别上是平等的（见图7-8）。地区分部拥有经营领导权和与各项价值创造活动有关的战略决策权，而总部掌握公司总的组织战略方向和财务控制权。

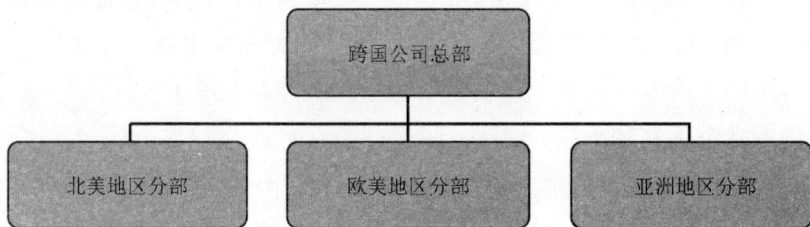

图 7-8　地区事业部结构

地区事业部结构将同一区域内的不同国家看作一个市场单位，国家间的相似性成为划分地区分部的逻辑基础。这种组织结构区别于产品部结构，其最大优点在于能够保持公司对当地市场的及时反应能力，提高公司的本土化运营能力。同时，国家间的地理相近性和市场相似性，有利于同一区域内的知识、经验的交流和学习，能够实现区域内不同国家市场运作的整体协同效应。但是，地区事业部结构也存在很大的缺陷。首先，造成地区之间重复的工作，增加成本。雀巢公司在将近90个国家和地区拥有超过500家工厂，几乎在世界上每一个国家销售其近8000种品牌。每一家工厂都要从事独立的采购、生产等活动。在一个极端的例子中，雀巢公司在美国有超过40家工厂，每一家都单独购买原材料。其次，各地区分部往往会过度关注所管辖区域内的利益，容易形成短视的地区本位主义，不利于跨国公司在全球市场的战略布局和资源协调。最后，各地区分部之间由于缺乏必要的沟通机制，导致公司内部关于产品和职能的专业经验与知识难以传播，不能实现资源的最大化效用。

地区事业部结构通常适用于经营业务比较成熟、产品线较窄、市场跟产品线紧密联系的企业，这些企业的终端用户通常是在同地区内具有较高程度类同性的跨国公司，如汽车、饮料、容器、化妆品、食品或药品公司。

☞ **案例阅读**

Haier 的组织结构变化

20 世纪 80 年代,海尔同其他企业一样,实行的是工厂直线职能制。随着海尔销售额的日益扩大,这种职能型组织结构使得公司高层领导者工作繁杂,无暇深入研究和妥善解决生产经营中的战略性问题。从 1994 年开始,海尔开始采用事业部组织结构,集团有总部、实业本部、事业部、分厂 4 层组织,分别承担战略决策和投资中心、专业化经营发展中心、利润中心、成本中心职能。事业部最突出的特点是集中决策、分散经营。海尔事业部制参考美国通用电气公司的管理体制。然而对于多个事业部来说,事业部制组织结构是集权式,不利于事业部长远发展。于是海尔再次对事业部制进行调整:成立两级利润中心、一级成本中心。集团总部下设集团本部一级利润中心,本部下设事业部二级利润中心,工厂为成本中心。在两极利润中心,主要的利润职能在二级利润中心。

张瑞敏认为这种高度分权对市场销售能够起到有效刺激,但是这种个体户式的拼杀,会造成各事业部之间盲目竞争,竞相重复使用内外资源,有可能形成单位销售额上升而集团整体投资回报率不高的局面,不利于集团重点扶持未来有发展前途的产业。因此,海尔对分权的大小有自己战略性的考虑,对夕阳型的产品尽可能分权划小经营单位,让其随行就市;而对朝阳型的产业,如未来的数字化家电,则要集中人力和财力,做大规模,确保竞争力。

资料来源:王佳芥.国际商务:结合中国企业案例的分析.北京:中国市场出版社,2010:272.

☞ **讨论问题**

1. 企业组织结构设计与变化主要与哪些因素有关?试举例说明。
2. 海尔组织结构设计的变化是否具有中国企业管理的特色?

(四)产品部结构

产品部结构(product division structure)是指以公司主要产品的种类及相关服务的特点为基础,在全球范围内设立若干产品分部(见图 7-9)。每一个分部都是一个自给自足且自治的实体,并对其价值创造活动负全部责任。总部负责公司的整体组织战略发展和财务控制。采用这种组织结构在很大程度上是因为公司拥有大量不同的产品类型。例如,

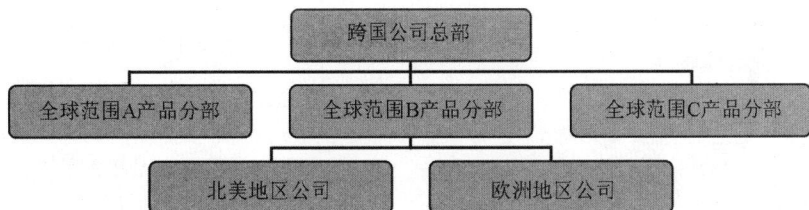

图 7-9 产品部结构

世界上最大的奢侈品集团 LVMH 拥有迪奥香水、豪雅表、路易威登旅行箱、酩悦香槟等众多品牌。不同产品之间的显著差异使得管理者将集团产品分离成五个事业部：葡萄酒和烈性酒、时尚和皮革制品、香水和化妆品、手表和珠宝、精选零售业，每个事业部负责某单一产品在世界市场的运营。

这种结构主要强调跨国公司主营业务的全球一体化。实行该结构的跨国公司将每个产品分部作为一个独立的利润中心，各分部执行总裁对相应产品的全球运营担负直接责任。产品部结构非常适合全球战略，因为同一产品在国内、国外都由同一个管理者负责。这种结构有利于跨国公司对所属资源进行全球范围内的合理配置、协调，可以让不同区域分享关于创新的信息，提高不同市场之间的价值创造活动的协调性。

这种组织结构的缺点是：① 该结构对全球一致性、标准化的战略决策和行动的支持倾向，往往导致跨国公司缺乏对当地市场的敏锐反应能力；② 各产品分部往往各自为政，相互之间缺乏知识、经验的交流与学习，同时各职能活动的重叠设置导致了资源的极大浪费；③ 各产品分部经理迫于利润的压力，可能会片面追求当前在某个地区有诱人的市场前景的产品，而轻视从长远看在其他市场有大量潜在需求的产品，从而不利于公司的长远发展。

（五）矩阵结构

矩阵结构（matrix structure）是一种试图将产品部结构和地区事业部结构融为一体的组织结构形式。具体就是把一个以项目或者产品为中心构成的组织叠加在以地区划分的组织结构上，有关某一特定项目或产品的经营决策权由产品分部与公司的各个区域部门分享，从而使得水平差异化沿着产品分部和地理区域二维方向发展（见图 7-10）。图中处于产品分部和地区分部结合点的经理被称作双重领导经理。

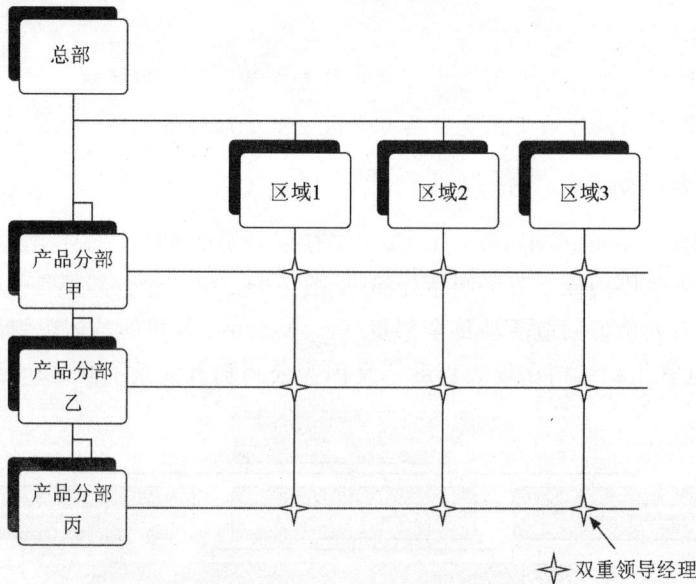

图 7-10　矩阵结构

世界范围的矩阵结构是一个对称性的组织,通过对区域分部和产品分部的同等授权,试图解决跨国战略中的矛盾冲突(全球化下的标准化与本土化反应下的差异化),因此,矩阵结构为企业同时实施本土化战略和全球战略提供了理想的组织结构。在矩阵结构下,区域分部负责加强国别的反应能力,产品分部负责关注全球效率。

矩阵组织模式最先被陶氏化学公司(Dow Chemical Company)以及花旗银行采纳,随后引领了国际企业的组织结构变革风潮。英国渣打银行的组织模式也是一个典型的矩阵结构,其总行设在伦敦,业务部门划分为对公业务、零售业务和资金业务三大块,三大业务都设有管理总部。从管理体系上看,总行主要通过三大业务总部对分行实行分权型管理,分行基本上实行独立核算,但在业务发展上接受三大业务总部的指导。也就是说,全行三大业务的开展,既受辖区内行长的领导,同时还接受本专业上级职能部门的领导,以分行为主。在财务报表的编制上也是这样,既有分行的损益表,也有三大业务的汇总损益表。

从理论上来说,这种方法应该奏效。然而在实践中这种矩阵往往显得笨拙而且官僚化。矩阵结构在高度集中的国内市场运行时是有效的,然而当放到全球经营时却无法解决观点冲突和责任交叉的经理人员之间的分歧。

首先,理想的区域部门和一个产品部门共同协商导致了无效率的会议增加,不仅造成了成本的浪费,还往往错失了对市场变化的反应窗口。双重组织结构在区域和产品分部之间产生的冲突与权力争斗,造成组织内部摩擦增加,消耗了内部资源。此外,弥漫在组织内部的权力制衡和压抑氛围会阻碍个体的创造性改变,导致组织创新匮乏。

对于处于交叉结合点的双重领导经理而言,在组织当中既没有足够的发言权,又需要花费大量的时间成本同时去维系与两个上司的人际关系,在两个上司的偏好中不断进行人事平衡。实践中,跨国公司发现矩阵结构有无法消除的混乱和矛盾冲突。为此,需要有新的组织形态,这就是全球网络结构的出现。

☞ **补充阅读**

陶氏化学公司矩阵结构的兴衰

陶氏化学公司是在全球化学行业中有领导地位的国际企业之一,与美国杜邦、英国ICL和德国的巴斯夫、赫希斯特、拜耳齐名。20 世纪 70 年代到 90 年代末期,陶氏公司的组织结构从采取矩阵结构到最终放弃矩阵结构演变。20 世纪 70 年代,该公司的矩阵结构由 3 部分组成:职能(如研究与开发、生产、营销)、业务(如乙烯、塑料、药品)和地区(如西班牙、法国、巴西)。经理的工作头衔包含所有 3 个要素,如西班牙塑料营销部经理。多数经理至少要向两个上司汇报。因此,驻西班牙的塑料营销部门经理既要向全球塑料业务的老总汇报,又要向负责西班牙事务的上级汇报。该矩阵的目的在于使陶氏营运部门既能对地区市场需求做出反应,又能对公司战略目标做出响应。这样,塑料业务部可能负责使陶氏公司的全球塑料生产成本最小化,而西班牙分部则负责决策在西班牙市场上销售塑料制品的最佳方案。

　　然而，矩阵结构模式的经营业绩差强人意。多级领导制导致了管理上的混乱。大批主管组成了笨拙的官僚机构，相互重叠的职责造成权力之争和责任旁落，地区经理与监管业务的经理无法在具体问题（诸如某个工厂的具体建址问题）上达成一致意见。

　　20 世纪 90 年代中期，陶氏公司的战略经营上做了重新调整：重新重视化工业务，忽略业绩不佳的药品业务。与此相应，陶氏公司在 1995 年放弃了以往的矩阵结构，采纳了基于全球业务分部的组织结构。1999 年，陶氏公司当时的首席执行官在接受采访时说，"我们过去是搞矩阵组织，并依靠团队精神，但是出现了责任不明的问题。当情况良好时，我们不清楚该奖励谁，当情况糟糕时，我们又不清楚该责备谁，所以我们创建了全球分部制结构，并精简了管理层次（从 11 个管理层减少至 5 个层次）"。

　　资料来源：① Dow Draws Its Matrix Again, and Again. *The Economics*，August 5，1989：55-56.

　　② Dow Goes for Global Structure. *Chemical Marketing Report*，December 11，1995：4-5.

　　③ R. M. Hodgetts. Dow Chemical CEO William Stavropoulos on Structure and Decision Making. *Academy of Management*，1999，13（4）：29-35.

☞ 　**问题与讨论**

　　1. 矩阵结构有什么优点和缺点？

　　2. 矩阵结构为什么会造成责任不明的问题？是否还有其他的解决方法？

（六）全球网络结构

　　一些跨国公司陷入矩阵结构的困顿表明，组织要实现多种战略目标于一体并不容易。从理论上看，矩阵结构的失败仍然是不能很好地处理"集权与分权""区域与产品"之间的矛盾关系。

　　而现代信息技术的应用，给跨国公司解决矩阵结构固有的矛盾提供了新的平台和可行性组织形式，这就是全球网络结构组织形式。全球网络结构是企业的组织结构脱去了传统的层级制转向扁平兼具发散性的网络型职能结构（见图 7-11）。

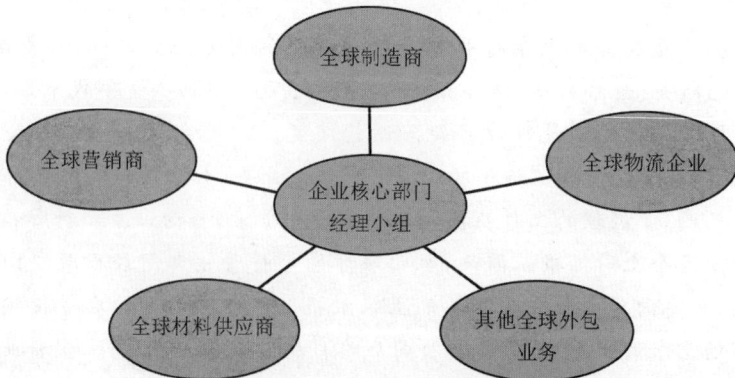

图 7-11　全球网络结构

全球网络结构具有企业组织边界超国家化、组织功能外包化、组织结构虚拟化的特征。全球网络结构中的企业核心部门就像大脑的神经网络运作系统,其组织运行通过小规模的核心组织(大脑),以合同为基础,依靠其他商业职能组织进行制造、分销、营销和其他关键业务(四肢)的经营活动。在这种组织结构中,组织的大部分职能从组织外购买,给管理者提供了高度的灵活性,并使组织集中精力做他们最擅长的事,增强了跨国公司的竞争优势,提高了企业运行速度,减少了跨国公司经营的不确定性和风险。在这样的组织结构中,企业组织变成一个由许多职能节点所组成的动态网络,这些节点可能是许多单个的员工,也可能是一个个专业团队,网络型组织减少了中间管理层,使组织结构扁平化,是信息技术运用于组织管理中的一种组织创新。

☞ **案例分析**

奥迪康公司的面条式组织

奥迪康公司创立于 1904 年,是丹麦的一家高级助听器制造商。20 世纪 70 年代末,该公司的产品在世界市场上销售额居榜首,在耳背式助听器的技术领域居于世界前列。该公司一向采取的是高度职能化的组织结构,奉行高价位、高质量的市场战略。

20 世纪 70 年代末,耳道式助听器产品问世,奥迪康耳背式助听器的市场份额跌落。1987 年时,世界市场上耳道式助听器几乎已经同耳背式产品平分秋色,奥迪康的市场份额从 15% 跌至 7%。奥迪康的新任首席执行官拉斯柯林上任后迅速采取了削减成本的措施。这些举措取得了成效,财务状况实现了好转。但是,公司并没有发生实质性的改变,几乎所有的竞争者都能够达到质量标准,高价位、高质量已不再是奥迪康公司的竞争优势。

面对市场竞争的压力,拉斯柯林认识到,要获得持久竞争优势的最佳策略就是创造一种能够充分释放个人能力的工作环境,并设计一个精通变革管理的公司。围绕着促进职能部门和员工更好的对话与行动,实现创造性、速度性和生产率方面的改善,1991 年公司利用搬迁的时机,完成了剧烈的组织变革,形成了所谓的"面条式组织"。

奥迪康废除了组织结构,拆除了围墙,雇员不再拥有传统的分割式的办公室。公司要构造一种绝对透明的工作环境。每人有一张办公桌和一台电脑,但办公桌在 5 分钟之内就可以被移走。没有卷宗,只有一个小罐子用来存放某些重要的纸张信息。项目团队在空间上集中在一起,决策可以即刻进行,无须召集会议。营销人员很清楚隔壁在做什么广告。他们有意识地在工作地设置了咖啡吧台,以激发人们展开讨论。用螺旋扶梯取代了电梯,因为这有利于人们相遇和交谈。拉斯柯林坚信,纸张阻碍了效率,墙壁是阻碍人们共同工作的另一个障碍。

在新组织的岗位设置中,奥迪康废除了以往的职位固化和正式岗位。为了让人们在几种不同的职位上施展才干并得到更充分的发挥,所有雇员将拥有一个组合的职位,都是多面手。这一理念使组织的资源得到了扩展,工程师在做市场营销,营销人员对开发项目进行管理，而财务人员则帮助实施产品开发。如此形成的组织没有等级、没有层次、没有固定的部门，因而得名为面条式组织。

面条式组织的结构是由项目决定的，项目下的员工有多方面的技能。在原来的矩阵式组织中，一位芯片设计师专事芯片设计，也许会同时进行三个项目。但在奥迪康的新建组织结构中，设计师除了为某个项目设计芯片以外，还可能同时从事其他项目的市场营销或财务工作。新组织也可以被称为"混沌"式组织，没有等级概念，混沌、多变，没有组织结构图。在这样一种组织管理框架下，人们的互动方式与过去相比有了显著的区别，公司中的每个人都是潜在的合作者。人们技能水平上的差异正在逐步消失。面条式组织中的团队成员，在项目之间不停奔忙，总是同时在参与两个或更多的项目。公司有一套计算机程序对人员承担任务的情况进行实时监控，项目负责人可以很快浏览名单并找到可用的人员，很容易了解每个人在项目中的表现。这些信息会对某个人的未来需求产生影响。对项目负责人也有类似的绩效"考评"，好的声誉能够吸引有才能的团队成员。

在面条式组织中，组织外的合作关系形式也发生了相应的变化。奥迪康在产品开发中与竞争对手结成了战略联盟，淡化了组织的有形边界。公司的活力达到了空前的水平，这种活力不是由上司驱动的，而是来自于这种新型的组织构造。活力的性质也发生了变化，人们不再读备忘录、安排和召开会议，而是采取行动。管理人员的工作方式发生了根本的变化，项目已经成为资源流动和确定方向的驱动力。现在的管理方式与过去已完全不同，过去是运用权力来推动事情的进展，而现在则是通过谈判。以前通过固定的一组人员来完成任务，但现在必须换一种方式。在新问题和新机遇面前做出反应的能力大大增强。市场营销和研发之间的联系得到了加强。奥迪康内部以及与客户之间许多障碍的减少和消除，大大改善了整个过程。

公司战略方向决策由专门的管理委员会负责，这一委员会由若干项目主管组成。管理委员会的一个分委员会负责处理项目建议，某个项目的所有者也是该委员会的成员，要负责选定项目负责人。项目负责人则负责利用能够获得的人员以及必要的资源来组建项目团队。在招募团队成员的过程中，唯一可用的管理手段就是说服和谈判。

总体上来看，奥迪康组织变革的效果是显著的。在1991年危机以前，奥迪康的年利润水平约为1800万丹麦克朗。采用新结构后，奥迪康的利润水平两年内增长了4倍。在市场平稳的情况下，营业额比上年增长了13%，而1993年的增长则高达23%。

☞ 讨论与思考

1. 面条式组织拆毁了有形的职能部门，促进了职能部门之间的信息交流、沟通与合作，建立了能更快适应市场变化的组织形式，释放了员工潜在的创造力。与全球网络结构的"去组织和虚拟化的组织"建构相比，面条式的去组织化管理的特点是什么？

2. 你认为面条式组织可能存在哪些管理制度中的缺陷和问题？

三、组织结构选择的现实依据

（一）组织结构选择与历史文化传统

跨国公司组织结构设计与其自身的发展历史和来源国的传统也是紧密相关的。美国、欧盟、日本、亚洲及拉丁美洲等国家和地区的跨国公司由于其发展历史、背景和民族习惯的不同，在组织结构设计和发展历程上有着各自鲜明的特征。比如，美国跨国公司具有典型的由出口部到国际部，而后发展成地区或产品导向的全球化结构演进模式，美国公司通常授予下级管理层很大的决策自由度，同时进行较高程度的正式控制；而欧洲公司的国内业务组织结构多为职能性机构，国际业务采用高度分权的控股公司机构，虽然欧洲公司也授予下级管理层很大程度的决策权限，却很少进行正式控制。

与美国和欧洲的跨国公司相比，日本跨国公司最突出的特征是更多地依靠核心领导，而不是众多的职能专家。他们擅长充分利用项目团队的方式设计和制造产品，同时日本公司在对与供应商关系的重视程度、资本管理以及行政管理等方面，也和美、欧公司有着很大的不同。随着亚洲、拉丁美洲等地区的跨国公司不断成长，它们也都面临着如何转变为全球化企业的过程，但是这些跨国公司往往具有明显的"后发展优势"，可以在相对较短的时间内就过渡到高级的全球型组织结构形式，甚至一些极具全球化潜力的公司能够在创建之初就实施全球化的组织结构形式。

（二）组织结构选择与产品线类别

组织结构的选择与跨国公司产品多样性之间有一定的关系。一般而言，如果跨国公司的产品具有很高的多样性，那么公司就可能倾向于采用全球产品部结构。相反，如果跨国公司产品线相对比较单一，那么公司就可能倾向于采用地区事业部的结构模式。比如，爱立信的全球产品经营涉及企业网络、无线电通信、公共电信、零部件和微波系统 5 个领域，为更好地专注于各领域的全球运营和协调，爱立信据此设立了 5 个全球产品分部，各产品分部经理负责各自产品线的全球运营，并直接向公司首席执行总裁汇报工作。

又比如，日化用品行业的领先企业宝洁，旗下所经营的 300 多个品牌的产品畅销 170 多个国家和地区，这些品牌横跨美容美发、居家护理、家庭健康用品、健康护理、食品及饮料等多个领域。因而，以产品为单位划分管理单元，是宝洁组织结构中很重要的一个维度。例如，宝洁把所有的产品和品牌划归到美容及健康产品业务单元、家用护理产品业务单元以及吉列业务单元三个全球性业务单元，其主要责任就在于为这些品牌开发整体战略，识别出一般消费者的需求，开发新的产品，并通过有效的商业创新、市场和销售建立强大的品牌。

（三）组织结构与外部环境

企业是与外部环境相联系的开放的社会实体。外部环境是对组织有直接或间接影响的综合要素。所有的组织都必须很好地认识其外部环境的性质和变化，并做出适当的反应，否则就会严重妨碍组织战略的实现，甚至导致组织的失败。管理学家总结了 4 种基本的组织结构，每种结构适应一种不同的外部环境，不同的外部环境需要不同的组织结构，环境变了，组织结构也要随之变化（见表7-3）。

表7-3　组织结构与外部环境

组织结构模式	环境变量	结构特征	优　点	缺　点
传统手工模式	小规模需求；部分标准服务；简单技术；家庭资本	集权；少量管理人员；双向通信	根据需求灵活调整；容易启动；低管理成本	劳动生产率低；成本高
机械层级制模式	大规模需求；标准化服务；简单或常规技术	低度专业化；严格岗位责任制；垂直通信	大批量生产；低成本；高劳动生产率	变化与反应能力差
有机专业化模式	小规模需求；非标准服务；复杂技术；风险投资	高度分权；移动性领导；横向通信；注重团队讨论	面向顾客的产品与服务；创新；高品质；高适应性	产品昂贵；劳动生产率不高
机械或有机混合模式	中等或大量需求；同一技术下的多种产品；复杂技术；集约资本	集约与分权并存；部分按机械模式组织，部分按有机模式组织	质量与数量并举；一定的创新；较高的生产率	启动资本大；平衡有困难

资料来源：田明华.国际商务.北京：电子工业出版社，2013：193.

（四）组织结构与战略目标

组织结构是组织战略目标实现的有力支撑。企业的组织结构与战略设计之间的协同性，是企业存续和成功的有力保障。因此，组织架构与战略需要满足以下几个条件：第一，企业组织架构的不同要素必须具有内在一致性。比如企业采用的控制系统和奖励机制必须与其组织结构相一致。第二，组织架构必须与企业的战略相匹配、相适应。假如一个跨国企业实行的是全球战略，但若它的组织架构类型错了，就不能有效贯彻该战略并有可能导致不良业绩。第三，战略和组织架构不仅应相互适应，还应当与企业的外部环境、内部资源相契合，也就是说战略、架构和内部资源、外部环境必须都保持一致。

1962年，管理学家钱德勒在《战略与结构：美国工业企业历史的篇章》一书中提出，跨国公司的环境决定战略，战略决定组织结构，只有当环境、战略与组织结构取得一致时，企业才能获得成功。

1972年，由约翰·斯托普福德和路易斯·韦尔斯联合提出的组织结构与战略关系的国际组织结构阶段模型，部分揭示了企业战略目标设计与组织结构形式之间的关系。两者之间的关系是：① 如果企业有多个产品类目时，企业最好采取全球产品部结构；② 如果企业海外销售份额猛增，占总销售额的比重较大，国外产品多样化的程度较低时，最好采取地区分部的组织战略结构；③ 兼顾两种目标的组织结构类型是矩阵结构，但是这种组织结构存在固有的层级部门太多，职责、权力关系不分明的管理障碍问题（见图7-12）。

1988年，埃格尔霍夫（Egelhoff）对24家美国公司和26家欧洲公司的调查结果表明，采用全球性产品结构的企业，其国外生产占企业总生产的比重平均为61%，采用矩阵结构的企业则达到86%。其研究结果间接证明了斯托普福德和韦尔斯上述研究的结果。

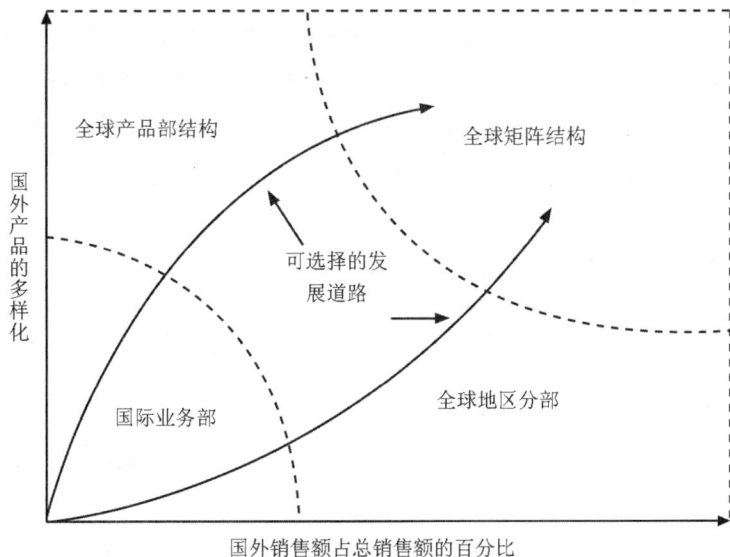

图 7-12　国际组织结构阶段模型

资料来源：J.M. Stopford & L. Wells. *Strategy and Structure of the Multinational Enterprise.* New York：Basic Book，1972.

☞ 补充阅读

飞利浦的组织结构与战略之间的背离

飞利浦公司于 1891 年在荷兰创立，是世界上最大的电子企业之一。在过去，飞利浦一直采用实施本土化战略的企业组织结构，经营决策权大量下放到国外子公司中。传统上，由于较高的贸易壁垒，电子市场被分割开。因此，采用与本土化战略相一致的组织结构是合理的。但是，到了 20 世纪 80 年代中期，由于贸易壁垒的下降、技术的变革以及采用低成本的全球化战略的日本竞争企业的出现，电子行业发生了革命性的变化。这时候，飞利浦开始采取与环境相对应的全球标准化战略。但是，公司的组织结构并没有随之发生转变，名义上采取了以产品分部和地区分部为基础的二维矩阵结构，但实际上，各国家或地区的子公司仍然掌握着大量的重要决策权，产品分部并没有实际权力，往往只是充当顾问的角色。显然，这种架构不能与飞利浦正在实行的标准化战略相适应，无法为这种战略的有效实施提供强有力的组织支撑。结果，飞利浦一直亏损到 20 世纪 90 年代初期。经过 4 年的痛苦转变和巨大损失，飞利浦终于开始将权力更多地转移到产品分部。至此，飞利浦的战略和组织结构实现了有效的匹配，它的财务状况也开始逐渐好转，并成为世界领军企业。

一般来说，在国际化初期，公司的国际业务量较少，更多实行出口战略，建立简单的出口部结构就可以处理公司的国际经营活动。随着跨国公司对外直接投资量的增长和经营涉及国家数目的增多,公司的国际化战略由初期的出口战略向多国战略转变,这种战略的调整在组织结构中也逐渐反映出来：由出口部结构向独立的国际部结构继而向区域结构转变。当跨国公司实行全球战略,需要对全球市场范围的资源进行协调和配置,原有的偏向分权的区域结构又暴露出了不适应的一面,跨国公司开始考虑业务、区域和职能等要素全球一体化、偏向集权的组织结构设计。

☞ **复习思考题**

1. 根据跨国公司对本土化与标准化回应力度的差别,跨国公司的国际经营战略主要分为哪些种类？跨国公司各种国际战略的特点是什么？

2. 跨国公司组织结构类型有哪些,各种组织类型的特点是什么？

3. 试举例说明跨国公司的战略设计与组织结构类型选择之间的关系是什么？

第八章

国际商务之策略决策视野

☞ **教学目标**

1. 了解产业分析的方法,掌握跨国公司的产业竞争策略。

2. 了解国际目标市场分析方法,掌握与目标市场定位相关联的营销策略。

3. 了解国际产品分类,掌握与国际产品战略相关的国际产品策略。

☞ **导入案例**

宜家的"中国元素"

世界上最大的民用家居零售连锁店宜家公司(IKEA)1943 年创建于瑞典。1958 年,宜家在瑞典开设了第一家商场。1998 年,宜家在北京开设了亚洲第一家商场。宜家创始人英格瓦·坎普拉德对宜家的商业定位是:以大多数消费者可以接受的价格提供多种设计精良、功能完备的家具。宜家服务大多数消费者的商业理念是全球性的,在世界各个国家的商业运行始终与该理念相契合。故此,宜家在世界各地采取了全球统一分类下的标准化产品战略。

然而,宜家在中国的经营却始料未及地陷入品牌定位与目标顾客群体之间的背离。一直来标榜"低价位,贴近大众"的宜家,在中国却俨然变成了小资阶层标榜身份的炫耀性品牌。2009 年,宜家开展了一次"品牌资本调查"的活动,检测和跟踪宜家理念的实施情况。调查结果是:宜家这个针对大众消费者的中低档全球品牌,在中国消费者心目中被定位为高端家具商品。这和宜家在欧美的发展情况迥然不同。

在欧美,宜家产品主要是为 18 岁以上的年轻人设计的。这个年纪的孩子需要离开父母、独立生活。简单、易用、方便挪动的日用品和简单家具是他们的最佳选择,宜家在欧美市场更多是迎合了这部分中低端人群的需要。宜家欧美市场是以平均低于对手 30%～50%的价位进行市场竞争,其产品价格是能为大众所接受的。

在中国国内品牌的家居店里可以买到一款中高档床垫的价格,在宜家只能买到一款最普通的床垫。来宜家选购的顾客把它当成体验和享受异域文化的场所。顾客在感叹北欧设计的精巧之同时,却舍不得掏钱购买。一位国内家居零售业人士说,和宜家在欧美市场的业绩相比,宜家在中国市场的表现不尽如人意。

针对中国市场上出现的问题,宜家采取了相关措施加以应对。

一是降价。2009年9月宜家一举降低了500多种产品的零售价格,部分热卖产品降幅达到20%～30%。另有300多种主要产品平均降价30%,销售额占到宜家(中国)整体销售额比重的四成多。这是继同年3月调整价格后的又一次行动,也是宜家(中国)五年来的最大一次调价。

对于宜家在价格上的让步,中国消费者似乎并不买账。在中国这个成本低廉的市场上,效仿宜家风格的产品比比皆是,它们有着同样光鲜的外形和更加低廉的价格。显然,仅在价格上血拼,并非宜家的长项。

二是重新定位。在欧美市场上叱咤风云的宜家,到了中国却难以为继,主要原因是宜家未能真正读懂中国家居市场上的消费者。无论是在瑞典本土还是在北美市场,宜家都是一家典型的"家具便利店",这同样也是宜家的初衷。但是,在中国消费者心中,宜家就是"贵族"形象,是身份和地位的象征。因此,对于宜家来说,企业需要的是发起一场新的品牌战役,借以重建品牌与中国消费者的关系。

事实上,国外的很多品牌进入中国后都主动或者被动地选择了重新定位。麦当劳和肯德基在国外就是快餐消费的场所,到了中国就变成了出售快乐的地方。星巴克的咖啡在国外是一种非常普通、非常便宜的饮品,在中国则成了白领和小资追求品位的一种象征。因此,对于宜家的未来发展来说,是固守宜家全球统一的"大众"定位,还是在中国另辟蹊径,满足少部分时尚小资人群,这是宜家在中国市场需要解决的首要问题。

资料来源:唐红娟.宜家的"中国配方".新经济,2010(5):54-57.

第一节　产业分析与竞争策略决策

一、产业分析基础

(一)产业的界定

产业(industry)是指一组生产有替代关系的产品和服务的企业在市场上的集合。处于同一产业中的企业为了生存和发展会开展相互竞争。这就决定了在不同产业环境中,企业面对的竞争状况也有着很大的差别。例如,处于完全竞争与不完全竞争行业中的企业所面对的市场竞争环境是完全不同的。

(二)产业竞争分析要素

国际企业要在行业市场竞争中获胜,就必须准确了解和把握该产业的全球竞争状况和每一个国家的竞争情况。影响产业市场竞争状况的因素主要有产业结构特征、产业发展方向、产业经济特点三个方面。这里仅就产业结构特征做重点分析。

1. 产业结构特征

产业结构与企业竞争之间有密切关系。一般而言,产业结构化程度越高,产业内的竞争强度越大,企业的竞争空间也越小。在分析产业结构与竞争策略选择的问题上,可将产业划分为四种类型:分散型产业、新兴产业、成熟产业和衰退产业。

(1) 分散型产业。分散型产业是由很多中小企业构成的,在这种产业环境中有许多企业参与竞争,但没有任何一个企业占有显著的市场份额,也没有任何一个企业能够对整个产业的结果形成重大影响,不存在能够左右整个产业发展进程的领袖。

☞ **知识拓展**

衡量产业集中度的指标有两个。直接对选定考察行业的前 n 家最大的公司市场占有率进行加总来判断集中的程度;或者采用赫芬达尔指数(Herfindahl index,H)来分析,该指数的优点是对市场的集中度分析更为准确完全。该指数是通过计算某行业各公司市场份额的平方和来判断产业集中度的情况。其公式描述为:

$$H = M_1^2 + M_2^2 + \cdots + M_n^2$$

一般而言,H 指数永远小于 1。如果该指数的数值相当小,则意味着在该竞争产业中没有主导者。例如,在 0.1 的以下表明是一个非集中性行业,在 0.1~0.18 的为中等程度集中的行业,在 0.18 以上的为高集中行业。较高的 H 指数表明该行业存在一个有很高市场份额的公司,且可能由市场份额较高的公司对该行业确立行业标准。

☞ **练一练**

产业集中程度测算

某行业有三家公司,其中一家公司的市场份额为 70%,另有两家分别占有 15% 的市场份额,则该行业的 H 值为:

$$H = 0.7^2 + 0.15^2 + 0.15^2 = 0.535$$

(2) 新兴产业。新兴产业是指随着新的科研成果和新兴技术的发明、应用而出现的新部门和新行业。新兴产业有引领性、创造性、综合性、竞争性、应用性以及优先性等行业特征。例如,欧盟委员会于 2010 年公布了《欧洲 2020 战略》,提出了"智慧增长、可持续增长、包容性增长"三大重点,确立了生物技术、信息技术、节能减排、新能源、先进制造等产业的优先发展战略。欧盟委员会提及的上述产业均属于新兴产业范畴的领域。

(3) 成熟产业。产业在经历了高速增长以后逐步过渡到有节制的增长或者平稳增长的时期。成熟产业往往具有行业增长速度减慢,行业盈利能力下降,职能策略面临新的调整,国际性竞争加剧,企业间的兼并和收购增加等方面的特征。处于成熟期的企业,因竞争环境发生根本性的变化,在产品结构调整、定价策略、工艺和制造方法、国际市场开发策略上都需要进行应对性的调整以适应产业周期的变化。

（4）衰退产业。衰退产业是指由于技术进步或需求变化等非主观因素致使市场需求减少，生产能力过剩且无增长潜力的产业。衰退产业往往具有如下特征：① 生产能力过剩，企业开工不足，持续性的供大于求；② 出现整个产业生产效益滑坡，亏损面不断增加；③ 资本、人才等生产要素开始退出、转移；④ 企业由于"过度竞争"而被"套牢"。

衰退产业是夕阳产业，如果处在行业中的企业不能审时度势地转型，可能会因行业的退出带来企业的重大损失。例如曾经的彩色胶片行业，随着数码相机迅速形成一统天下的局面，其市场被数码产品日益蚕食和取代，传统胶片产业也逐渐沦为"夕阳产业"，一些来不及转型的企业甚至已经被时代所淘汰。柯达破产，富士转向医学影像，国内的乐凯于2012年9月宣布停止彩色胶卷的生产，宣告了中国彩色胶卷产业终结。

2. 产业发展方向

影响某一产业发展方向的因素包括产品所处生命周期的阶段、产业结构的重大变化以及间接环境因素的影响等。

（1）产品生命周期对一国的某种产业的兴衰变迁是至关重要。1977年，美籍日本学者小岛清（K. Kojima）在其著作《对外投资理论》中，以日本纺织、家电产业为例，动态地分析了这些在日本曾经处于新兴产业地位的产品，随着产品生命周期的变迁，沦落成为夕阳产业，乃至通过产业梯度转移到东南亚以及中国等国家或地区，创新获得新发展的产业与产品发展的过程，说明了产品生命周期的轮回变迁。在世界工业发展历史上，英国工业革命时期纺织品在英国衰落，又在英国之外的国家成为支柱性产业的变迁过程，也说明了上述规律。

（2）产业结构的变化也是影响某种产业发展的主要因素。工业化进程推动了产业结构升级，产业结构权重变化从最初一、二、三产业权重比，过渡到二、三、一，发展到现在的三、二、一的趋势过程，间接地说明产业结构的变化对某些产业在一国的命运将带来决定性的影响。例如，现在中国的第三产业已经逐渐超过第二产业在经济结构中的份额，这也说明了这一规律的存在。

二、产业分析模型与理论

（一）产业竞争力分析模型

哈佛大学商学院教授迈克尔·波特在20世纪80年代到90年代初先后出版了《竞争战略》《竞争优势》和《国家竞争优势》三部著作，从微观、中观和宏观三个层次较为全面地阐述了竞争优势形成的问题。他在《竞争战略》一书中，提出了产业结构分析的五力模型（Porter's five forces model）（见图8-1）。波特认为一个产业内部的竞争状态取决于五种作用力：新进入者威胁（threat of new entrants）、替代品威胁（threat of substitutes）、买方议价能力（bargaining power of buyers）、供方议价能力（bargaining power of suppliers）、现有同业对手间的竞争激烈程度（intensity of rivalry among current competitors）。五力模型又被称为行业竞争力的分析模型。总体而言，当一个行业的新进入者较少，替代品威胁较小，卖方和买方的议价能力较低，竞争强度较弱时，该行业就具有

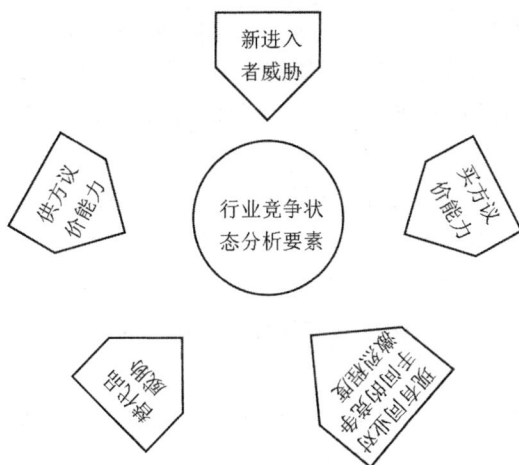

图 8-1　行业竞争的五力模型

较强的吸引力。

1. 新进入者威胁

新进入者又称潜在竞争者,这种威胁是指目前不在行业内,但有能力、有可能进入某个行业的其他企业,它们是现有产业内的企业潜在竞争对手。由于新进入者往往对市场做过周密的分析调查,掌握了该行业的竞争规律以及其他竞争者的优势与劣势,可以充分发挥后动者优势。例如,2014 年的打车软件市场上,滴滴与快的分别占据了打车 App 客户端市场份额的 45.3% 和 51.6%。然而,对于以上市场,百度地图等旅游 App 客户端和地图软件,都是该市场的潜在进入者,成为阿里与腾讯的潜在竞争者。

2. 替代品威胁

这种威胁是指由其他企业或产业提供并能够满足顾客相似需求的产品。由于替代品的存在会降低消费者对某种可被替代产品的依赖程度,从而抢夺了主产品的市场份额。特别是当消费者面临的转换成本较低,替代品的价格更低、质量更优、性能接近甚至超过竞争产品时,替代品的威胁就会很强。如果产品几乎没有替代品,那么企业便有更多的机会提高价格,赚取更多的利润。

3. 买方议价能力

买方议价能力与供应商议价能力是两种被约翰·肯尼思·加尔布雷斯看作是相互抵消的力量。在买方市场,买方的最终目的是获得性价比高的产品与服务。从供给侧角度来说,当企业的购买数量大、交易金额高、与供货商保持着长期购买关系,具有后向一体化的实力时,其议价能力通常较强。从需求侧角度来说,当市场存在多种可供选择的替代品时,且买方数量少但需求总量大,则买方有很强的议价能力。例如,我国的煤炭行业长期处于分散格局,而电力企业为国家垄断,属于强势一方,造成了煤炭行业议价能力很低,市场定价倾向于电力行业,处于市场买方的电力公司特别是大型发电集团的议价能力普遍较强。

4. 供方议价能力

供方的议价能力是指供应商在市场上讨价还价的程度与方式。供应商在下述情形中将会具有较强的议价能力：

（1）供应商的集中度很高。如果市场被少数的供应商所垄断，那么供应商在产品的交易条件等方面上对购买商形成较强大的议价能力。例如，中石油、中石化、中海油几乎占据了中国全部的油气供应市场，这些企业的议价能力较强。

（2）所售产品的替代性较低，标准化程度较高。例如，专门化的生产设备，产品的适用范围加大，无差异性较高都会增加供应商的议价能力。

（3）更改供应商的转换成本高。例如，日化企业中的一些新型日化原材料没有替代品或转变成本过高，企业过度依赖供应商的技术与服务，致使日化企业只能接受供应商的条件和价格。

（4）供应商具有前向一体化的实力，而购买方难以进行后向联合或一体化。例如，原材料供应商开始向生产加工发展将会增加供应商议价能力。

5. 现有同业对手间的竞争激烈程度

现有同业对手间的竞争激烈程度，不仅影响着产业的整体回报率，也决定着企业的生死存亡与行业地位。下述情形会加剧行业内竞争者之间的竞争程度。

（1）产品差异程度和消费者转移成本。产业内各个企业的产品功能差别较小，消费者从一种产品转移到另一种产品的成本比较低，或者几乎为零，那么企业间就同一产品的生产与市场上的竞争将会很激烈。

（2）企业成本结构类似下的生产规模效应出现。企业间的固定成本投入较高，且投入结构类似，需要获得规模经济效应时，可能导致市场上产品过剩，造成企业间的价格大战或低价竞争的局面，加剧企业间的竞争。

（3）行业退出壁垒的高低。行业退出成本过高，导致经营不善的企业不得不继续留在产业内，导致生产过剩，竞争加剧。退出壁垒的成本主要包括：未用资产、退出的费用、策略性影响以及心理因素等。

（二）产业生命周期

产业的发展状况、企业所面临的竞争状况与产业所处的生命周期的阶段有关。产业生命周期（industry life cycle）是指一个行业从出现直到完全退出社会经济领域所经历的时间。一般而言，产业生命周期从初创到衰退经历五个相继的发展阶段：开发阶段、成长阶段、成熟阶段、衰退阶段。处于不同产业阶段的企业所采用的竞争战略与策略不同。产业生命周期各个发展阶段的特征与战略策略特点如表8-1所示。

表8-1　产业生命周期阶段特征与战略策略特点

	开发阶段	成长阶段	成熟阶段	衰退阶段
市场发展	缓慢	迅速	下降	亏损
市场结构	零乱	竞争对手迅速增加	竞争激烈，对手成为寡头	取决于衰退的性质，或成为寡头，或出现垄断

续　表

	开发阶段	成长阶段	成熟阶段	衰退阶段
产品线特征	种类繁多	种类减少,标准化程度增加	产品种类大幅度减少	产品差异度减小
财务状况	启动成本高,需要大量资金投入,回本无保障	销售增长带来了利润,但大部分利润用于再投资	稳定的销售额带来利润,再投资减少,形成现金来源	利润下降,现金来源取决于退出壁垒的高低
生产特征	一次性或批量生产,未能形成流水线生产	经验曲线上升,成本下降	强调降低成本,提高生产效率	产业生产能力下降
研究和开发投入	在产品设计和生产作业方面大量投入	对产品的研究减少,继续进行对生产过程的研究	较少,多为渐进性的革新,多围绕降低成本和提高效益展开	除非生产过程或重振产品有此需要,否则无支出
战略重点	产品开发战略	市场开发战略	综合的竞争战略	退出战略

资料来源:吴晓云.国际商务.北京:清华大学出版社,2015:273.

(1)开发阶段。产业在该阶段的特征是:产品设计尚未稳定定型,销售额少且增长缓慢,市场占有率分散且变动,销售成本较高,行业内竞争较少,大量开发成本以及产品仅被早期使用者接受,产业平均利润率较低。

(2)成长阶段。该阶段产业销售增长率虽不显著,但增长速度加快。由于新产业所创设的壁垒阻挡了产业外公司的暂时进入,使得在该产业投资可能产生较高利润率。

(3)成熟阶段。该阶段产业销售增长率虽高,但增速放缓,外来竞争者的加入降低了利润率,但是权益回报率仍然可观。在成熟阶段产业的销售增长率可能将超过一国的GDP 增长率。

(4)衰退阶段。该阶段产业销售增长率降低,产业将会面临市场容量过大和利润率很低的困境。在此阶段,产业销售增长将会回落到该国 GDP 增长率水平,随即降至更低水平。当然,要客观地判断一个产业在生命周期中所处的位置,还需要基于全球视角来评判。

三、跨国公司产业竞争策略

跨国公司产业竞争策略是指企业依据自己在市场中所处的地位,为了实现竞争战略,适应竞争形势而采用的具体行动。菲利普·科特勒(P. Kotler)根据跨国公司在产业和市场中所处的地位,将竞争策略分成领导者策略、挑战者策略、追随者策略、补缺者策略四种(见表8-2)。企业在市场中的地位不同,其各自的战略目标也不同。领导者的市场战略目标是如何扩大总需求及扩大市场占有率;挑战者的战略是根据自身的实力而选择恰当的时机向领先者发起进攻挑战,以争取市场的主导地位或对其更有利的位置;追随者的目标是跟随领先者;补缺者的战略则是寻求一个未引起领先者和跟随者注意的利基市场开展专业化经营活动。

表 8-2　企业在行业(市场)中的地位划分

行业(市场)地位	领导者	挑战者	追随者	补缺者
市场份额/%	40	30	20	10

(一) 领导者策略

领导者(leadership)是指在产业或市场范围内,其技术、成本、营销等处于优势地位,或者其产品与服务在市场上的占有率处于领先地位的少数企业。全球市场上,苹果公司、微软公司、通用汽车公司、沃尔玛等企业都在所属行业处于领先地位。根据马文·利伯曼(M.B. Lieberman)和戴维·蒙哥马利(D.B. Montgomery)的研究,市场或产业领导者能够获得先动者优势(first mover advantage)。它们是技术领先优势(technological leadership)、获取稀缺资源的优势(preemption of scare assets)、构筑消费者转换成本的优势(advantage of buyer switching costs)。领导者为了维护自身的竞争地位与优势,常常采用以下策略。

1. 扩大市场需求总量

(1) 拓展顾客群体。新顾客群可能处于尚未开发的地理区域市场,也可能存在于现有市场中尚未开发出来的潜在顾客群体中。对于后者,美国的强生(Johnson & Johnson)公司借助原有的主打产品婴儿洗发液,通过发掘家庭其他成员的潜在需求,成功地将旗下洗发液产品拓展到成人市场,使其成为整个洗发液市场的领先品牌。

(2) 开发产品的新用途。开发产品的新用途往往意味着新市场和新消费群体的出现。例如,支付宝、微信通过开发手机的客户端支付功能,拓展了智能手机的用途,开启了一个手机钱包支付的时代。又如,杜邦公司通过不断开发尼龙的新用途而实现了市场扩张。尼龙首先用于制作降落伞的合成纤维,接着作为制作女袜的主要原料,后来又作为制作服装的原料,再后来又成为汽车轮胎、沙发椅套、地毯的原料等。

(3) 增加产品的使用量。企业通过提供更多的关联服务来说服人们在更多的场合使用公司产品。例如,法国米其林轮胎公司通过设法鼓励汽车用户每年驾驶更多的里程,以达到使轮胎更换次数更多的目的。公司以三星系统来评价法国境内的旅馆,并出版旅游指南,报道法国南部最好的旅馆,诱导汽车用户到法国南部去度周末。

2. 维持并扩大现有市场份额

面对众多的竞争对手,领导者在努力扩展市场规模的同时,还需要防备竞争者的进攻与挑战,保护现有的利益不受侵犯。正如可口可乐公司要防备百事可乐公司的进攻,通用汽车公司要防备福特公司的进攻。具体而言,市场领先者可以酌情采取 6 种防御策略。

(1) 阵地防御(position defense)。这是一种消极的静态防御形式,即企业在它目前的经营领域周围采取防范措施,抵御对手的攻击。在市场竞争环境中,消极防守的策略往往意味着自取灭亡。美国的福特汽车公司就曾因为过于迷恋并保护 T 型轿车,以致忽略了市场需求的发展,结果使这家实力雄厚的公司一度濒临破产。

(2) 侧翼防御(flanking defense)。侧翼防御是指企业要认识到自身发展中的薄弱环节,因为竞争者总是针对企业的弱点发起进攻。

（3）主动防御（preemptive defense）。这是以先发制人的进攻代替防御的策略方式。具体指企业针对某个市场占有率接近并危及自己的竞争者发动攻击，或者对市场上的竞争者发动全面攻击，使得对手不敢轻举妄动。例如，美国市场份额第一的通用公司认为，当排行第三的克莱斯勒汽车的市场份额增长到 20％时，就会对其产生威胁，因此通用公司采取主动出击的战略，以巩固自身在行业中的地位。

（4）反攻防御（counter-offensive defense）。领导者遭到对手发动降价或促销攻势，或改进产品、占领市场阵地等方式进攻时，应主动反攻入侵者的主要市场阵地，切断进攻者的后路。

（5）运动防御（mobile defense）。领导者把它的业务范围扩展到新的领域中去，这些新的领域在将来可以成为防守和进攻的中心。例如，石油公司可拓展为能源公司；建筑装饰公司可以从原来的地面装饰拓展到房间装饰；烟草公司在日益强大的反吸烟舆论的压力下，把一部分资金转投到新的行业，投资在啤酒、饮料和冷冻食品等领域分散风险。企业在将业务扩展到相邻的行业时，有助于综合发展和提高企业的自卫能力。

（6）收缩防御（contraction defense）。在所有的细分市场采取全面防御有时会得不偿失，在这种情况下，最好是采用收缩防御（或称之为战略性撤退），即企业放弃一些失去竞争力的市场，而集中资源在本企业具备较强竞争力的领域进行经营。

总之，扩大市场份额是一门艺术，它并不是单纯以提高市场份额为终极目标，而应当以扩大并维护企业在产业与市场中的地位为总体目标。过度地提高市场占有率，可能导致企业面临政府以反垄断为名而进行的行政干预以及边际利润下降等问题之困扰。

（二）挑战者策略

挑战者（challenger）是指积极向产业领导者或其他竞争者发动进攻来扩大市场份额的少数企业。这些企业市场份额大多仅次于市场领导者，它们不甘于目前的地位，通过对市场领先者或其他竞争对手发起挑战与攻击，来提高自己的市场份额和市场竞争地位，或者试图取代市场领先者的地位。挑战者策略包括两方面。

1. 确定挑战目标与竞争对手

大多数挑战者的目标是提高市场占有率，进而达到提高投资收益率和利润率的目标。成功的挑战需要回答一些关键性的问题。诸如，我们的竞争者是谁，每个竞争者的销售额、市场份额和财务状况怎样，每个竞争者实施什么样的战略，每个竞争者的优势及弱点是什么，每个竞争者对环境、外部竞争变化可能的反应怎样等问题。

一般来说，挑战者选择以下三种竞争者作为挑战对手。

（1）进攻市场领先者。这是一种既有风险又极具潜在价值的选择。成功的挑战者要仔细地研究市场领先者在经营中的弱点和失误，并选择进攻的目标点。例如，美国米勒公司（Miller）在啤酒市场上发现了一个被领先者忽略的淡啤酒市场并创造性地满足这一市场需求，极大地提高了米勒公司的市场占有率，在产品创新上胜过领导企业。

（2）攻击与自身实力相当的企业。挑战者可以抓住有利的时机，向那些与自己势均力敌的企业发动进攻，吸引竞争者顾客壮大自己的市场。例如，小米手机通过高配低价的手机产品以及网络销售渠道,对魅族、酷派等手机制造商发起强烈的进攻。

（3）攻击实力较强的公司。特别是当市场出现某些中、小企业因经营管理失误而出现财务收支等方面的困难时,处于挑战地位的企业可以通过兼并、收购中小企业等方式,以壮大自身的实力和扩大市场占有率。

2. 确定竞争策略

挑战者为了达到挑战目标,可以采用正面进攻、侧翼进攻、包围进攻、迂回进攻、游击进攻等不同的策略向其对象发动攻击。

（1）正面进攻（frontal attack）。指挑战者集中资源向对手的强项而不是弱点发起进攻。正面进攻的胜负取决于双方力量的对比。进攻者只有在产品、广告、价格等主要方面大大超过对手,才有可能成功。否则选择这种策略就是以卵击石。例如,美国无线电公司（RCA）、通用电器公司（GE）在向 IBM 公司发动正面进攻时,忽视了自身与国际商用机器公司有明显的实力差异,导致企业陷入困境。

（2）侧翼进攻（flanking attack）。它指集中优势力量攻击对手的弱点,甚至采取了"声东击西"的做法。这种策略对那些资源或实力小于对手的挑战者来说往往是有效的,因为他们很难以正面的实力压倒对方,但采取避实击虚的战略、战术往往取胜。侧翼进攻包括两种进攻方式。

一是地理性的侧翼进攻。即在全国或全世界寻找对手力量薄弱的地区。例如,日本汽车和摩托车公司先选择进入亚洲国家再进入美国加利福尼亚州,最后将势力扩展到全美;在日本制药业和医疗器械业中,南美洲曾是日本公司进入美国市场前的试验基地;日本的复印机、家用电器、乐器等,也都是选择敌人的薄弱市场进行地理性侧攻,并确立了在该市场的地位,而欧美公司却很难对这种侧翼进攻组织起有效的反扑。

二是细分性侧翼进攻。这种进攻通过寻找领先企业忽略的细分市场,在这些小市场上迅速填空补缺。例如,日本和德国的汽车生产厂商通过发现尚未被美国汽车生产厂商重视的小型汽车市场而获得了在美国市场上的快速成长。

（3）包围进攻（encirclement attack）。这是一种全方位、大规模的进攻战略,挑战者拥有优于对手的资源,确信包围计划的完成足以打垮对手时,可采用这种措施。在国际商务战中,包围进攻策略分为产品包围和市场包围。

产品包围是挑战者推出大量品质、款式、功能、特性各异的产品,以压倒对方的产品线,取得产品数量上的优势的一种包围策略。例如,日本精工表在国际市场上就是采取这种策略,它在美国市场上提供了约 400 个流行款式,占据了几乎每个重要手表商店,并采用了各种吸引消费者的促销手段,取得了很大的成功。

市场包围进攻策略是指挑战者集中采用市场渗透,将自己的产品和服务扩张到邻近的每一个区域市场,以形成对竞争对手的夹击之势的一种进攻策略。

（4）迂回进攻（bypass attack）。这是一种间接进攻方式,通过避开对手的现有阵地,进入对手尚未涉足的业务领域或市场。推行这种战略的方法有三种：发展无关联的产品,实行产品线多样化;以现有产品进入新地区市场,实行市场多角化;发展新技术和新产品,取代落后的产品。例如,当从未涉足过通信领域的苹果公司 2007 年推出第一款智能

iPhone 手机时,它选择了诺基亚尚没有关注的智能手机的研发。也正是这种没有键盘触控的手机产品功能开发,开创了智能时代,为苹果公司带来了丰厚利润。

(5) 游击进攻(guerrilla attack)。该策略适用于规模较小、力量较弱的企业,目的是以小型的、间断性的进攻干扰对手的士气。在商界常用的方法有选择性减价、密集促销战以及偶尔而为的法律行动等。游击进攻策略需要进攻者投入大量的资源,有时可能得不偿失。此外,该种策略可能会引起强大竞争对手的报复与反击。

(三)追随者策略

市场追随者(follower)是指那些不愿扰乱市场形势的一般性企业。虽然市场追随者的市场份额明显低于领导者,但是它们的投资收益率和利润率是客观的。美国的一项研究报告指出,处于追随地位的公司市场份额不到领导者的一半,但其 5 年投资报酬率均超过了行业平均水平。通常追随者的策略主要有:

(1) 紧密追随(closely follow)。紧密追随者在尽可能多的细分市场和营销领域中模仿领导者,它不会发动任何进攻和领导者直接冲突。有些追随者甚至可能被说成是寄生者,他们在刺激市场方面很少有主动的动作,而是靠紧密追随领导者而获利。

(2) 距离追随(distance follow)。距离追随者会从领导者那里模仿一些事物,但是这种模仿往往是带有差异性的模仿。例如,在产品创新上追随领导者,但在包装、广告、定价等处有所不同。只要有距离的追随者没有积极地进攻领导者,领导者十分欢迎这种追随者,乐意让给他们一些市场份额。

(3) 有选择的追随(selected follow)。有选择的追随者除了生产与领导者相似的产品外,通常也会进一步加以改良,同时也会选择不同的市场规划,以避免直接与领导者发生冲突,这类企业常常会成为未来的挑战者。例如,日本的企业往往是有选择的追随者。

(四)市场补缺者策略

市场补缺者(marketing nicher)是指服务于市场的某些细小的部分,而不与市场上主要的大公司发生竞争关系,只是通过专业化经营来占据有利市场位置的企业。成功的市场补缺者往往获益匪浅。美国策略计划研究所在研究了数百个业务单位后发现,小市场的投资报酬率平均为 27%,而大市场为 11%,补缺者盈利的主要原因是能够比其他大众化营销的公司更好地了解和满足顾客需要。因而,当大众化营销者取得高销量的时候,补缺者取得了高毛利。例如,A. T.克劳士公司将其著名的优质金笔定位在豪华高价的市场上,专门供高级管理人员、主管和学者们使用。由于不是将力量分散在各个层次的钢笔市场,而是专注于优质高价市场,该公司获得了高额利润和销售额的快速增长。市场成功的补缺者的经营策略如下。

1. 创造、扩大并保护补缺市场

著名的运动鞋生产商耐克公司,不断开发适合不同运动项目的特殊运动鞋,如登山鞋、旅游鞋、自行车鞋、冲浪鞋等,这样就开辟了无数的补缺市场。每当开辟出这样的特殊市场后,耐克公司就继续为这种鞋开发出不同的款式和品牌,以扩大市场占有率。例如,耐克充气乔丹鞋、耐克哈罗克鞋。

2. 慎重选择补缺基点

（1）选择补缺基点时应注意如下方面的问题：是否有足够的市场潜量和购买力？是否有利润增长的潜力？是否对主要竞争者不具有吸引力？企业是否具有占领此位置必要的资源和能力？是否可依靠企业既有的信誉对抗竞争者？……

（2）选择市场补缺基点时，多重补缺基点比单一补缺基点更能减少风险、增加保险系数。

3. 专业化营销策略的实施

市场补缺者取得成功的关键在于企业实施专业化营销策略，要在市场、顾客、产品或营销组合方面实行专业化，以适应特定市场的需求。具体包括如下方面的专业化内容：

（1）按最终用户专业化。专门致力于为某类最终用户服务。例如，计算机行业有些小企业专门针对诊疗所、银行等客户进行专业服务。

（2）按垂直纵向专业化。专门致力于生产、分销渠道中某一纵向垂直层面的产品，面向专业化极强的市场层面。例如，制铝厂可专门生产铝锭、铝制品或铝质零部件。

（3）按顾客规模专业化。专门为某一种规模（大、中、小）的客户服务。例如，印刷企业专门为企业客户服务。

（4）按特定顾客专业化。只为一个或几个主要客户服务。例如，轮胎公司把产品全部卖给汽车制造公司。

（5）按地理区域专业化。专门为国内外某一地区或地点提供特别的服务。例如，酒店集团专门在东南亚热带海岛地区设立度假酒店。

（6）按产品或产品线专业化。只生产一大类产品，实行专业化经营。例如，美国的绿箭公司专门生产口香糖一种产品，现已发展成为一家世界著名的跨国公司。

（7）按客户订单专业化。专门按客户订单生产预订的产品。例如，服装厂按照客户的订单定制服装。

（8）按质量和价格专业化。专门生产经营某种质量和价格的产品。例如，专门生产高质、高价产品或低质、低价产品。

（9）按服务项目专业化。专门提供某一种或几种其他企业没有的服务项目。例如，美国有一家银行专门承办电话贷款业务并为客户送款上门。

（10）按分销渠道专业化。专门服务于某一类分销渠道。例如，专门生产适于超级市场销售的产品或专门为航空公司的旅客提供食品。

第二节　国际市场分析与营销策略决策

一、国际市场内涵与市场需求分析

（一）国际市场范畴

国际市场亦称世界市场，是指本国以外的各个国家市场和地区市场纵横交错地交织在一起形成的市场整体。国际市场是国际商品经济发展的产物,是随着国际分工和国际商品交换的发展而形成的,是各国进行商品、劳务、技术和资本交换的场所。

斯蒂格勒(Stigler)和舍温(Sherwin)把市场定义为一系列供应商和需求商的集合,它们的交易确定了商品的价格。国际市场有两层含义:一是指市场的外延,即它的地理范围,国际市场是就全球而言的,是世界各地域市场的总和;二是指国际市场的内涵,包括国际物质商品市场、国际金融市场、国际劳务市场。国际物质商品市场是各国贸易商进行商品交换的场所;国际金融市场是指国际上进行资本借贷、贸易结算、金银和有价证券买卖的场所;国际劳务市场是指各国进行劳务贸易的场所。劳务市场又有广义和狭义之分:广义的劳务市场泛指各国进行承包工程、劳务合作、许可证、技术诀窍、运输、保险、仓储和广告等贸易和业务的场所;狭义的劳务贸易市场主要指进行承包工程和劳务合作的场所。可见,国际市场是个十分庞大而又非常复杂的多层次、多维性的体系,这个体系由若干个相互区别而又相互关联的部分构成。它不仅有地域的分布,而且有商品的销售、资本的融通和劳务的交流,国际市场是个相互交织的国际经济关系的大系统。

因此,任何部门、任何企业要进入国际市场,并达到自己的目标,都必须认真分析和研究国际市场,深入了解国际市场的特点,了解国际市场环境和国外消费者的需求,以便正确地制定市场战略和策略,充分利用国际市场和国际资源,充分利用国外一切可以利用的因素和条件。

(二) 国际市场需求分析

经济学理论认为,决定消费者对某种产品需求数量的主要因素有产品的价格(price)、消费者的收入水平(income)、相关产品的价格(prices of related goods)、消费者的偏好(tastes)、消费者对产品的价格预期(expectations)。此外,市场需求总量还与这个市场上消费者的数量有关。市场营销学中对市场需求的判断有一个公式:市场需求＝人口×购买力×购买欲望。其中,人口对应一个市场上消费者的数量;购买力对应消费者的收入水平;购买欲望对应产品价格、消费者偏好、相关产品的价格和消费者对产品的价格预期等。在市场需求公式中,人口和购买力是生产企业需要考察的客观因素,而购买欲望是企业可以通过价格战略、差异化生产以及促销手段加以引导的因素。准确客观地确定市场需求状况,需要考察与一国总体经济水平相关的经济因素。具体包括对经济发展阶段的判定、地区以及国家的人口规模大小的考察、居民消费购买力大小的分析、产业结构现状与类型的归纳、市场外部依赖性情况的研究等。

(1) 国内生产总值。国内生产总值可以从国家官方公布的统计数据中获得。它是衡量国家市场总体经济规模的常用指标,GDP增长率是评价市场总体规模发展速度的基本指标。

(2) 人口规模。人口规模是构成市场规模的基本因素。其中人口数量构成市场总体的基数。理论上,人口越多,人口密度越大,市场潜在的购买力越大。人口年龄结构、性别结构、家庭结构影响着全球市场细分的标准。

(3) 收入水平。它包括两个方面的考察:人均收入总量与收入分配。收入水平是决定消费能力的重要因素。人均可支配收入越高,购买力相对越强;收入较少,可支配收入中用于必需品消费支出的份额就相对越大,还会降低需求收入弹性,对产品的多样化敏感度就会减弱。恩格尔系数是衡量这种关系的有效工具。联合国根据恩格尔系数制定了一个划分贫富的标准:系数在59%以上者为绝对贫困化水平;系数在50%～59%的为勉强度日水平;系数在40%～50%的为小康水平;系数在30%～40%的为相对富裕水平;系数在30%以下的为富裕水平。因此,跨国公司在进行国际商务活动时,要根据各国的恩格尔系数,根据各国的人均收入水平分析其对商品的需求结构,以便选择最有希望的目标市场。

用人均收入分析一国的市场规模和需求结构,还应注意国家的贫富差别。法国的人均国民生产总值虽然很高,但其贫富两极相差悬殊。印度人均收入水平很低,尽管大多数人生活贫困,却也有相当一部分收入很高的富裕户。认识到这种分配不平衡的现象,可以帮助我们消除某种错觉,比如认为凡是收入水平低的国家就很少有对高档产品的需求,而收入水平高的国家就没有价廉、低档产品市场。所以,我们既要看到一般情况下的规律性,又要看到在一定条件下的变异。例如,瑞典的人均国民生产总值高于法国,但该国的贫富差别不大,因此,该国的奢侈品市场规模并不比法国大。可见,不能简单地按一个国家的人均收入水平推断该国对某种商品的需求,还要看到它的收入平衡状况。

(4)产业结构。不同产业结构类型的国家有不同的市场特点。菲利普·科特勒把产业结构分为四种类型:① 维持生存经济(subsistence economics),人们主要从事农业,自给自足类型,发展水平低,市场机会不多。② 原材料出口经济(raw material exporting economics),以自然资源丰富,依赖资源出口为主要特点。此类型市场对资源开采、处理设备、工具和运输设备的需求量较大。往往是较发达的国家,也是消费品和奢侈品的市场。③ 工业化经济(industrializing economics)。国民生产总值中,制造业产值占比较大的一部分。制造业发展的同时,对原材料的进口要求增速,例如,印度、埃及、菲律宾等。④ 工业经济(industrial economics)。这种类型的国家是制成品和投资资金的主要出口国。经济发达程度较高,中产阶级大量存在,是各种商品的巨大市场。

(5)外部依赖性。一国经济的外部依赖性可以用一个国家对外贸易占国民生产总值的比例或对外贷款和服务款项的偿付责任来表示。对外贸易占比较大,说明该市场受国际贸易冲击程度大。对外贷款和服务款项的偿付责任则表明该国对国外债务冲击的承受力。外部依赖性较高的国家,对该国产生外部影响力的相关国家经济活动的特点和变化情况需要纳入考虑范围之中。

(6)消费者偏好(consumer preference)分析。消费者偏好指的是消费者根据自己的意愿对可供消费的商品组合按照其总效用大小进行的排序,反映的是消费者个人的兴趣与嗜好。由于消费者偏好的形成受文化、经济水平、政治体制等因素的影响,因此它对市场需求的影响较大。表8-3以美国与中国香港消费者为例分析说明了文化差异对需求差异的影响。

表 8-3　消费者偏好与市场需求差异

社会文化因素	美　　国	中国香港
饮食习惯	喜欢吃肉,习惯吃冷冻食品	喜欢吃海鲜和肉,习惯吃新鲜食品
购物习惯	为了省时间,不经常	为了保持食物的新鲜,更经常
居住条件	条件较好,宽敞	条件不够好,较拥挤
冰箱大小	大	较小
汽车的使用	经常	不经常
人口密度	较稀疏	较稠密
城市化水平	低	高

资料来源：转引自 S. HO & H. Lau. Development of Supermarket Technology：The Incomplete Transfer Phenomenon. *International Marketing Review*，1998,5(1)：27.

二、国际目标市场细分与选择

(一) 市场细分内涵与类别

　　市场细分(market segmentation)是一个营销学的概念,由美国市场学专家温德尔·史密斯(W. Smith)在 20 世纪 50 年代中期首先提出,它是指企业在市场营销调研的基础上,按照一定因素把整体市场划分成若干个有共同特征的小市场,即细分市场或子市场,再从中选择营销对象的分析过程。国际市场细分是指企业根据自身的经营目标,将大而分散的国际市场划分为若干独立的、有相似特征的国家消费市场或者是个体消费市场的过程。国际市场细分可以分成宏观市场细分与微观市场细分两个层面。

　　(1)宏观市场细分。宏观市场细分也叫国家细分或整体细分,是指按照某种标准,把整个国际市场分成若干个子市场,每个子市场具有某些共同特征的过程。宏观市场细分的划分标准有：地理标准、经济标准、社会文化标准和组合标准。

　　① 地理标准。按照地域近似性,将有相近文化背景、消费行为特征的区域或者国别市场消费群体进行地理区域近似性划分的方法。比如,把国际市场划分为北美、西欧、日本、东欧、中东、南亚、东南亚、东亚、拉美、非洲市场等(见表 8-4)。

表 8-4　按地理标准国际市场细分示例

洲　　际	亚洲、欧洲、北美洲、大洋洲
地　　区	加勒比海地区、阿拉伯地区、东亚
区域性经贸组织	北美自由贸易区、欧盟、东盟、南方共同市场、非洲经济共同体、世界贸易组织
国　　别	美国、英国、中国、日本、法国、南非
气　　候	赤道带、热带、亚热带、温带、寒温带和寒带
地　　形	平原、高原、丘陵、山地、盆地

续　表

洲　　际	亚洲、欧洲、北美洲、大洋洲
人口总数	20 万人以下、20 万~50 万人、50 万~100 万人、100 万人以上
城市化程度	＞20％、＞30％、＞50％
国家类型	高度发达、发达、次发达、不发达、极不发达

资料来源：陈虹，邓新明，余珮.国际商务营销.北京：清华大学出版社,2014：122.

② 经济标准。是指按照常规的经济指标,例如,人均 GNP、人均 GDP、进出口贸易额、外贸依存度等将各个国家或地区的经济发展水平进行区分。例如,将国际市场划分为发达国家市场和发展中国家市场,或者传统社会阶段、起飞准备阶段、起飞阶段、趋于成熟阶段和大众消费阶段等市场。

③ 社会文化标准。用来对各国市场进行集群分析,常用的细分变量包括语言、种族、民族、宗教、教育及价值观等。

④ 组合标准。1980 年,兹克拉提出组合标准,他从国家潜量、竞争力和综合风险三个方面,按三个等级,对世界各国进行不同的排列组合,把国际市场细分为 18 类(见图 8-2)。其中,国家潜量是指企业的产品或服务在一国市场上的销售潜量,可通过人口数量及分布、人口增长率、国民生产总值、经济增长率、人均国民收入等数据资料来衡量;竞争力包括影响该国竞争力的内部因素和外部因素,内部因素是指企业自身的资源条件及企业在该国市场上的表现,外部因素是指同业竞争、替代产品的竞争及行业竞争结构等;综合风险是指该国所面临的政治风险、经济风险、财务风险及各种影响利润和经营结果的风险。组合细分法对不同国家的营销环境的考察更全面具体,但需要事先通过大量调查以掌握准确信息,过程复杂,会导致过高的营销成本。

		竞争力			
		强	中	弱	
风险	高	1	2	3	大
		4	5	6	中 国家潜量
		7	8	9	小
	低	10	11	12	大
		13	14	15	中
		16	17	18	小

图 8-2　国际市场组合细分

(2) 微观市场细分。微观市场细分也称离散国际市场细分,以具体的产品销售为导向,以一国国内市场的消费者特质为分析对象,根据产品性质的不同,微观产品市场可以分为消费品市场和工业品市场。消费品市场划分标准有人口统计学标准、地理标准、心理标准与行为标准；工业品市场划分标准有地理标准、最终用户、用户要求和购买方式四大标准(见表 8-5)。

表 8-5　国际市场微观细分示例

市场类型	细分标准	具体变量
消费品市场	人口统计学标准	性别、年龄、家庭生命周期、收入水平、职业及教育程度、种族国籍等
	地理标准	地理区域、地形特征、气候、人口密度等
	心理标准	生活方式、态度、利益追求等
	行为标准	消费者进入市场情况、使用者忠诚度、使用频率、消费模式等
工业品市场	地理标准	地区、气候、资源、自然环境、交通运输等
	最终用户	用户性质、用户规模等
	用户要求	经济型、质量型、方便型等
	购买方式	购买频率、支付方式等

资料来源：朱金生，张梅霞.国际市场营销学.武汉：华中科技大学出版社，2008：143.

市场细分可以采取双重或多重变量细分，以保证细分的有效性。要注意各细分市场间有明显的区别，以表现出各种消费群体独特的购买行为，基本划分原则是"组与组之间的差别越大越好，组内差别越小越好"。

(二) 国际市场细分步骤

国际市场细分大致分为以下步骤：

(1) 决定粗略市场。对产品所要进入的市场，通过运用已有的资料，分析产品的属性、市场现有品牌数目和各品牌之间的消长情况；分析消费者的行为、对产品的爱好、使用方式和购买频率等；再配合企业的目标，了解市场的特性及其背后支配的因素。

(2) 评价细分市场。通过市场细分可以衡量每一个细分市场的经济价值，通过比较分析，选择最佳的目标市场。

(3) 发掘目标群体。对影响消费者行为的各种因素进行深入研究，以取得进一步的资料，从而进行细分和比较。

☞ **讨论问题**

国际市场细分实例

假设某家成衣企业，准备对一地区的成衣市场进行细分。

首先，它运用消费对象与成衣用料种类两个变数来细分市场。消费对象包括男、女、儿童三类顾客，成衣用料种类包括呢绒、化纤、全棉三类产品。因此，可划分为几个细分市场，每个细分市场当年的销售实绩见表 8-6。

表 8-6 成衣各细分市场的年销售实绩

成衣用料种类 ＼ 成衣种类	男装（件）	女装（件）	童装（件）	销售总额（元）
呢 绒	200000	200000	50000	450000
化 纤	100000	120000	150000	370000
全 棉	120000	90000	150000	360000
合 计	420000	410000	350000	1180000

第二，该企业在表中抽出其中一个具体的细分市场进行分析，以判断其盈利能力。现对表 8-6 中的女装、化纤类成衣市场进行分析。分别估计整个行业和本企业在该细分市场的销售额和明年预计的销售额，再算出两者的年销售增长率和本企业在该细分市场所占的市场比率及其增长率（见表 8-7）。

表 8-7 女装化纤类成衣市场价值分析 （单位：元）

	过去一年的销售额	未来一年的销售额	销售额年增长率
行业销售额	800000	850000	6％
企业销售额	120000	138000	15％
企业占市场份额	15％	16％	7％

从表 8-7 可以看出该企业过去一年的销售额为 120000 元，占市场总销售额的 15％，该细分市场明年预计的总销售增长率为 6％。而企业打算将其销售额提高 15％。企业为实现上述销售预测，制订切实可行的综合营销方案。

三、目标市场定位与营销策略

市场定位（market position）是根据目标市场客户的独特需求和特征创建价值主张（value proposition）的过程。国际市场定位是由美国营销学家艾·里斯和杰克·特劳特在 1972 年提出的，其含义是指企业根据竞争者现有产品在市场上所处的位置，针对顾客对该类产品某些特征或属性的重视程度，为本企业产品塑造与众不同的、给人印象鲜明的形象，并将这种形象生动地传递给顾客，从而使该产品在市场上确定适当的位置。对于跨国公司而言，其国际市场定位战略大致可分为全球统一定位和地区差异定位两类。

（一）全球统一定位

全球定位是指跨国公司基于全球市场的角度来设计、生产、营销公司的产品，忽略国别间文化、习俗的差异，向全球市场推介标准化的产品与服务。全球定位视角出现在 20世纪 60 年代，80 年代后再次被关注。1983 年，莱维特（T. Levitt）在《哈佛商业评论》上发表了《市场全球化》的论文，提出为了在世界市场上赢得竞争力，企业应该把重点从为当地市场定制化的产品转向生产高级的、高功能的、可靠的和低价格的全球标准化产品。该理念一经提出,立即得到很多响应。

全球统一定位可以帮助企业获得规模经济和经验曲线的效益,降低成本,提高利润。Buzzell(1986)认为,产品标准化可以帮助企业实现规模经济,获得学习经验的积累;实现多种成本的节约。Kotabe(1990)认为,在欧洲和日本相对于产品当地化的企业而言,进行标准化生产的企业有更高水平的产品和流程创新。

总之,全球统一定位产品标准化的观点认为,全球化带来的世界同质化的趋势,使得世界上不同国家的消费者对相同产品表现出相同的偏好和需求倾向。因此,生产大量高质量和低价的产品成为在全球市场上获取竞争优势的主要源泉。例如,福特汽车公司在20世纪70年代末推出了全球车的计划——设计、部件生产和组装活动都实行一体化的世界型汽车。从20世纪70年代末至90年代中期的3轮努力,福特车将包括美国公司和欧洲公司在内的所有汽车业务都整合在议价公司"福特汽车经营公司"(FAO)中,并按家用、商用、轿车、卡车分别设立了5个汽车项目中心,每个中心负责某一系列车型的全球设计和制造工程工作。其零部件供应商也实施全球统一采购与自制。

☞ **案例阅读**

苹果公司的全球统一定位的成功

苹果公司是世界首屈一指的全球电子产品制造商。在过去的10年中,苹果公司的利润率始终处于行业内较高水平。2004年以来,公司利润率一直保持两位数的增长,平均利润率近32%。同期,索尼公司的利润增长率最高时仅为13%,最低时为负增长,公司平均利润率近23%;而诺基亚的同期平均利润率仅为10%左右。2007年苹果公司推出了iPhone,销量极佳,成为智能手机市场上利润最高的公司,并成功地瓦解了手机市场原有的格局。iPhone产品在2010年第三季度,攫取了全球手机行业整体运营利润总额的47%,几乎突破了50%这条敏感的界限。与高昂的利润相比,苹果公司手机产品的市场份额只有3.9%。

可见,苹果公司的经济价值创造是非凡的,是什么导致了苹果公司获得如此大的成功?当然,对此问题思考回答的角度也是多种多样的。这里仅从公司全球统一定位的视角去分析。

苹果公司采用的是典型的全球化战略。苹果公司将其研发创新产品在全球范围内销售,以实现其全球统一定位的战略目标。虽然在全球销售标准化的产品,必然比较少地考虑不同东道国的需求差别,缺乏对东道国当地需求的敏感反应和灵活性,但是,苹果公司借助其"全球化战略"所产生的高度的创新及优秀的设计能力,促使各国的习俗和偏好趋同。

苹果公司有着世界一流的研发和工业设计能力,它的总部位于加利福尼亚州的库迪提诺,几乎所有的苹果产品的科技和设计都诞生于此,所以其研发集中度很高。苹果公司充分利用其在国际上领先的技术优势,面向全球把产品制造集中在中心地区的几个高效率、最具生产成本优势的工厂(主要是在中国的富士康工厂)，这样就在全球范围内实现规模经济和范围经济，以规范化的流程来获得高质量与低成本的产品，以实现最低的成本和最高的效率。

与多国本土化战略相比较，苹果公司没有在东道国设立独立子公司，不要求每一个高层管理人员都能同时兼顾研发、设计、生产的各个环节，而是让高层管理者在战略上专注于公司最为擅长的领域。

资料来源：吕文辰，王荣浩.跨国公司全球竞争的战略导向分析——以苹果公司为例.技术与创新管理，2012，33(1)：32-34.

☞ **讨论问题**

1. 为什么苹果公司的全球统一定位战略能获得成功？采用全球统一战略需要企业具备哪些条件？

2. 在全球统一定位战略中，苹果公司是如何克服各国文化与消费习俗的差别对产品需求的影响的？

(二) 地区差异定位

由于全球区域经济一体化的发展、国家与地区间贸易壁垒的存在、各国之间文化的差异、民族主义与本土利益的存在，市场的分割与割裂依然是跨国公司国际经营活动中不得不去认真思考和对待的主要因素。上述因素成为地区差异定位存在的外在动因。

地区差异定位是指跨国公司根据不同国家、地区的不同市场，提供能够满足地区市场需求的产品和服务。采取地区差异化定位，国际企业需要根据各个市场的文化特征、购买力、竞争氛围和产品生命周期阶段等方面的差异，设计生产并提供符合地区消费需求特点的产品和服务。道格拉斯和温德(S.P. Douglas & K. Wind，1987)检验了莱维特标准化战略的前提假设条件，提出全球统一定位标准化战略的三个主要缺陷。一是他们认为世界市场的顾客需求和利益并没有变得越来越同质化，相反，特有的带有国别特点的市场非常普遍，并且有大量的证据表明在国家内部也越来越表现出行为的多样化。二是在许多例子中，顾客并不想为了低价格而牺牲产品特点和质量。三是在某些行业，规模经济也许并不重要，而在另外一些行业，由于工厂弹性生产自动化的应用，使得规模经济可以在较低产出水平的条件下达到，并且能在不提高产品成本的前提下生产高度适应化的产品。

(三) 国际市场营销策略

在目标市场最终确定后，跨国公司围绕企业战略标准化与差异化的不同决策，选择目标市场营销策略。

(1) 无差异性营销策略。它是指企业以同一种商品去适应市场细分后各个子市场的共同需要。采用这一策略，要求企业采用大规模生产方式和标准化作业，建立广泛的销售渠道，制订统一的广告宣传内容，提供统一的标准化产品，从而在消费者心目中树立起企业所提供的产品或服务的鲜明形象。这种营销策略的实质是企业只着眼于消费者需求的同质性,对消费者需求的差异性忽略不计。无差异市场策略的代表是可口可乐公司。该公司曾长期以单一口味的产品、单一标准的瓶装和统一的广告宣传占领世界饮料市场。这一策略最大的优势在于成本的经济性,不足之处是忽略了不同消费者之间的需求差异,因而会丧失许多市场机会,一旦有几家企业在同一行业采用这一策略,竞争就会日益激烈。在现实中只有极少数企业会采取这种策略。

(2)差异性营销策略。它是指企业在市场细分的基础上,针对不同的目标市场生产不同的产品,实行不同的营销组合方案,以适应不同的需求,提高市场份额。这一策略的优点是能够塑造差别产品的形象,满足不同类型消费者的需要,争取到更多的"忠诚者";可以减少经营风险,增强企业的应变能力,如美国通用汽车公司针对具有不同财力、目的和个性的国际消费者,生产不同种类、型号的汽车,以满足他们的不同需要。问题在于企业的生产、营销成本和管理费用会大大增加,企业的经营收益会受到影响。一般只有少数采用高度分权化管理的大企业才有能力采取这种策略。

(3)集中性营销策略。它是大多数企业的营销策略选择,在前两种营销策略中,企业面向的是整个市场或大部分子市场,而采取集中性营销策略的企业则力图在市场细分后的众多子市场中,选择某一个或少数几个细分市场作为目标市场,集中力量在该市场上营销,争取获得竞争优势,占有较大甚至是领先的市场份额。这一策略的特点是可以深入地了解特定细分市场的需要,实行有针对性的经营,向某一特定的子市场提供最好的产品和服务,生产和营销的集中也使经营成本得以降低。不足之处是目标高度集中,经营风险较大,若目标市场发生突然变化,或市场上出现一个新的强有力的竞争对手时,企业就可能面临生存困难。因此,采用这一策略,企业需要认真分析,找准方向。许多国际企业往往把目标分散在好几个国际市场部分,实行"多元化经营",以减少风险。

☞ **案例阅读**

麦当劳国际市场营销策略

自 1955 年麦当劳的创办人克罗克开设第一家麦当劳至今,它在全世界已拥有 31000 多家餐厅,遍及全球 128 个国家和地区。其中最南位于新西兰茵薇卡其尔,最北位于芬兰旅游胜地罗瓦尼米。在地球上每隔 15 小时,就有一家麦当劳餐馆开业,每天服务接近 5400 万的顾客。麦当劳成为人们最熟知的世界品牌之一。

回顾麦当劳公司的发展历程后发现,麦当劳一直非常重视市场细分的重要性。每年,麦当劳都要花费大量的资金进行认真严格的市场调研,研究各地的人群组合、文化习俗等,再书写详细的细分报告,以使每个国家甚至每个地区都有一种适合当地生活方式的市场策略。麦当劳市场营销策略的形成过程如下。

(1)麦当劳将市场划分为美国国内和国际市场,并分析各区域的差异。通过把市场细分为不同的地理单位,再进行各种针对性的经营活动。

（2）麦当劳从年龄及生命周期阶段对人口市场进行细分。将顾客人群粗略地分为三大市场：将不到开车年龄的划定为少年市场；将 20～40 岁的年轻人界定为青年市场；还划定了老年市场。由于麦当劳以孩子为顾客中心，把孩子作为主要营销对象，注重培养孩子们的顾客忠诚度。例如，在餐厅用餐的小朋友，经常会意外获得印有麦当劳标志的气球、折纸等小礼物。在中国，还有麦当劳叔叔俱乐部，参加者为 3～12 岁的小朋友，他们定期开展活动，让小朋友更加喜爱麦当劳。

（3）针对快餐业的方便型市场，麦当劳提出"59 秒快速服务"的服务理念。从顾客开始点餐到拿着食品离开柜台的标准时间为 59 秒，不得超过一分钟。

（4）针对休闲型市场，麦当劳对餐厅店堂布置尽量做到让顾客觉得舒适自由。麦当劳努力使顾客把麦当劳作为一个具有独特文化的休闲好去处，以吸引休闲型市场的消费者群。由于市场定位准确，营销战略较好地满足了目标顾客的需求，麦当劳才能够取得如此的成功。

资料来源：http://wenku.baidu.com/view/4b9936d5b14e852458fb5749.html.

第三节 国际市场产品分析与定价策略

一、国际市场产品分析

（一）产品的层次

产品是指能够提供给市场以满足需要和欲望的有形物品和无形服务，是消费者所得到的物理的、心理的、服务上和象征性特征的整体。通常产品构成由内到外分为五个层次：核心产品、形式产品、期望产品、附加产品和潜在产品。

（1）核心产品。它是指企业为顾客提供的产品或服务中所包含的能满足其基本需要的利益。核心产品引发并决定了消费者的购买行为，是产品整体概念中最基本、最主要的部分。例如，水产品的基本功能是解渴。

（2）形式产品。它是指产品的基本形态，即核心产品的有形物质载体。形式产品由五个特征构成：品质、样式、特征、商标与包装。

（3）期望产品。它是指消费者在购买产品时，期望获得的属性和条件。例如，顾客在购买高档汽车时，期望获得高品质的车内设施、舒适的驾驶感受和身份、地位的体现等。顾客购买服装不仅要求舒适，而且追求款式、品牌知名度等。

（4）附加产品。它是指顾客购买形式产品和期望产品时，附带获得的各种利益的总和，包括产品说明书、保证、安装、维修、送货、技术培训等。哈佛大学教授莱维特指出："未来竞争的关键，不在于工厂能生产什么产品，而在于产品提供的附加价值，包括包装、服装、广告、用户咨询、购买信贷、及时交货和人们以价值衡量的一切东西。"

（5）潜在产品。它是指现有产品包括所有附加产品在内的，可能发展成为未来最终产品的潜在状态的产品。例如，纳米洗衣机成为未来可能的发展趋势。

（二）产品的分类

产品可以根据不同的标准进行划分,最常见的划分方法是:按产品的用途,分为消费品和工业品;按产品的耐用程度,可分为耐用品、非耐用品和服务;按照国际产品销售的区域不同,可以将产品划分为本地产品、国家产品、国际产品以及全球产品。

（1）本地产品。本地产品是指仅在某一部分国内市场上销售的产品。这些产品可能是新推出的产品,也可能是在当地占据绝对优势的产品,是市场集中化的典型。

（2）国家产品。国家产品是指某一特定公司只在单一的国内市场销售的产品,既可以是国内的公司在本国范围内销售的产品,也可以是跨国公司为了满足某一个国家特定的市场需求所提供的产品。SONY 和其他的日本电子公司制造各种仅在日本国内销售的产品,因为日本消费者对袖珍式的电子产品情有独钟,如 SONY 生产的专门用在便携式随身听和 CD 播放器上的桌面扬声器,卡西欧生产的屏幕只有一英寸的罐头电视。但对某一特定公司而言,即使国家产品有利可图,也是要承担巨大的机会成本的。首先,单一的国内业务无法更好地利用公司强有力的营销、研发及生产的能力,可能造成资源的浪费。其次,在单一的国家市场中销售的产品,也较难将获得的经验转移和运用到另外的市场中去。最后,在单一产品领域所获得的管理技能的可转移性太小。掌握经验的管理者只能在销售该产品的单一国内市场上有效运用他们的经验,而来自于销售单一产品市场之外的管理者都不具有有关该产品业务的经验,难以形成学习效应。因而,对跨国企业或全球企业而言,纯粹的国家产品相对于其他具有国际或全球发展潜力的产品是较缺乏吸引力的。

（3）国际产品。国际产品是指在多个国家市场上销售的产品。国内的企业为了进一步拓展市场,纷纷走出去,不但将产品出口到其他国家,还逐渐设立海外的分支机构,以更好地了解海外市场,在竞争中立足。在国内走出去的企业中,基本上处于提供国际产品的阶段,为未来向全球市场进军打下一定的基础。

（4）全球产品。全球产品是根据全球市场的需要进行设计的产品,也有些是为了本地市场的需要而设计,但正好迎合了全球市场的需要。真正的全球产品可以销售到世界上的任何国家、任何地区,符合人们的需要。例如,可口可乐,以其"神秘配方",全球大家庭的快乐与温馨的诉求,以及近年来趋于年轻化的趋势,获得全球市场上顾客的青睐。同时,当一个行业走向全球化时,该行业的公司会承受开发全球产品的巨大压力。但同时,公司发现可以通过开发全球性产品设计来降低研发成本,也可以利用适应全球的设计替代每个国家的独特设计,在更加广泛的市场上获取丰厚的利润。

二、国际产品的标准化与差异化策略

与跨国公司标准化与本土化的国际战略目标相适应的国际市场产品策略可以分为以下三种类型。

（一）产品标准化策略

产品标准化策略是指企业向全世界不同国家或地区的所有市场都提供相同的产品。

产品标准化策略以市场全球化为前提。市场全球化和全球营销的理念，是由莱维特在《市场全球化》一文中提出的。他认为，世界正经历着一个全球化的过程，所有文化将融合成一个公共的全球文化，人们的需求也变得越来越一致。

产品标准化策略对于企业的组织与经营行为的影响是潜移默化的，它促进企业实现规模生产，降低成本，提高利润；有利于树立产品在世界上的统一形象，强化企业的声誉；有助于消费者对企业产品的识别，从而使企业产品在全球享有较高的知名度；可使企业对全球营销进行有效的控制。

产品标准化策略的主要缺陷是忽略了差异市场状态下消费者需求的不同。因此，企业应根据以下情况来决定是否选择产品的标准化策略。

（1）产品的需求特点。国际市场上消费者对产品的需求可以归纳为两大类别：对产品无差别的共性需求和有差别的个性需求。共性需求是与国别和消费习惯无关的需求因素，属于产品基本功能层面的需求。对无差别的共性需求占主导地位的产品，宜采取产品标准化策略。

标准化需求的产品往往具有以下方面的产品特质：① 满足基本需求的产品。沃尔玛、可口可乐的产品，是对社会地位以及文化差异不敏感的大众化、廉价产品，它们比较容易采取标准化。② 部分奢侈品。服务于极少数社会精英的奢侈品，如劳力士手表、蒂凡尼珠宝等通常也可以采用标准化策略。③ 民族化和地方化的产品。代表国家形象、地方特色和民族文化的产品使用标准化策略有助于借助国家形象和民族形象进行推销，使之在海外市场具有独特的含义。例如，美国万宝路香烟、绿箭口香糖，中国特色的丝绸和瓷器等。

（2）产品的生产特点。在研发、采购、制造和分销等方面能够获得较大规模经济效益的产品才适宜采用产品标准化策略，例如，飞机、汽车、计算机、药品等。

（3）竞争条件。根据企业与竞争者在国际市场上所处的竞争状态而定。如果在国际目标市场上没有竞争对手出现，或市场竞争不激烈，或者市场竞争很激烈，但本公司拥有独特的生产技能，且是其他公司无法效仿的，可采用产品标准化策略。

（4）成本收益情况。实施国际产品标准化策略必须要做严格的成本收益分析。标准化策略虽然可以在很多方面节省成本，但是必须考虑国际市场需求量的大小，只有在市场需求足够大的情况下才能采取此种战略。

（二）产品差异化策略

国际产品差异化策略是指跨国公司在世界范围内不同国家和地区的市场推广销售产品时，通过变化产品的性能、包装、设计等增加产品差别因素，以适应不同国家和地区市场的特殊需求。实行产品差异化策略的原因主要有两个方面。

（1）满足顾客个性化需求是基本动因。产品差异化策略更多的是从国际消费者需求个性角度来生产和销售产品，故此能更好地满足消费者的个性需求，赢得国际消费者的喜爱，有利于开拓国际市场，增加产品的销售量，也有利于树立企业良好的国际形象。

（2）地区、国家采取的制度性规制，也是迫使企业采用差异化策略的因素之一。例如,一些欧洲国家具有强烈的环境保护意识,对汽车根据发动机马力大小征税,甚至强制性规定排放标准,就迫使要进入欧洲市场的汽车生产商实行差异化策略,生产小功率的汽车或环保汽车以确保企业市场准入和竞争力。

产品差异化策略对企业的挑战是巨大的。其研究开发投入、生产成本及营销费用将高于标准化产品。因此,企业针对某一特定市场所做的适应性修改可以较大幅度地提高销售额,从而弥补甚至大大超过产品改制的成本,获得极大利润额。

(三) 产品差异化策略与产品标准化策略的综合运用

当今,国际消费者的产品差异化需求远远大于产品标准化需求,因而选择产品差异化策略是国际营销企业的主要产品策略。而在现实的营销实践过程中,企业往往综合运用产品差异化策略和产品标准化策略。

企业综合运用两种策略既可以扩大市场销量,又可以使企业的利润最大化。法国一家企业研制出了一种具有松弛肌肉和解热镇痛功效的新药,药的成分并不复杂,也不是具有奇效的贵重药品,但该企业进入国际市场时对该药品采用了不同的促销方式,使这一新药的销路大开。例如针对法国饮酒过量者很多,在法国突出宣传这种药可帮助酒后恢复体力;针对美国人最怕感冒,强调这种药可用于医治感冒头痛;针对芬兰滑雪运动盛行,强调这种药有助于消除疲劳;针对意大利胃病患者多,宣传这种药的止痛功能。结果是,不同促销方式使得同一种成分的药物能够在多国市场畅销。

由此可见,国际产品差异化策略与产品标准化策略不是全然割裂的策略,而是相辅相成的组合。在两者的组合中有时是产品差异化程度偏大,有时是产品标准化程度偏大。企业应根据具体情况来选择产品差异化与产品标准化的组合。有些原产国产品并不需要很大的变动,而只需改变一下包装或品牌名称便可进入国际市场,有些原产国产品要想让世界消费者接受则需要做较大的改变。例如,埃克森公司改变汽油的配方以适应不同国家市场常见的气候状况,同时不做改变地延伸其基本的宣传诉求"让老虎进入你的油罐"。

☞ 补充阅读

欧洲消费者对洗衣机产品需求偏好差异

全美第三大家电生产商美泰公司对欧洲洗衣机产品需求的调查显示:不同欧洲国家的消费者对洗衣机有不同的消费需求偏好。

在尺寸方面,意大利人想要更矮的洗衣机,而其他国家的消费者想要 34 英寸高的洗衣机。法国人、意大利人和比利时人更喜欢窄一些的洗衣机,而德国人和瑞典人更喜欢宽一些的洗衣机,且更喜欢不锈钢内胆。

在容量方面,意大利人希望是 4 千克,比利时人和法国人希望是 5 千克,德国人和瑞典人则希望是 6 千克。

在旋转速度方面,比利时人、瑞典人和德国人喜欢高转速(如 700～850 转每分),而意大利人则认为 400 转每分是合适的。

在功能的设置方面，比利时人和瑞典人不想在洗衣机中安装水加热模块（这两个国家都有中央热水供应系统），而在意大利、德国和法国，消费者则需要这个特色模块。

在外观方面，每个国家都有不同的喜好，意大利人希望色彩鲜丽，德国人希望外表坚固，而法国人喜好优雅。

资料来源：郭国庆.国际营销学.北京：中国人民大学出版社，2008：204.

三、定价策略

市场营销中采用的产品定价策略种类很多，包括新产品定价策略（撇脂定价策略、渗透定价策略），心理定价策略（声望定价策略、尾数定价策略、招徕定价策略），折扣与折让定价策略（现金折扣、数量折扣、功能折扣、季节折扣、让价策略），地理定价策略（原产地定价与到岸价、统一交货定价、分区定价、基点定价、运费免收定价）等定价策略；成本导向定价法（成本加成定价、边际成本定价、收支平衡定价）、竞争导向定价法、心理导向定价法等定价方法，都可以应用到国际市场定价中。这里从跨国公司战略的高度视角，说明与战略制定相适应的国际市场定价策略。

（一）统一定价策略

1. 统一定价策略的内涵

统一定价策略（extension pricing strategy）指企业的同一产品在国际市场上采用同一价格。即母公司与各国子公司的同一产品出厂价折合为同额的母国货币或同额的可兑换货币。假如某跨国公司在美国生产的产品的出厂价是 1000 美元，在日本公司生产同一产品的出厂价是与美元市场汇价相等的日元，这就是同一价格。统一定价策略适用于拥有垄断或差异化寡头垄断优势的公司。例如，波音公司出售给全球所有国家的喷气式飞机，都是统一定价；统一定价策略还适用于产品导入阶段，市场仅局限于少数创新使用者的情形；另外，采用直销方式的产品也可以采用全球统一定价策略。

2. 统一定价策略的优缺点

（1）统一定价策略的优点是简单易行。跨国公司不需要掌握各个目标国家的市场竞争状况等信息；有利于在国际市场上建立跨国公司及其产品的统一形象；便于跨国公司对整个国际营销活动的控制。

（2）统一定价策略的缺点是缺乏灵活性，可能对公司的竞争力带来影响。由于现实中国际市场上汇率变动、税率计算、成本核算变化快且难操控，各国市场竞争状态各异。因此，该定价策略不容易适应国际市场的需求差异和竞争变化。基于上述原因，跨国公司在现实运作中较少采用统一定价策略。

（二）多元定价策略

1. 多元定价策略的内涵

多元定价策略（adaptation pricing strategy）是指跨国公司允许其国外子公司对同一产品制订不同价格的策略。采用多元定价策略，跨国公司的各个子公司完全可以根据当地市场情况自行做出价格决策。例如,2007 年 8 月 1 日下午,微软中国正式宣布 Windows Vista 操作系统中文版彩包产品价格大幅度调价,这是微软自进入中国以来,首次采取的降价行为。时任微软中国 Windows 客户端产品部总监韦青表示,这一降价行动是经过总部的讨论与批准,且是专门考虑到本地市场及不同国家消费者的独特性做出的针对中国市场的价格调整。

2. 多元定价策略的优缺点

(1) 多元定价策略的优点是能较好地反映出各国市场的差异性,且能够充分考虑各国生产成本、竞争、供求等因素对价格形成的影响,有利于实现公司利润的最大化。

(2) 多元定价策略的缺点是可能带来平行输入(parallel importing)。平行输入是指同一生产企业的同一产品通过两条渠道输入某一国家市场,一条是国际企业授权的正规的分销渠道,另一条是非正规的分销渠道。导致平行输入的原因是同一产品在不同国家的市场上存在价格差异,当价格差异大于两个市场之间的运费、关税成本时,就可能产生平行输入。

☞ **案例阅读**

潘多拉公司是国际品牌珠宝首饰制造商,是由金匠珀·因法德森(Per Enevoldsen)和他的妻子温妮(Winnie)于 1982 年在丹麦哥本哈根创立的,旨在通过珠宝的设计来表达个性。潘多拉公司的产品于 2003 年进入美国市场,在该公司的产品在英国市场以较低的价格销售公司的产品,而其美国子公司的同一产品则以较高的价格在美国市场销售。致使英国中间商把产品运销美国市场,即使扣除运费、税收和中间商的毛利,也有 20% 左右的利润空间。这种跨国公司内部的价格竞争,不但给相关的子公司带来营销的困难,也损害了跨国公司的整体利益。

(三) 协调定价策略

协调定价策略(invention pricing strategy)又称控制定价策略。协调定价策略指跨国公司对同一产品既不采取统一价格,也不完全放手让各个子公司独立定价的策略。采用这一策略的目标是为了利用统一定价和多元定价的优点,克服其缺点,以跨国公司的价格政策协调各个子公司的定价行为,对同一产品的定价既有计划又有灵活性,从而能维护跨国公司的整体利益和各个子公司的特殊利益。跨国公司采用这一策略能够避免公司内部的盲目竞争,但是也会增大管理难度,增加成本。

(四) 转移定价策略

1. 转移定价策略的内涵

转移定价策略(transfer pricing strategy)是指跨国公司内部各公司之间,母公司与子公司之间以及各个子公司之间相互交换商品或劳务的结算价格。转移定价服务于跨国公司全球利润最大化的经营目标,是由企业高层决策者人为确定的内部贸易的价格。例如,某个跨国公司拥有 60% 股份的合资企业当年本应该盈利 100 万美元,但由于跨国公司已将利润转移给其国外其他子公司,结果该企业当年盈利为零。这样,跨国公司独占了 100 万美元的利润,也就是说将本属于合作伙伴的 40 万美元占为己有。

跨国公司的转移定价作为一种策略定价,是服务于公司的总体战略目标的。这些战略目标可能是减少公司总体税负、实现利润最大化、规避经济风险、规避经营国的国内经济管制或者外贸管制等。

转移定价方式大致有两种:以内部成本为基础的定价方法和以外部市场价格为基础的定价方法。前者具体还包括全部成本法、成本加成法、边际成本法三种定价方法;后者还包括市场价格法、协商价格法两种方法。现实商务活动中两种定价方式都有被采用,据美国全国工业发展局调查,有 2/3 的跨国企业采用以成本为基础的转移定价,而这 2/3 的公司中又有一半以上的公司同时又使用以市场价格为基础的转移价格。美国学者调查发现,美国、法国、英国和日本的跨国企业一般优先采用以成本为基础的转移定价,如加拿大、意大利和斯堪的纳维亚国家的跨国企业一般优先采用以市场价格为基础的定价,德国、比利时、瑞士和丹麦等国家的跨国企业对这两种定价基础都没有特别的偏爱。

2. 转移定价可能会遇到两方面的限制性因素

(1)来自跨国公司内部。转移定价的价格差价的运用。虽然能使公司整体利益达到最优化,但它以转移部分子公司的经营实际业绩为前提,在跨国公司实行高度分权的管理模式下,有些转移定价的政策会受到一些子公司的抵制。在国外的合资企业中,由于东道国一方决策权力的存在,通过转移定价以实现公司整体利益最优化更难办到。为了解决公司集中管理与分散经营相对独立的矛盾,大型跨国公司往往通过设置结算中心来进行统一协调。

(2)来自东道国政府。各国政府都很关注外国公司通过转移定价方式来逃税的经济问题。因而通过税收、审计及海关等部门进行检查和监督,并在政策法规上采取一系列措施,以消除通过转移定价进行逃税的现象。

目前,国际上普遍采用的是"比较定价"原则,又称"一臂长"(arm's length)定价原则,即将同一行业中某项产品一系列的交易价格、利润率进行比较,如果发现某一跨国公司子公司的进口货价格过高,不能达到该行业的平均利润率时,东道国税务部门可以要求按"正常价格"进行营业补税。此外,很多国家政府还通过调整征税方法、建立严格的审计制度、加强海关的监督管理等措施,防止或限制跨国公司对转移定价的滥用。

☞ **复习思考题**

1. 试述产业竞争力分析模型。

2. 跨国公司产业竞争策略有哪些?

3. 与跨国公司全球统一与地区差异战略相适应的国际目标市场营销策略有哪些?

4. 与跨国公司产品标准化和差异化目标相适应的国际产品定价策略有哪些?

第九章

国际商务之发展视野：跨境电子商务

☞ **教学目标**

1. 了解并掌握跨境电子商务的内涵与分类。
2. 了解跨境电子商务的发展历程。
3. 了解并掌握跨境电子商务与传统贸易模式的关系。
4. 了解跨境电子商务的盈利模式。

☞ **导入案例**

跨境电商：阿里巴巴商业帝国的新宠儿

在哈萨克斯坦，25～30岁的年轻人已经成为"键盘经济"的主力军，网上购买机票、分期付款购物乃至网购海外商品已成为一种新时尚，阿里巴巴旗下跨境电商平台速卖通成为网民新宠。

米捷特是哈萨克斯坦第一大城市阿拉木图的一位市民。在偶然发现速卖通针对海外用户销售中国商品后，他就开始经常浏览这个电商网站，还会研究一些资深买家在博客上贴出的购物心得，根据他们发送的购物链接进行购买。

由于长期依赖能源和资源产业，哈萨克斯坦的轻工业不够发达，日用商品主要依赖进口。通过跨境电子商务，当地人足不出户就能买到中国质优价廉的商品。米捷特说，在哈萨克斯坦下单后可以通过 QIWI 钱包进行支付，在市内任何一部充值终端机上，输入账户代码就能充值，"网上购物很轻松"。

QIWI 钱包，类似支付宝，是俄罗斯企业开发的网上支付系统。由于阿里巴巴推出速卖通时就希望把它打造成一个"全球买，全球卖"的在线交易平台，阿里巴巴一直以开放的态度在各国开展合作。

阿里巴巴全球速卖通国际站负责人刘威说，速卖通的业务在海外主要以口口相传的方式推广，在俄语国家、西班牙、以色列等国都是比较领先的电商网站，很受欢迎。根据网站统计分析商 Alexa 的数据，速卖通已经成为哈萨克斯坦排名第一的网上交易平台，其中服装、家居、数码产品等最受哈萨克斯坦消费者欢迎。

B20 中小企业发展议题工作组主席马云提议构建世界电子贸易平台（eWTP）。他在北京接受采访时表示，世界电子贸易平台将致力于让更多中小企业、发展中国家、妇女和年轻人来参与全球性贸易。

马云认为，古丝绸之路的开辟是中国最早的全球化构思，"一带一路"则是中国作为世界第二大经济体对于世界的担当。"一带一路"配上世界电子贸易平台，将给中小企业和发展中国家带来新的机遇，既能促进中产阶级的壮大，又有利于社会稳定和经济发展。

2015 年 6 月 24 日，继 5 月宣布启动首个国家馆韩国馆之后，阿里巴巴集团旗下聚划算平台和天猫国际联合开启"地球村"模式。美国、英国、法国、西班牙、瑞士、澳大利亚、新西兰、新加坡、泰国、马来西亚、土耳其等 11 国国家馆在天猫国际亮相。同日，阿里巴巴聚划算平台宣布全面启动与 20 国国家大使馆的合作进程，更多海外特色商品有望在聚划算实现首发。

据悉，世界国家馆项目在阿里巴巴集团内部代号为"baba 去哪儿"计划，此次 11 国国家馆在天猫国际正式开馆是该计划的第二期，距离 2015 年 5 月 18 日阿里巴巴集团董事局主席马云与韩国副总理崔炅焕在韩共同宣布韩国馆开幕仅一个多月的时间。当时马云明确表示，阿里巴巴将与各国政府合作开设更多"国家馆"，帮助海外优质品牌，尤其是更多的中小企业进入中国市场，服务中国消费者。

阿里巴巴中国零售事业群总裁张建锋在此次合作仪式上表示："在中国，电商的渗透率只有约 50%，而在韩国和美国，这个数字可以达到 90%，可以看出，中国电商还有非常大的增长潜力，未来几年也将保持高速增长。同时，中国日益壮大的中产阶级消费能力强劲，对优质产品的需求旺盛，海外优质产品在中国具有非常广阔的市场前景。"张剑锋同时表示，天猫、聚划算等平台为国外企业提供的不仅是销售通道，同时也是中小企业以低成本进入中国市场的途径。此前，马云也曾表示，阿里的美国战略是要帮助尽可能多的美国创业者、中小企业家进入中国市场。聚划算与 20 国国家大使馆合作以及天猫国际陆续开设更多国家馆等系列动作标志着阿里巴巴跨境进口版图初步形成。

第一节　跨境电子商务的概况

一、跨境电子商务的概念和特点

1. 跨境电子商务的概念

跨境电子商务（cross-border electronic commerce）是指分属不同关境的贸易主体，利用电子商务平台实现交易和支付结算，并通过跨境物流运输商品、实现交易的一种国际商业活动，被社会普遍认为是一种以电子数据交换和网上交易为主要内容的商业模式。

跨境电子商务涵盖了狭义的跨境零售和广义的外贸电商。跨境零售指交易主体借助计算机网络进行交易结算，并采用快件、小包等行邮的方式，通过跨境物流将商品送达消费者手中的交易过程。外贸电商则是指交易主体通过电子商务的手段将传统进出口贸易中的展示、洽谈和成交环节电子化，并通过跨境物流送达商品，完成交易的一种国际商业活动。

2. 跨境电子商务的特点

与传统国际贸易相比，跨境电子商务呈现出五大新特征：多边化、直接化、小批量、高频度、数字化。"多边化"即跨境电商贸易不再局限于两国之间的双边贸易，而是向网状结构拓展，将贸易过程中涉及的信息流、资金流、物流向多边演进，如俄罗斯的居民可以通过美国的跨境电子商务交易平台、中国的支付结算平台、新加坡的物流平台，来实现与其他国家间的直接贸易。"直接化"是指跨境电商企业可以通过跨境电子商务交易平台和服务平台，绕过中间商，缩短交易环节，来实现企业与最终消费者之间的直接交易，能够降低企业成本，提高企业效率。"小批量"是指跨境电子商务的应用能够实现单个企业之间或单个企业与单个消费者之间的交易，因此跨境电子商务贸易单笔订单大多是小批量且金额也较小，一般不超过 3 万美元，订单往往集中在消费品行业。"高频度"是指相比于传统贸易，跨境电子商务贸易的交易频率大幅度提高。小批量、高频度的采购，能够缓解企业的资金链压力，降低资金风险。"数字化"是指随着信息技术的不断发展，如计算机软件、视听娱乐产品等数字化产品的品类和贸易量增长迅猛，且通过跨境电子商务进行销售或消费的趋势更加明显。

二、跨境电子商务的分类

跨境电子商务按进出口可分为出口跨境电子商务和进口跨境电子商务。按产业终端用户的类型，可分为 B2B 跨境电子商务和 B2C 跨境电子商务。按服务类型分，可以分为信息服务平台、在线交易平台等。随着 2013 年"E 贸易"概念的提出，跨境电子商务又可分为一般跨境电子商务和 E 贸易跨境电子商务。

1. 按贸易属性分

（1）实物产品的电子商务。实物产品的电子商务是指通过电子的方式来处理洽谈、订货、开发票、收款等与有形商品贸易相关的活动。实物产品本身需要利用传统渠道（如邮政服务和商业快递）送货或实地交割（如房地产产品）。实物产品的电子商务一般是间接贸易。

（2）信息产品的电子商务。信息产品的电子商务是指通过电子方式进行计算机软件的买卖、娱乐内容的联机订购、电子交付，也包括金融产品、旅游产品的网上交易，或全球规模的信息服务等。无形产品和服务可以通过因特网进行直接贸易，也可以某种间接方式完成交易过程。

2. 按贸易形式分

（1）无纸贸易。无纸贸易一般可理解为在贸易产业链的交易过程中，利用信息技术，通过网络环境和标准规范将贸易相关方的商业行为和政府职能的实现结合起来，从而改善政府贸易管理部门、企业及增值服务提供商之间的信息交换和流程优化，实现商品和服务贸易等活动过程的无纸化。

（2）网络平台贸易。网络平台贸易是指利用为各类网络交易（包括 B2B、B2C 和 C2C

交易)提供网络空间以及技术和交易服务的计算机网络系统进行的贸易活动,例如,在易趣 C2C 平台上可以进行支付活动的国际贸易,阿里巴巴 B2B 平台上主要进行信息交流的国际贸易。

(3) 网上会展。网上会展是指利用网络开展的贸易展览会。这类展览会通常作为传统的实体交易会的一种补充。例如,网上广交会就是中国广州出口商品交易会的一个电子商务平台,常年为中国企业与国际买家提供更方便的信息交流渠道,创造更多的贸易合作机会。

☞ 扩展阅读

什么是"E 贸易"

"E 贸易"是指基于保税中心的,以一般贸易入区保税,以快件、邮件方式配送出区的,按照行邮税收管理办法管理的,服务于跨境贸易电子商务的综合物流服务解决方案。2012 年 9 月 12 日,国家从 30 个电子商务示范城市中甄选出"跨境贸易电子商务服务"试点城市。上海、杭州、郑州、宁波、重庆一起成为跨境贸易国家五个试点城市,同时,郑州还成为全国唯一一个综合性 E 贸易试点。

2013 年 12 月,郑州开通了 E 贸易试点平台。据商务部统计,2015 年 1 月郑州 E 贸易项目的单月进口申报单首次突破百万票;截至 2015 年 7 月 31 日,郑州 E 贸易已完成测试商品约 2067 万包,为其他几家试点城市的总和,实现货值 17.73 亿元,税款 6.9 亿元,入驻海关备案企业 588 家,中外运敦豪、新西兰邮政、聚美优品、京东国际、中通国际和中邮集团等知名企业在郑州试点落地或开展战略合作,参与企业数量位居全国首位。2015 年前三季度,郑州 E 贸易业务量突破 3000 万单,达 3010.3 万单,货值 26.8 亿元,进口商品来自世界 55 个国家,业务单量和税收占跨境贸易 7 个试点城市的 50% 以上。

资料来源：刘秀阳,李晓龙.郑州"E 贸易"模式发展现状及对策建议对外经贸,2016(3):107-108.

三、跨境电子商务的现状

中国跨境电商交易额占中国外贸总额的比例从 2013 年的 11.9% 升至 2014 年的 14.8%。到 2017 年,跨境电商占中国外贸总额的比例预计会达到 20% 左右。

目前,除首批上海、重庆、杭州、宁波、郑州等 5 个城市外,广州、深圳、苏州、青岛、长沙、平潭、银川、牡丹江、哈尔滨、西安、烟台等均获批跨境电子商务试点城市。据深圳前海化蝶咨询提供的数据显示,截至 2014 年年底,全国跨境电子商务试点进出口额已经突破 30 亿元,并预计 2015 年将保持 30% 左右的增长率。

目前,国内跨境电商玩家主要以阿里巴巴和亚马逊为第一阵营,其中阿里巴巴以多平台(淘宝全球购、天猫国际和一淘网)为主,亚马逊重在商品多品类;阿里巴巴以海外集货对接国内物流,亚马逊建自贸区仓储直邮发货。京东、中粮我买网、一号店、重庆百货、步步高等本土电商、零售企业构成了抢滩跨境电商的第二梯队。此外,以顺丰、韵达、圆通等为代表的快递巨头，也正在加紧布局跨境电商业务。据任晓煜介绍，与境内电商一样，跨境电商的三个关键节点同样是物流、信息流、资金流。

第二节 跨境电子商务对传统贸易模式的再造

电子商务是适应国际贸易发展的要求而产生的，电子商务对国际贸易有巨大的反作用，它将推动国际贸易的进一步发展。电子商务在发达国家的应用已经比较普遍与成熟，在我国的应用目前还只是刚刚开始。需要充分认识电子商务对国际贸易的反作用，加快我国国际贸易领域的电子商务应用。

一、国际贸易促进电子商务的产生

在商品经济条件下，经济规律作用的结果要求全球经济资源在全世界范围内实现最优配置。由于各个国家的社会经济条件（包括科学技术水平、生产力发展水平、国内市场的大小、人口的多寡和社会经济结构的差异）和自然资源（包括气候、土壤、资源禀赋、国土面积大小和地理位置等）的不同，导致各个国家生产商品的成本各不相同。各个国家都在大力发展自己的优势商品，并积极地发展对外贸易，从而推动国际贸易与世界经济的发展。国际贸易成为推动世界经济增长的"发动机"，特别是第二次世界大战以来，国际贸易的增长大大高于世界经济的增长，改革开放以来，我国对外贸易增长也一直快于国民经济的增长速度。国际贸易的迅速增长造成了传统纸介质的贸易单证和文件的数量激增。据测算，做成一笔交易所需要的单证大约有 30～50 种。正副本合计可达 360 份之多。部分文件如表 9-1 所示。

表 9-1 贸易单证文件

编　号	文件名称
1	合同（合同、售货确认书、购买确认书）
2	订单（订单有时就是合同，有时作为合同的附件，详细列明商品的规格、数量搭配等）
3	商业发票
4	银行汇票
5	付款通知书
6	信用证
7	出口货物报关单
8	出口货物装箱单
9	出口申请书（现在已经较少使用）
10	出口结汇申请单（现在已经较少使用）

续　表

编　号	文件名称
11	提单（海运提单、多式联运提单、航空运单、国际货协运单）
12	承运货物收据
13	收据（邮政收据、快邮收据、快递收据）
14	海关发票（加拿大、美国、新西兰、加勒比共同体、西非、牙买加）
15	保险单（大保单、小保单、保险批单、保险证明书）
16	生产产地证明书
17	产地证（国际贸易促进委员会、商检局、商会）
18	GSP 产地证明书申请书
19	GSP（FORM-A）产地证明书
20	欧盟纺织品专用产地证明书
21	品质检验证书
22	重量检验证书（还有其他十多种检验单据）
23	动植物检疫证明书
24	中华人民共和国出口许可证
25	中华人民共和国进口许可证
26	对美国出口的纺织品出口许可证/商业发票
27	纺织出口许可证（对欧盟的、对加拿大的、对芬兰的、对瑞典的）
28	寄（单、样品）证明
29	装运通知

　　在传统的贸易条件下，这些单据和文件的处理完全凭手工作业，劳动强度大，效率低，出错率高，费用高。可以看出，传统贸易条件下的单据处理非常复杂，而这还仅仅是单据处理，没有考虑到这些单据处理过程所涉及的有关政府部门、海关、商检、银行、外汇管理等机构办理相应单据所需的时间。单据的制作与处理需要企业大量的人力与时间。进口商与出口商之间、供货商和消费者之间、跨国公司与各分公司之间都迫切要求提高商业文件和单据的传递和处理速度，缩短空间跨度、时间跨度和传递处理的正确度。商业贸易的"无纸化"成为所有贸易伙伴的共同需求。这就迫切需要用计算机来处理国际贸易的有关信息和商务文件。

　　在使用计算机处理各类商务文件时，人们发现贸易伙伴之间需要计算机处理的数据大部分（约 70%）是重复的，但计算机之间不能直接通信来交换数据。这些数据需要在不同的计算机中重复输入和输出，这样重复的输入和输出不但浪费了大量的人力和时间，而且由于过多的人为因素，影响了数据的准确性和贸易的效率。因此，人们又开始尝试实现在贸易伙伴之间的商业数据的自动交换，电子数据交换（electronic data interchange，

EDI)这种电子商务的初级形式应运而生。

EDI 的运用,使得单据和文件处理的劳动强度、出错率和费用大为降低,效率大为提高,极大地推动了国际贸易的发展,显示了巨大的优势和强大的生命力。但 EDI 通信系统的建立需要较大的投资,使用增值网的费用很高,限制了基于 EDI 的电子商务应用范围的扩大,而且 EDI 对于信息共享的考虑也较少,比较适合具有大量的单证和文件传输的大型跨国公司。随着大型跨国公司对信息共享需求的增加和中小公司对 EDI 的渴望,迫切需要建立一种新的成本低廉、能够实现信息共享的电子信息交换系统。

基于 Internet 的电子商务,既保持了 EDI 的优势,又克服了 EDI 的不足,因此自一诞生起就表现出强大的生命力和巨大的应用潜力。电子商务虽只有几年的历史,但发展超过任何人的预期。随着 Internet 的发展,电子商务也发展迅猛。可以预见,随着国际贸易的进一步发展,电子商务必将以更快的速度发展并迅速在全球普及。

电子商务首先是由于国际贸易发展的需要而产生的,但它自诞生起就对国际贸易产生巨大的反作用。电子商务是由于提高国际贸易质量与效率的迫切需要而产生的,它的产生,又对国际贸易效率、效益与质量的提高提供了新的技术保证。

电子商务对国际贸易质量与效率、效益的提高的作用主要表现在以下方面。

1. 降低贸易成本

电子商务使国际贸易企业不再需要维持一个大的办公场所,库存也维持在尽可能低的水平,减少有关的制作单据、办理报关、结汇、商检、售后服务等非直接贸易环节需要的人员,劳动力成本的节约是巨大的;电子商务环境下的交易磋商、信息收集、信息传递大多是通过 Internet,以 e-mail 的形式进行传递的,这种通信手段同传统国际贸易中所用的电报、电传、电话、传真等通信手段相比,不但速度快,而且成本低。网上交易节省了传统业务中人员往返、住宿、交易设施投入等许多费用,大大减少了商务旅行和商务谈判的开支。这也是电子商务快速发展并在国际贸易活动中迅速推广运用的根本原因。据估计,电子商务一般可降低流通成本 40% 左右,对某些企业甚至可达 70%。以软件的出口贸易为例,通过传统的零售方式达成的交易,每笔交易的成本为 15 美元左右,通过电话的交易成本为 5 美元左右,而通过电子商务方式的成本仅为 0.2～0.5 美元。

2. 提高贸易质量

每一个实际从事国际贸易的人都会对国际贸易中需要制作的大量繁杂的,要求近于苛刻的单据感到非常头痛。电子商务条件下,所有的单据制作都采用根据合同与信用证由电子商务系统自动生成的方法,这样生成的单据不但能够保证在所有的单据之间实现数据一致,而且生成的单据完整、整洁。

3. 提高贸易效率

由于电子商务系统能够高质量、高效率地生成国际贸易所需要的全套单据,从而可以减少大量的国际贸易企业、银行、商检、海关等有关部门的审单人员、审单时间,带来的劳动力成本的节约是巨大的。同时,提高国际贸易企业商检、通关、结汇的时间,实现商检、报关、结算的自动化,提高国际贸易的效率。

电子商务能够使企业随时随地与客户沟通,了解客户对于产品和服务的要求,随时改变产品与服务,满足客户的要求,提高贸易的效率与质量。

电子商务为国际贸易的发展提供了新的手段与动力。高速成长的电子商务改变了传统的国际贸易方式,对世界经济的发展产生了深远影响,并将成为未来推动经济增长的主要动力。

4. 增加贸易机会

电子商务能缩短出口商或出口产品生产企业和最终消费者之间的渠道,出口商不需要和传统的进口商、批发商、分销商打交道就可以直接销售产品,从而能以更低的价格销售产品,可以更容易地进入目标市场。电子商务可以使企业随时掌握瞬息万变的国际市场行情,随时随地与自己的客户取得联系,了解国际市场的需求,了解客户的需求,从而增加贸易的机会;利用电子商务可快捷地获取商业信息,企业通过 Internet 与国外企业直接接触,可取得国际市场的第一手信息,使企业能够根据市场行情的变化及时调整生产,以获得更大的效益,获得更多的市场机会,同时减少不必要的损失。

5. 提供新的贸易手段

电子商务可以使企业跨越时间与空间的限制,向用户提供全天候的产品信息和服务,从而大大提高市场竞争力。有消息说,美国通用电器公司启用网上采购系统,自动联系客户,协调业务,每年可节省近 20 亿美元费用。HP 公司利用 Internet 后,每月可节省 800万美元的开支,用户则可以享受到每天 24 小时的实时服务。企业上网,与国外买方直接接触,减少了烦琐的中间环节,有利于提高产品的竞争力。利用电子商务,企业可以采用"7×24 小时服务"(即每周 7 天,每天 24 小时的不间断服务)的模式,接受订货、进行营销,增加无限商机。同时,使企业不受资本、规模的影响,平等地参与市场竞争。

电子商务将使服务贸易更加迅速地发展。电子商务使许多以前不可能的事情成为可能,比如足不出户,享受美国公司同样也足不出户提供的金融服务、健康与医疗服务、投资咨询服务、教育服务等。这样就会产生许多新的国际服务贸易,从而使得国际服务贸易和国际贸易迅速发展。

二、电子商务与国际贸易相互影响

电子商务是经济全球化的技术基础,它冲破了国家和地区间设置的各种障碍,使国际贸易走向无国界贸易,引起了世界经济贸易的巨大变革。

(1) 跨境电子商务使国际贸易市场的交易方式发生重大变化,出现了"虚拟市场"。电子商务通过网上"虚拟"的信息交换,开辟了一个崭新的开放、多维、立体的市场空间,突破了传统市场必须以一定的地域存在为前提的条件,全球以信息网络为纽带,连成一个统一的"大市场",促进了世界经济全球市场化的形成。信息流动带来的资本、商品、技术等生产要素的全球加速流动,促进了全球"网络经济"的迅速发展。在这种网络贸易的环境下,各国间的经贸联系与合作得以大大加强。

(2) 国际电子商务使国际贸易经营主体发生了重大变化,出现了"虚拟公司"。现代信息通信技术通过单个公司在各自的专业领域拥有的核心技术,把众多公司联结为公司群体网络,完成一个公司不能承担的市场功能,可以更加有效地向市场提供商品和服务。

这种新型的企业组织形式，在资本关系上不具有强制各个公司发生联系的权力，而是由于承担了一定的信息收集处理和传递功能而似乎具有某种实体性。跨国公司战略联盟便是这种"虚拟公司"的主要表现形式，通过开放系统的动态网络组合寻找资源和联盟，实现"虚拟经营"以适应瞬息万变的经济竞争环境和消费需求向个性化、多样化方向发展的趋势，给跨国公司带来分工合作、优势互补、资源互用、利益共享的好处。

（3）国际贸易经营管理方式发生了重大变化。电子商务提供的交互式网络运行机制，为国际贸易提供了一种信息较为完备的市场环境，通过国际贸易这一世界经济运行的纽带，达到了跨国界资源和生产要素的最优配置，使市场机制在全球范围内充分有效地发挥作用。这种贸易方式突破了传统贸易以单向物流为主的运作格局，实现了"四流一体"，即以物流为依托、资金流为形式、信息流为核心、商流为主体的全新的经营管理模式，这种经营方式通过信息网络提供全方位、多层次、多角度的互动式的商贸服务。生产者与用户及消费者通过网络，使及时供货制度和"零库存"生产得以实现，商品流动更加顺畅，信息网络成为最大的中间商，国际贸易中由进出口商作为国家间商品买卖媒介的传统方式受到挑战，由信息不对称形成的委托-代理关系与方式发生动摇，贸易中间商、代理商和专业进出口公司的地位相对减弱，引发了国际贸易中间组织结构的革命，管理方式发生了重大变化。

（4）国际电子商务使海关业务流程发生了重大变化。通过国际电子商务技术的应用，海关自身内部的业务管理和与外部的互联互通不断加强，在优化口岸环境和加快通关速度方面取得了积极进展。以中国海关为例，通过与商务、质检、外汇、税务等 15 个政府部门以及 20 多万家企业，10 多家银行的联网和数据共享，中国海关建立了中国电子口岸，为政府部门联合监管提供了数据和网络支持，同时大大方便了企业在网上办理各种进出口手续。出口通关作业无纸化的改革，将纸质单证升级为电子数据进行通关，实现了通关作业全程无纸化。对企业来说，简化了通关流程，提高了通关效率，降低了通关成本，促进了贸易便利化；对海关来说，进一步推进了通关单证审核依据由纸质单证为主向电子书为主的转变，工作效率大大提高。

第三节　电子商务的盈利模式

李嘉诚认为，互联网是新的商机，每一次新的机会到来，都会造就一批富翁。而每一批富翁的造就就是：当别人不明白的时候，他明白他在做什么；当别人不理解的时候，他理解他在做什么；当别人明白了，他富有了；当别人理解了，他成功了。

一、电子商务盈利模式的概念

盈利模式是企业的利润来源、产生过程和产出形式。获利模式关注的是"如何或通过什么方式赚钱"，营销模式是为了把产品卖出去，而盈利模式是为了把钱赚回来。

电子商务盈利模式是指实施电子商务的企业如何利用网络获得收入和利润。目前电子商务盈利模式有会员费、广告费、竞价广告费、摊位费、物流费、仓储费、加工费等,比如阿里巴巴 B2B 盈利模式主要就是收取会员费。

了解和学习电子商务盈利模式,有助于更好地把握电子商务运作体系和运行规律,是网络创业的基础知识之一。

二、电子商务盈利模式的特点

(1) 创新性。企业电子商务需要在实践中发掘,并能在激烈的市场竞争中寻找新的盈利点,因此电子商务盈利模式具有创新性。

(2) 差异性。由于各企业性质不同,资源不同,经营管理方式不同,其盈利模式各具特色,因此企业盈利模式的差异性能够为其创造竞争优势。

(3) 适应性。企业的盈利模式要和企业的资源相适应,盈利模式应该是企业资源的有机结合,企业要通过不断的调整和反馈以找到最佳契合点,充分利用和发挥资源的集体优势。

(4) 持续性。成功的电子商务盈利模式应该有稳定的根基,有持续的盈利能力和良好的前景,因此,电子商务盈利模式具有持续性。

三、电子商务盈利模式的分类

电子商务发展至今,被确定下来的盈利模式大致有 8 种,不过这些模式不是严格分开的,企业可以根据自己的实际情况对于其中的一种或者几种进行组合使用,使企业获得更大效益。这 8 种盈利模式如图 9-1 所示。

图 9-1　电子商务的盈利模式

(一) 代理模式

市场上许多交易都是通过代理来进行的,代理能够将买卖双方撮合到一起,从而提高他们进行贸易的可能性和提高贸易活动的效率,交易的双方可以是企业对企业、企业对消费者或消费者对消费者。

代理模式中运营代理商通过建立电子商务的服务平台,为交易各方提供中介代理服务,使他们能够方便地进行各种交易互动,而代理商则通过从中收取一定的佣金或者中介费的方式来获得盈利，代理模式的成功运行与佣金或者中介费的计算方法和规则有非常密切的联系。

在这种模式中，代理商全程或部分地参与整个交易过程，为买卖双方增加了交易机会和便利性，卖方通过代理商也拓展了市场，交易总成本明显降低，这些吸引了买卖交易双方参与。

具有代表性的代理模式包括：

（1）市场交换。它是 B2B 模式中经常使用的模式之一，该模式采用为买卖双方提供全方位交易场所的服务方式，服务内容包括市场评估、交易协商、合同履行、交易结算以及售后信息服务等，代理商通过向卖方收取基于交易额的代理费盈利。

（2）需求收集系统，又称反向拍卖模式。它是 B2B 模式中的一种实现方式。采购商会先针对某一商品或服务来告知代理商其承受价位，代理商再将采购商的需求发给多家供应商，以高出采购商所给出的价格来告知供应商，采购商再从多个反馈的供应商中选择合适的交易对象。代理商主要通过收取报价和成交价之间的差额或代理费来获得盈利。这种模式能有效激励供应商的竞争热情，为采购商节省交易成本。

☞ **案例阅读**

携程网的盈利模式

携程旅行网是国内集宾馆预订、机票预订、度假产品预订、旅游信息查询及特约商户服务为一体的综合性旅行服务网络。早在 1999 年，携程网成立之时就瞄准了酒店预订业这块大蛋糕。2000 年初，中国最大的系统订房中心商之航总经理带领其部分员工加盟携程，壮大了携程的规模。2000 年 10 月，携程收购了国内最大的订房中心——现代运通公司，成为国内最大的订房中心。携程的本质是中介机构，但其很好地利用了互联网这一工具。如今，携程网向一千多万注册会员提供超过 5000 家国内外酒店预订服务，每月酒店预订量达到 50 万余间，从酒店盈利折扣中返回获取的酒店预订代理费，已经成为其主要的收入来源之一。

（二）广告模式

每个网民在享受网站提供服务的同时，也会遭遇网站发布的很多广告。互联网广告具有不受时空限制、交互性强和直接针对目标受众等特点，使其广受企业欢迎。广告模式是网站通过向企业收取广告费的方式获取盈利，广告收入已成为网站盈利的主要来源之一。

但并非所有开通电子商务的企业都可通过广告模式获取盈利，经营广告模式必须具备两个条件：一是庞大的点击率；二是专业化的网站经营。企业正确使用广告模式可帮助其拓展业务来源。

☞ **补充阅读**

门户网站的盈利模式

门户网站最初只提供搜索引擎和目录服务,随着市场竞争的激烈,为了提高点击率和留住顾客,门户网站又开拓了其他新业务,如新闻、电子邮箱、聊天室、新闻组等。门户网站由于极高的点击率、众多的用户以及专业化的网站经营,使其广告收益的网络效应异常明显,也为深入的服务多样化提供了基础条件。

中国目前比较知名的门户网站有:新浪、搜狐、网易、TOM、中华网、中文雅虎、163 邮箱、263 在线、21 CN 等。新浪 2010 年第一季度总营业收入为 8500 万美元,其中网络广告营业收入达 5430 万美元,广告收入占了其总收入来源的一半以上,有些小网站的广告收入甚至达到了营业收入的 90%。

(三) 信息中介模式

在激烈的市场竞争中,谁先获得信息资源,谁就掌握了先机。有效的信息可以帮助企业有针对性地制订营销策略,减少资源浪费,降低企业成本,特别是消费者购买习惯及偏好之类的信息对企业指导其市场定位具有极其重要的价值。信息中介模式中,网站利用其所拥有的中介技术,快捷、方便地收集该类信息,再将所收集的信息出售给有需求的企业获利。此时,公司充当了信息中介商的角色,帮助买卖双方获取特定信息。

常用的信息中介模式有:

(1) 用户评估服务。在这种模式中,提供网上用户市场的研究报告给有该方面需求的企业,通过向企业收取一定费用来实现盈利。

(2) 客户激励模式。在这种模式中,访问者如在规定时间内持续访问该网站达到一定次数,则被奖励企业优惠券或可兑换的币值,用于在指定零售商处消费产品,用以激励顾客持续购买企业提供的产品或服务。信息中介方通过收集客户数据,再把相关数据出售给有需求的企业,以获取利润。

☞ **补充案例**

艾瑞市场咨询集团的盈利方式

成立于 2002 年的艾瑞(iResearch)咨询集团是一家专注于网络媒体、电子商务、网络游戏、无线增值等新经济领域,深入研究和了解消费者行为,并为网络行业及传统行业客户提供市场调查研究和战略咨询服务的专业市场调研机构。公司旨在通过优质的研究咨询服务及可量化的数据产品,来帮助客户提高对中国新经济的认知水平、盈利能力和综合竞争力,艾瑞集团拥有齐全、稳定的数据库,其对网民行为的研究涵盖家庭办公用户、网吧用户及无线手机用户等市场平台。公司针对客户需求,在对大量网络监测数据产品的深度挖掘的基础上,向顾客提供其所需的分析报告,以收取一定的费用。

（四）商贸模式

商贸模式采用列表价格方式销售或是通过拍卖销售。该模式是对传统的批发商和零售商交易方式的模拟。其特点在于减少销售环节,使价值在新的网络价值上得以再次分配。典型的商贸模式有:

（1）虚拟商家。又称鼠标加水泥、网络砖瓦、虚拟与实体通路整合、传统实体店铺加虚拟网络商店等。它是一个仅通过互联网进行操作的企业,虚拟商家为电子商务网站提供生动的客户支持,如当当网、卓越网等。

（2）比特卖家。即企业除了提供数字产品或服务外,不再提供别的产品,它仅仅是在网络上处理产品销售或服务的工作。

（3）目录商家。即企业将邮购订单迁移到互联网订单。

☞ **案例阅读**

当当网的盈利模式

当当网(http://www.dangdang.com)于1991年11月开通,目前是全球最大的中文网上图书音像商城,面向全世界中文读者提供30多万种中文图书和音像商品,每天为成千上万的消费者提供方便、快捷的服务,给网上购物者带来极大的方便和实惠。据资料显示,当当网截至2008年,拥有3756万注册会员,15万忠实用户(2次以上购买的),占到整体网上零售用户的40%,每月发出商品的品种数超过400万件,日浏览量2000万次,每日独立IP 1万次。由于网购规模和顾客数量的不断壮大,当当网拥有了很强的议价能力,以低价、大批量从出版社拿货,再以较高的折扣卖给顾客,获取差价利润。耗时多年修建的"水泥支持"——庞大的物流体系,近5万平方米的仓库分布在华南、华北和华东,在北京、上海和广州建立的三大物流中心都为其良好的服务提供保证。当当网以繁多的图书品种、优质的价格和迅速的送货服务占领网上零售图书市场。

（五）厂商模式

在厂商模式中,厂家绕过代理商、批发商和零售商,通过互联网,近距离地与消费者接触。这种模式的出现,有效地缩短了营销渠道,降低了成本。厂商可选择将减少的部分费用通过降价的方式返还给消费者,当然也可以维持原价不变,自己保留该部分利润。与顾客直接接触能够帮助厂家更好地理解和满足顾客的需求和喜好,有助于开发消费者需要的产品和有针对性地提供个性化服务,促使厂家服务水平的提升。此外,厂家也及时获得了产品的销售动态,这对其做出有效决策极具价值。

典型的厂商模式有:

（1）产品直销模式。即厂家直接在互联网上面向顾客提供产品或服务的销售,产品所有权直接由卖方转向买方。

（2）特许经营模式。即买方并不获得产品的所有权，卖方交换出去的是产品的使用权，如计算机软件产品的特许使用。

厂商模式的特点是最大限度地利用了网络，首先，中间销售环节的减少有效地降低了销售成本；其次，距离的缩短，使厂商与客户的联系更加密切，最终在价值链的终端环节上获得了竞争优势。

☞ **补充阅读**

戴尔的网上销售模式

登录戴尔网站购买电脑操作非常方便，每一个步骤都有提示，跟在商店购物没有多大差别。消费者可以根据自己的需要，选择不同配置和颜色的产品，通过网站的筛选工具，很方便就能找到所需要的产品，当网页操作有疑问时，可以通过电话直接向厂家咨询。消费者选定产品后，选择支付，很快就会有工作人员将电脑送至指定地点并为其提供部分增值服务，此举大大地提高了顾客的忠诚度。这种直销模式的明显好处是剔除了中间商的利润，降低了销售成本，在同等配置、同等质量的前提下，戴尔的产品则比别人更具有优势。

（六）网络会员模式

网络会员模式是指通过电脑技术和利益关系将很多个网站联结起来，商家的分销渠道被扩展到了世界各地，为会员站点提供了获得盈利的机会，最终达到"双赢"局面。会员模式不同于门户模式，它并不单纯地看重网站的高点击率，而是为任何一位访问会员站点的顾客提供交易机会。该模式适合有一定实力和品牌知名度的电子商务公司。

典型的会员模式有：

（1）点击付费模式。在该模式下，站点按照用户点击次数向其他成员站点收取一定的报酬，将网站流量直接变成收益。

（2）收入分享模式。在该模式下，其他成员站点依据用户点击次数，向站点收取一定的报酬。

☞ **补充阅读**

阿里巴巴的盈利模式

1. 会员制收费模式

"收取会员费"可以说是所有 B2B 电子商务公司的主要盈利模式，阿里巴巴网络公司也不例外，它的会员有两种：中国供应商和诚信通会员。

"中国供应商"的服务对象是出口型企业,这些企业通过交纳一定的费用后,被列入阿里巴巴供应商的名单,当有国际客商通过电子商务进行采购时,阿里巴巴通过网上贸易社区,推荐这些出口供应商,从而帮助供应商获得国际订单;供应商也可通过网上贸易社区主动寻求采购商。通过这种方式,阿里巴巴帮助全球买家及卖家达成国际贸易合作,其服务包括独立的供应商账号和密码,为供应商建立英文网址,让全球 240 多个国家和地区的 3200 万家商人会员在线浏览企业。

与"中国供应商"不同,"诚信通"是为从事中国国内贸易的中小企业推出的会员制网上贸易服务。"诚信通"会员主要针对国内贸易,通过向注册会员出示第三方对其的评估、交易诚信记录,帮助"诚信通"会员获得采购方的信任,诚信通分为企业版诚信通和个人版诚信通两种。中国供应商以及诚信通会员容易让买家产生信赖,而且能够优先发布企业信息,从而让客户可以更快地找到企业。除了付费的中国供应商和诚信通会员外,阿里巴巴上面还活动着免费的中国商户和海外商户数千万家。

2. 竞价排名与点击推广

阿里巴巴诚信通会员专享的搜索排名服务就是竞价排名。2009 年 3 月 1 日,阿里巴巴推出了点击推广来取代竞价排名推广,这是为诚信通会员提供的按点击付费的搜索引擎服务。竞价排名模式由阿里巴巴推出并获取了成功,成为许许多多 B2B 电子商务公司所效仿的对象。

3. 关键词搜索与黄金展位

黄金展位是 2007 年阿里巴巴专为诚信通会员提供的企业品牌展示平台,企业购买了黄金展位,就可以在指定关键词的搜索结果页面的右侧显著位置获得优先展示。

(七) 网络社区模式

网络社区是一个以成熟社区为内容的大规模局域网,同一主题的网络社区集中了许多拥有共同爱好和兴趣的访问者,有众多用户的参与,也构成了一个销售场所。该种模式的存在有赖于访问该社区用户群体的忠诚度。按照网民参与网络社区的目的,可将其分为交易社区和非交易社区,所以该模式的主要收入来源是辅助产品销售收入及用户的自动捐献。如果社区发展稳定,保留了持续的点击率,就会吸引信息中介、广告或专业化站点门户的加入。这种模式通过网聚人气,实现网络资源的共享,从而达到网络社区的价值增值。网络社区模式的表现形式有:

(1) 源码开放。市面上所有软件都是由源码编写而成,并通过编译得到最终应用。源码开放模式保证所有需求者都可免费获取这些代码。程序开发者可自由查看系统运作的所有源码,社区则从其他的相关服务(如产品支持、系统集成、用户指南和用户文档等)中赚钱,而不向用户收取软件的使用费等费用。

(2) 知识网络。用户通过论坛,共享经验和知识。用户可通过提问的方式,寻求专家的解答,也可以通过搜索获取有用信息。专家成员可以是自愿回答该问题的普通用户或站点热心志愿者,也可以是站点专门聘请回来的员工。

(八) 订阅模式

在这种模式下,订阅不仅仅是购买服务,还包括随之而来的一系列内容,具有高价值的内容就成了订阅模式的最基本要求。

用户订阅服务有多种计费方式,可以采用周期性周、月或年度计费,这种计费方式的实际使用率跟订阅费用毫无关系。一般而言,站点所提供的内容,既包括免费内容,也包括"额外费用"内容(具有高附加值,仅仅提供给订阅者或会员的内容)。订阅模式对于经常访问的固定用户比较适合。

订阅模式的表现形式有:

(1)内容服务。用户向网站订阅各种内容,有文本、音乐、视频和在线娱乐等。在实践中,非纸质电子刊物的订阅是有困难的,因为人们可通过其他途径获取相同内容,实现盈利主要靠广告支撑。

(2)互联网服务提供商(ISP)。主要是向广大用户提供互联网接入业务、信息业务和增值业务服务的运营商,用户一般是按月订阅。中国主要的基础运营商是中国电信、中国移动、中国联通这三大电信业巨头。

第四节　跨境电子商务的发展趋势

一、全球跨境电子商务发展现状

(一)全球电子商务现状

全球电子商务的大格局是我国企业开展跨境电子商务的大背景。2013年全球互联用户已占世界总人口的1/3,有近10亿人进行网上购物,主要产品是服装及配饰、书籍和旅游。2013年全球B2C电子商务交易额达到1.3万亿美元,同比增长18.3%,已经达到全球零售总额的5%。根据Forrester Research的数据,B2B电子商务交易总额是B2C电子商务交易总额的两倍以上。全球各地区不同经济发展程度的国家的电子商务都处于蓄势待发的局面。

1. 美国现状

美国电子商务市场规模约占全球的1/3。北美地区互联网用户占总人口的比重为世界最高。美国人网上购买最多的物品是书籍、电影及音乐制品、服装及配饰,网络购物占零售总额的7%左右。美国移动电商增长很快,2011—2016年美国电子商务交易额的平均增长速度大约在7.2%左右。

2. 欧盟现状

欧盟电子商务市场规模与美国大体相当。2012年欧洲B2C电子商务交易金额3117.2亿欧元。其中,欧盟2765亿欧元,占88.7%。

3. 日本现状

在日本,rakuten.co.jp、amazon.co.jp和nissen.co.jp是占主导地位的网上购物平台,服装和食品都是日本B2C电子商务最热门的产品类别。人们也越来越多地使用智能手机进行网络购物，2012 年日本的移动电子商务交易金额占电子商务交易总额的 1/4。2013—2016 年，日本每年 B2C 电子商务交易金额增长率大约都在两位数以上。

4. 新兴市场国家现状

2012 年，欧洲地区电子商务按增长速度排名前五位的国家中，土耳其占 75%，希腊占 61%，乌克兰占 41%，匈牙利占 35%，罗马尼亚占 33%。南欧和东欧的国家是欧洲电子商务增长最快的国家。南欧地区 2012 年交易金额 3240 亿欧元，增速为 29.3%，占欧洲电子商务市场的 10.4%。东欧地区 2012 年交易金额 1340 亿欧元，增速为 32.6%，占欧洲电子商务市场的 4%，主要由俄罗斯带动。根据阿里巴巴的研究数据，俄罗斯 2015 年电子商务市场总额将超过 300 亿美元。

亚太地区电子商务一直增长较快且潜力最大。在韩国，B2C 电子商务占零售总额的比重已经达到 6%，主导电子商务平台是 market.co.kr 和 11st.co.kr，主要消费旅游服务、服装和时尚类产品。在澳大利亚，2012 年有超过 80% 的人使用互联网，超过 50% 的人进行网购。在印度，互联网消费者于 2010 年达到 1.5 亿人，2015 年达到 3.8 亿人，约有 3900 万人使用电子商务。预计 2011—2016 年印度电子商务交易额平均增长率将高达 30.6%，2010—2020 年的平均增长率将达到 40%，到 2020 年将达到 2000 亿美元。

拉丁美洲电子商务的交易金额已由 2002 年的 16 亿美元增加到 2012 年的 430 亿美元，巴西一国的交易金额就占到了拉丁美洲交易总额的 59%，巴西 2011—2016 年电子商务交易额的增长速度都在 18.2% 左右。2015 年，巴西互联网用户中有 40% 在网上购物，这都受益于不断增加的移动互联网渗透率和社会商务。

（二）美欧跨境电商现状

美国的跨境电子商务十分发达，以亚马逊为例，其净销售额由 2001 年的 25 亿美元增加到 2012 年的 610 亿美元。其中，43% 来自北美以外的其他地区。2012 年跨境网购在欧洲增长明显，占在线零售总额的 10%，2015 年比 2012 年增长一倍。有 14% 的欧洲企业通过网络将商品卖到国内市场；有 6% 的企业通过网络将商品卖到其他欧盟国家的市场。德国的邻国奥地利的跨境网购消费者，使德国网上零售商一直受益。跨境 B2C 电子商务在西班牙很流行，西班牙消费者从海外网站进行网购，西班牙的网上卖家也把自己的商品卖到国外。2012 年俄罗斯跨境在线零售就已经达到了 20 亿美元，2013 年年初俄罗斯邮政公布 2012 年其境内来自海外的邮政小包数量增加了一倍，2013 年前三个季度已经接收了约 216 万份包裹，其中 70% 来自跨境在线零售（鄂立彬，黄永稳，2014）。

二、中国跨境电子商务的发展历程

1999 年阿里巴巴实现用互联网联结中国供应商与海外买家后，中国对外出口贸易就实现了互联网化。在此之后，共经历了三个阶段，实现从信息服务，到在线交易、全产业链服务的跨境电商产业转型。

（一）跨境电商 1.0 阶段（1999—2003 年）

跨境电商 1.0 阶段的主要商业模式是网上展示、线下交易的外贸信息服务模式。跨境电商 1.0 阶段第三方平台主要的功能是为企业信息以及产品提供网络展示平台，并不在网络上涉及任何交易环节。此时的盈利模式主要是通过向进行信息展示的企业收取会员费（如年服务费）。跨境电商 1.0 阶段发展过程中，也逐渐衍生出竞价推广、咨询服务等为供应商提供一条龙的信息流增值服务。

在跨境电商 1.0 阶段中，阿里巴巴国际站平台以及环球资源网是典型的代表平台。其中，阿里巴巴成立于 1999 年，以网络信息服务为主，线下会议交易为辅，是中国最大的外贸信息黄页平台之一。环球资源网 1971 年成立，前身为 Asian Source，是亚洲较早的提供贸易市场资讯者，并于 2000 年 4 月 28 日在纳斯达克证券交易所上市。

在此期间还出现了中国制造网、韩国 EC21 网、Kellysearch 等大量以供需信息交易为主的跨境电商平台。跨境电商 1.0 阶段虽然通过互联网解决了中国贸易信息面向世界买家的难题，但是依然无法完成在线交易，对于外贸电商产业链的整合仅完成信息流整合环节。

（二）跨境电商 2.0 阶段（2004—2012 年）

2004 年，随着敦煌网的上线，跨境电商 2.0 阶段来临。这个阶段，跨境电商平台开始摆脱纯信息黄页的展示行为，将线下交易、支付、物流等流程实现电子化，逐步实现在线交易平台。

相比较第一阶段，跨境电商 2.0 更能体现电子商务的本质，借助于电子商务平台，通过服务、资源整合有效打通上下游供应链，包括 B2B（平台对企业小额交易）平台模式，以及 B2C（平台对用户）平台模式两种模式。在跨境电商 2.0 阶段，B2B 平台模式为跨境电商主流模式，通过直接对接中小企业商户实现产业链的进一步缩短，提升商品销售利润空间。2011 年敦煌网宣布实现盈利，2012 年持续盈利。

在跨境电商 2.0 阶段，第三方平台实现了营收的多元化，同时实现后向收费模式，将"会员收费"改以收取交易佣金为主，即按成交效果来收取百分点佣金。同时还通过平台上的营销推广服务、支付服务、物流服务等获得增值收益。

（三）跨境电商 3.0 阶段（2013 年至今）

2013 年成为跨境电商重要转型年，跨境电商全产业链都出现了商业模式的变化。随着跨境电商的转型，跨境电商 3.0"大时代"随之到来。

首先，跨境电商 3.0 具有大型工厂上线、B 类买家成规模、中大额订单比例提升、大型服务商加入和移动用户量爆发五方面特征。与此同时，跨境电商 3.0 服务全面升级，平台承载能力更强，全产业链服务在线化也是 3.0 时代的重要特征。

在跨境电商 3.0 阶段，用户群体由草根创业向工厂、外贸公司转变，且具有极强的生产设计管理能力。平台销售产品由网商、二手货源向一手货源好产品转变。

一方面，3.0 阶段的主要卖家群体正处于从传统外贸业务向跨境电商业务的艰难转型期，生产模式由大生产线向柔性制造转变，对代运营和产业链配套服务需求较高。另一方面，3.0 阶段的主要平台模式也由 C2C、B2C 向 B2B、M2B 模式转变，批发商买家的中大额交易成为平台主要订单。

跨境电商行业可以快速发展到 3.0 阶段,主要得益于以下几个方面。

(1) 得益于中央及各地政府的高度重视。在中央及各地政府大力推动的同时,跨境电商行业的规范和优惠政策也相继出台。如《关于跨境贸易电子商务进出境货物、物品有关监管事宜的公告》(海关总署 2014 年第 56 号)、《关于进一步促进电子商务健康快速发展有关工作的通知》(发改办高技〔2013〕894 号)、《关于促进电子商务健康快速发展有关工作的通知》(发改办高技〔2012〕226 号)、《关于开展国家电子商务示范城市创建工作的指导意见》(发改办高技〔2011〕463 号)等多项与跨境电商相关政策的出台,在规范跨境电商行业市场的同时,也让跨境电商企业开展跨境电商业务得到了保障。

(2) 在海外市场,B2B 在线采购已占据半壁江山。相关数据指出,在美国,B2B 在线交易额达 5590 亿美元,是 B2C 交易额的 2.5 倍。在采购商方面,59% 的采购商以在线采购为主,27% 的采购商月平均在线采购 5000 美元,50% 的供货商努力让买家从线下转移到线上,提升利润和竞争力。

(3) 移动电商的快速发展也成就了跨境电商 3.0 阶段的快速到来。2013 年,智能手机用户占全球人口 22%,首次超过 PC 比例,智能手机达 14 亿台。同时,亚马逊公布,当年圣诞购物季使用移动端进行购物的用户占比达 50%。美国比价网站 PriceGrabber 在调查中显示,当年感恩节购物季,40% 的消费者会在进商场前进行网上比价,50% 的消费者表示在商场会使用智能手机进行网上比价。

移动电商的快速发展得益于大屏智能手机和 wifi 网络环境的改善使用户移动购物体验获得较大提高,用户移动购物习惯逐渐形成。另一方面,电商企业在移动端的积极推广和价格战促销等活动都进一步促进移动购物市场交易规模大幅增长,预计 2016 年将达到 7362.4 亿元。方便、快捷的移动跨境电商也为传统规模型外贸企业带来了新的商机。

三、跨境电子商务的发展趋势

(一) 出口目标市场多元化

在销售目标市场方面,国外消费者人均购买力强、网购观念强、有线上消费的习惯,物流设施完善,美国、英国、德国、澳大利亚、加拿大是具有代表性的成熟市场,以后它们也仍将作为主要目标市场活跃在跨境电商零售出口行业,并保持持续快速增长的态势。

国家相关部门非常重视跨境电子商务的发展。在 2014 年已投入对于跨境电商的相关事项的工作,当年批准了更多的跨境电商试点城市。2014 年,先后开放上海、重庆、深圳、北京、苏州、青岛、金华、东莞、杭州、宁波、郑州、广州、西安、南京、葫芦岛、银川等 16 个跨境电商试点城市,它们将跨境电商出口业务覆盖到 181 个国家和地区,验放清单累计 3823.5 万份,价值约为 20.4 亿元。

(二) 跨境零售电商活跃成长

亚马逊作为电商巨头推出了许多方案,先是跟上海自贸区合作,接着推出 6 国直邮,并在亚马逊中文网站上推出"海外购"商铺,还同步于美国"黑色星期五"国外购物节。"海淘""海代"等成为较流行的购物方式。"海淘"是国内消费者在电商平台上购买海外的商品,再将商品转运回国内。"海代"是海外代购,是国内消费者让在海外的人帮忙在外国买东西。苏宁易购、阿里天猫国际、京东、1 号店等国内零售电商也加大了对跨境电商业务的投入力度。除了许多大型的传统电商外,也有许多快递公司纷纷加入到跨境电商业务,如顺丰、韵达、圆通等。跨境网络零售模式大致有两类,一是企业自己开的外贸 M2C 网站,如兰亭集势、唯品会等;二是第三方外贸服务平台帮助企业,在阿里速卖通、亚马逊等销售商品平台上销货。外贸 C2C 主要是个人在易趣网等平台上开网店。中国企业出口的商品主要是服饰、数码产品等。

（三）供应链延伸升级

跨境电商正在积极地发展国外供应渠道,以及寻找货源种类,比如马云一直在为阿里巴巴拓宽供应链,将其延伸至欧洲地区,把中国的电子商务发展到欧洲地区,这样中国的进口系统自然更加完善,现在已有欧洲奢侈品、食品、酒庄等被纳入中国的进口系统。苏宁易购也是尽力建立专业买手团队,把手伸向了日本、中国香港、澳大利亚和美国等地。传统的 B2B 进口供应链模式正在向 B2C 模式转变,一些像博柏利、ASOS 等国际品牌也开设中文直营网站,利用亚马逊和天猫国际等平台,一些国际品牌商和零售商与国内消费者进行交易活动就更加方便快捷了。

传统外贸出口需要经过很多环节。大份额利润在外贸中大多被中间商所获,比如说,一个在义乌市场卖 1 元的钥匙链,出口到澳洲后卖 1 澳元(约 5 元人民币),减去 1 元成本和物流费用后其他都被中间商赚去了。引入跨境电商后,外贸流程可以简化为"中国企业—海外消费者"。撇开中间商,一方面外贸商品价格可下降,中国产品在国际市场的竞争力得到提高;另一方面,也增加了进出口额。

（四）发展趋势多样化

跨境电商发展新增了一个移动端的推动力。与此相比,PC 端比较适合做搜索,搜索时购买目的是明确的,就可以进行货比三家。而移动端更多的是消费者在零碎的时间为了消遣时光进行搜索。这样消费者没有明确的购买目的,仅仅是通过在浏览过程中,冲动消费产生购买行为。现在的发展方向更趋向于贸易小额化、碎片化,通过移动端从购买前的准备搜索方式、产品搜索、产品展示到产品口碑建设到购买后的客户服务、物流跟踪等都可以系统性地流水化运作,得到很好的完善,买卖双方都可以体验。传统的大型 B2C 平台的优势就是 PC 端的浏览更加容易转化成订单。而在移动端的市场,客户浏览只能让用户下载 App,而真正可以让浏览转化为订单购买的,还需要运营商对 App 进行精细优化,内容做得更加有创意,细心钻研,从产品控制和物流上下功夫不断优化用户体验。

垂直出口电商有较大发展潜力。相比较于综合和垂直出口电商,传统的出口电商主要是依靠搜索比价增加业务,就是非常简单地把便宜的物品卖到国外去,用户的忠诚度较低。而在某个细分市场专注深层次的运营,目标客户更加明确,转化率自然会提升,也更容易建立用户的忠诚度。

本地化运营也是出口电商的发展趋势。一开始通过媒体推广、网盟推广以及在一些社交平台上投放广告、优化网页和线上产品销售等,以此来建立在推广区域内的知名度和电商企业荣誉。后期在商品的呈现方式及退换货、海外仓等体验上,把高质量的服务融入电商业务中。

☞ 复习思考题

　1. 什么是跨境电子商务?

　2. 跨境电子商务对传统贸易模式的改造有哪些方面?

　3. 举例说明跨境电子商务的盈利模式有哪些?

　4. 跨境电子商务的发展经历了几个过程? 未来是何种趋势?

参考文献

［1］艾伦·M.鲁格曼,理查德·M.霍杰茨.国际商务：一种战略管理方法.李克宁,译.北京：经济科学出版社,1999.

［2］BOT 模式案例英法海峡隧道.http：//www.jianshe99.com/lunwen/qiyeguanli/wa1501271630.shtml.

［3］查尔斯·W.L.希尔.国际商务(英文版·第 9 版).王蔷,改编.北京：中国人民大学出版社,2010.

［4］查尔斯·W.L.希尔.国际商务(第 7 版).北京：中国人民大学出版社,2012.

［5］查尔斯·W.L.希尔,威廉·埃尔南德斯-雷克霍.现代国际商务(英文原书第 7 版).北京：机械工业出版社,2013.

［6］产品的生命周期理论与海尔的国际化生产战略谈.http：//www.unjs.com/wenmi/qi/49625.html.

［7］陈虹,邓新明.国际商务营销.北京：清华大学出版社,2014.

［8］陈祝平.服务市场营销.大连：东北财经大学出版社,2012.

［9］崔日明.跨国公司经营与管理.北京：机械工业出版社,2012.

［10］多米尼克·萨尔瓦多.国际经济学(第 4 版).关涛,等译.上海：复旦大学出版社,2008.

［11］鄂立彬,黄永稳.国际贸易新方式：跨境电子商务的最新研究.东北财经大学学报,2014,2(92)：23.

［12］范慧瑾,张锡宝.中日制成品产业内贸易实证分析.商业经济,2014(1)：67.

［13］菲利普·凯特奥拉,玛丽·吉利,约翰·格雷厄姆.国际营销(英文版·第 14 版).北京：中国人民大学出版社,2012.

［14］符正平.国际商务.北京：中国人民大学出版社,2013.

［15］傅强,魏琪.全球价值链视角下新一轮国际产业转移的动因、特征与启示.经济问题探索,2013(10).

［16］高湘一.跨国公司经营与管理.北京：中国商务出版社,2009.

［17］关雪凌等.跨国公司经营与管理.北京：中国人民大学出版社,2011.

［18］郭国庆.国际营销学.北京：中国人民大学出版社,2008.

［19］郭连成,杨宏,王鑫.全球产业结构变动与俄罗斯产业结构调整和产业发展.俄罗斯中

亚东欧研究,2012(6)：38.

[20] G. Hofstede.文化之重：价值、行为、体制和组织的跨国比较(第2版).上海：上海外语教育出版社,2008.

[21] 韩玉军.国际商务.北京：中国人民大学出版社,2011.

[22] 洪勇,张永美,解淑青.电子商务模式理论与实践.北京：经济管理出版社,2012.

[23] 胡志军,温丽琴.中国民营企业对外直接投资新特点与新问题研究.国际贸易,2014(6)：30-33.

[24] 黄志勇.国际投资学.北京：清华大学出版社,2014.

[25] 贾建华,孙莹.国际商务教程.北京：首都经贸大学出版社,2006.

[26] 津科特.国际市场营销学.曾伏娥,译.北京：电子工业出版社,2007.

[27] 李慧思.2015年中国对外投资7350.8亿元 同比增长14.7%.http：//www.chinanews.com/cj/2016/01-20/7724489.shtml.

[28] 李静.2014世界经济展望.中国新时代,2014(1)：16.

[29] 李玉峰,詹正华.中国自主品牌汽车企业对外直接投资现状——奇瑞与吉利的比较研究.现代商业,2012(3)：32-33.

[30] 丽娜·塞格.法国抵抗数字革命.金融时报,2013-06-06.

[31] 联合国贸易与发展会议.世界投资报告.北京：中国财经出版社,2001-2011.

[32] 刘宝成.国际市场营销.北京：机械工业出版社,2013.

[33] 刘苍劲,罗国民.国际市场营销(第3版).大连：东北财经大学出版社,2011.

[34] 刘秀田,李晓龙.郑州"E贸易"模式发展现状及对策建议.对外经贸,2016(3)：107-108.

[35] 吕文辰,王荣浩.跨国公司全球竞争的战略导向分析——以苹果公司为例.技术与创新管理,2012(1)：32-34.

[36] 罗进.跨国公司在华战略.上海：复旦大学出版社,2001.

[37] 罗蔚,赵风.主权国家政府债务的分析方法和应用案例点评.债券,2012,11：64-68.

[38] 迈克尔·R.钦科陶,伊尔卡·A.隆凯宁,迈克尔·H.莫菲特.国际商务(原书第7版).姚新超,史纪明,译.北京：机械工业出版社,2011.

[39] 庞大莲,张冰新.电子商务概论.北京：北京大学出版社,2012.

[40] 裴长洪.吸引外商直接投资与产业结构优化"十一五"升级时期利用外资政策目标的思考.中国工业经济,2006(1)：33-39.

[41] 彭方志,马先仙.国际经济学.成都：西南财经大学出版社,2009.

[42] 钱晓英.国际商务.北京：对外经贸大学出版社,2013.

[43] 秦志华.企业家作用机制及其分析模型.中国人民大学学报,2006(2)：98-103.

[44] 商务部外国投资管理公司,商务部投资促进事务局.中国外商投资报告.北京：经济管理出版社,2001-2011.

[45] 世界经济论坛.2012—2013年全球竞争力报告,2013.

[46] 世界经济论坛.2015—2016年全球竞争力报告,2015.

[47] 斯图尔特·沃尔,索诺·米诺卡,布朗温·里斯.国际商务(第3版).赵玉焕,等译.北京：电子工业出版社,2013.

[48] S. Wall, S. Minocha & B. Rees.国际商务(英文版·第3版).北京：电子工业出版社,2013.

[49] 塔默·卡瓦斯基尔,加里·奈特,约翰,雷森伯格.国际商务：战略、管理与新形势.北京：清华大学出版社,2010.

[50] 汤向东.沃尔玛的竞争战略分析.价格月刊,2012(3)：29-32.

[51] 唐红娟.宜家的"中国配方".新经济,2010(5)：54-57.

[52] 田明华.国际商务.北京：电子工业出版社,2013.

[53] 托马斯·A.普格尔,彼得·H.林德特.国际经济学(第11版).李克宁,等译.北京：经济科学出版社,2001.

[54] 王佃凯.国际服务贸易.北京：首都经贸大学出版社,2015.

[55] 王佳芥.国际商务：结合中国企业案例的分析.北京：中国市场出版社,2010.

[56] 王金岩.利比亚僵局令中国企业遭受五大损失.华夏时报,2011-04-29.

[57] 王炜瀚.国际商务(第2版).北京：机械工业出版社,2015.

[58] 王孜.沃尔玛在华本土化过程中的战略分析.知识经济,2009(14)：108-109.

[59] 吴道友,杨洋,董惠如.跨国并购企业多阶段协同行为策略研究——基于吉利并购沃尔沃汽车的案例分析.哈尔滨师范大学社会科学学报,2016(2)：68-71.

[60] 吴晓云.国际商务.北京：清华大学出版社,2015.

[61] 徐盛华,章征文.国际贸易学(第2版).北京：清华大学出版社,2014.

[62] 杨春妮.国际商务(英文)：中国视角.天津：南开大学出版社,2012.

[63] 杨坚争.国际电子商务教程.北京：电子工业出版社,2013.

[64] 杨兴凯.电子商务战略.大连：东北财经大学出版社,2012.

[65] 叶飞,秦强.实施国际化战略研究——青岛金王的蜡烛王国.新西部,2011(12)：66,70.

[66] 叶蓝,毕方圆.香港连续22年经济自由度全球第一 中国内地排第144名.环球时报,2016-02-03.

[67] 尹德先,杨志波.中国对外直接投资发展阶段研究.商业研究,2013,55(1)：61-67.

[68] 于宁.国际商务专业基础导论.北京：中国人民大学出版社,2013.

[69] 约翰·D.丹尼尔斯,李·H.拉德巴赫,丹尼尔·P.沙利文.国际商务：环境与运作(英文版·原书第11版).石永恒,译.北京：机械工业出版社,2008.

[70] 张桂梅.价值链分工下发展中国家贸易利益研究.北京：经济管理出版社,2012.

[71] 张桂梅.国际贸易理论与实务.杭州：浙江大学出版社,2014.

[72] 张祥.转型与崛起：全球视野下的中国服务经济.北京：社会科学文献出版社,2011.

[73] 赵永宁.国际经济合作.北京：机械工业出版社,2014.

[74] 中国工程承包企业海外经营风险——基于风险案例的分析.http://www.shandongbusiness.gov.cn/public/html/news/201607/376769.html.

[75] 朱金生,张梅霞.国际市场营销学.武汉：华中科技大学出版社,2008.

[76] 邹昭晞.跨国公司管理.北京：清华大学出版社,2013.

[77] 2014 年全球服务贸易出口数据.http：//www.360doc.com/content/15/0505/09/ 502486_468154544.shtml.

[78] 2015 年中国服务贸易数据.http：//www.360doc.com/content/16/0220/16/502486 _535976750.shtml.

[79] A.D. Chandler. *Strategy and Structure：Chapters in the History of the American Industrial Enterprise*. Cambridge，MA：MIT Press，1962.

[80] A. D. Chandler. *The Visible Hand：The Managerial Revolution in American Business*. Cambridge，MA：Harvard Belknap，1977.

[81] A. D. Chandler. *Scale and Scope：The Dynamics of Industrial Capitalism*. Cambridge，MA：Harvard Belknap，1990.

[82] A.L. Kroeber & C. Kluckhohn. *Culture：A Critical Review of Concepts and Definitions*. New York：Vintage Books，1952.

[83] B.M. Oviatt & P.P. McDougall. Toward a Theory of International New Ventures. *Journal of International Business Studies*，1994，25(1)：45-64.

[84] D. A. Victor. *International Business Communication*. New York，NY：Harper Collins Publishers，1992.

[85] D.E. Westney. What Is International Business：A Sociologist's View，in Buckley (ed.). *What Is International Business*. Basingstoke：Palgrave MacMillan，2005：153-167.

[86] D. Johnson & C. Turner. *International Business：Theory and Practice*. London：Routledge,2003.

[87] D. Rodrik. *Has Globalization Gone Too Far?*. Washington，DC：Institute for International Economics，1997.

[88] Dow Draws Its Matrix Again，and Again. *The Economics*，August 5，1989：55-56.

[89] Dow Goes for Global Structure. *Chemical Marketing Report*，December 11，1995：4-5.

[90] E.T. Hall. *Beyond Culture*. Garden City，NY：Anchor Press，1976.

[91] F. Bokhari. Banker Introduction of Islamic System Will Prompt Big Withdrawals. *Financial Times*，2001-03-06：4.

[92] F. Elashimawi. Overcoming Multicultural Clashes in Global Joint Ventures. *European Business Review*，1998，98(4)：211-216.

[93] F. T. Knickerbocker. *Oligopolistic Reaction and Multinational Enterprise*. Cambridge，MA：Harvard University Press，1973.

[94] Forced Devotion. *The Economist*，2001-02-17：76-77.

[95] G.A. Knight & S.T. Cavusgil. The Born Global Firm：A Challenge to Traditional

Internationalization Theory. *Advances in International Marketing*，1996，8：11-26.

［96］ G. Hofstede. *Culture's Consequences*：*International Differences in Work-related Values*. Thousand Oaks，CA：Sage Publishers Inc.，1984.

［97］ G. Hofstede. *Cultures and Organizations*：*Software of the Mind*. London：McGraw-Hill，1991.

［98］ G. Hofstede. *Cultures and Organizations*. London：Harper Collins Publishers，1994.

［99］ G. Johnson & K. Scholes. *Exploring Corporate Strategy*. Harlow：Prentice Hall，1999.

［100］ H.G. Grubel & P.J. Lloyd. *Intra-industry Trade*：*The Theory and Measurement of International Trade in Differentiated Products*. London：MacMillan，1975.

［101］ I.A. Litvak & P. Banting. A Conceptual Framework for International Business Arrangements，in R.L. King (ed.). *Marketing and the New Science of Planning*. Chicago：American Marketing Association，1968 Fall Conference Proceedings：460-467

［102］ Islamic Banking Marches On. *The Banker*，2000-02-01.

［103］ J.A. Lee. Cultural Analysis in Overseas Operations. *Harvard Business Review*，1966，44(2)：106-114.

［104］ J.-C. Usunier & J.A. Lee. Marketing Across Cultures(4th Edition). Harlow：Prentice Hall，2005.

［105］ J. Cantwell & P.E. Tolentino. Technological Accumulation and Third World Multinationals. *Discussion Paper in International Investment and Business Studies*，1990 (139)：1-58.

［106］ J.H. Dunning. Trade，Location of Economic Activity and the Multinational Enterprise：A Search for an Eclectic Approach，in B. Ohlin，P.O. Hesselborn & P.M. Wijkman (eds.). *The International Allocation of Economic Activity*. London：MacMillan，1977：395-418.

［107］ J.H. Dunning. *International Production and the Multinational Enterprise*. London：Allen & Unwin，1981.

［108］ J.H. Dunning. Location and the Multinational Enterprises：A Neglected Factor. *Journal of International Business Studies*，1998，29(1)：45-67.

［109］ J.M. Stopford & L. Wells. *Strategy and Structure of the Multinational Enterprise*. New York：Basic Book，1972.

［110］ M.E. Porter. *Competitive Strategy*：*Techniques for Analyzing Industries and Competitors*. New York：Free Press，1980.

［111］ M.E. Porter. *The Competitive Advantage*：*Creating and Sustaining Superior Performance*. New York：Free Press，1985.

［112］ M. E. Porter. *The Competitive Advantage of Nations*. New York：Free Press，1990.

［113］ M. Gabrielsson，V. Sasi & J. Darling. Finance Strategies of Rapidly-growing Finnish SMEs：Born Internationals and Born Globals. *European Business Review*，2004，16(6)：590-604.

［114］ M. Kotabe & J.Y. Murray. Linking Product and Process Innovations and Modes of International Sourcing in Global Competition：A Case of Foreign Multinational Firms. *Journal of International Business Studies*，1990，21 (3)：383-408.

［115］ M. W. Peng. The Resource-based View and International Business. *Journal of Management*，2001，27(6)：803-829.

［116］ M. W. Peng. Identifying the Big Question in International Business Research. *Journal of International Business Studies*，2004，35：99-108.

［117］ P. Casse & S. Deol. *Managing Intercultural Negotiations：Guidelines for Trainers and Negotiators*. Washington，DC：Sietar International，1985.

［118］ P. J. Buckley & M. Casson. *The Future of the Multinational Enterprises*. London：MacMillan，1976.

［119］ R.B. Stobaugh. How to Analyze Foreign Investment Climates. *Harvard Business Review*，1969(9-10)：100-108.

［120］ R.D. Buzzell. Can You Standardize Multinational Marketing? *Harvard Business Review*，1968，6，(46)：102-113.

［121］ R. M. Hodgetts. Dow Chemical CEO William Stavropoulos on Structure and Decision Making. *Academy of Management*，1999，13(4)：29-35.

［122］ R. Vernon. International Investment and International Trade in the Product Cycle. *The Quarterly Journal of Economics*，1966，80(2)：190-207.

［123］ R. Vernon. Contributing to an International Business Curriculum：An Approach from the Flank. *Journal of International Business Studies*，1994，25 (2)：215-227.

［124］ S.B. Lider. *An Essay on Trade and Transformation*. New York：John Wiley and Sons.

［125］ S.H. Hymer. The International Operations of National Firms：A Study of Direct Foreign Investment. PhD dissertation of MIT，1960.

［126］ S. Ho & H. Lau. Development of Supermarket Technology：The Incomplete Transfer Phenomenon. *International Marketing Review*，1998，5(1)：27.

［127］ S. J. Kobrin. Political Risks：A Review and Reconsideration. *Journal of International Business Studies*，1979，10(1)：67-80.

［128］ S.P. Douglas & Y. Wind. The Myth of Globalization. *Colombia Journal of World Business*，Winter 1987：19-29.

[129] S. Shane & S. Venkataraman. The Promise of Entrepreneurship as a Field of Research. *The Academy of Management Review*, 2000, 25(1): 217-226.

[130] T.L. Friedman. *The Lexus and the Olive Tree*. New York: Picador, 2012.

[131] T. Levitt. The Globalization of Markets. *Harvard Business Review*, May 1983.

[132] The World Bank. World Bank Development Indicators 2013. http://www.worldbank.org.

[133] UNCTAD. World Investment Report. New York and Geneva: United Nations, 1996-2016.

图书在版编目(CIP)数据

国际商务：视野与运作/何天立主编. —杭州：浙江大学出版社,2017.6

ISBN 978-7-308-16930-1

Ⅰ.①国… Ⅱ.①何… Ⅲ.①国际商务—教材

Ⅳ.①F740

中国版本图书馆 CIP 数据核字（2017）第 110034 号

国际商务：视野与运作

何天立　主编

责任编辑	陈丽勋
责任校对	杨利军　张　颖
封面设计	春天书装
出版发行	浙江大学出版社
	（杭州市天目山路 148 号　邮政编码 310007）
	（网址：http://www.zjupress.com）
排　　版	杭州林智广告有限公司
印　　刷	杭州杭新印务有限公司
开　　本	787mm×1092mm　1/16
印　　张	16.5
字　　数	372 千
版 印 次	2017 年 6 月第 1 版　2017 年 6 月第 1 次印刷
书　　号	ISBN 978-7-308-16930-1
定　　价	40.00 元